会计专业岗位实操系列教材

THE APPLICATION OF EXCEL IN FINANCIAL MANAGEMENT

Excel
在财务管理中的应用

(Excel 2016版)

(第二版)

钟爱军 钟静远 程百惠子 编著

东北财经大学出版社
Dongbei University of Finance & Economics Press
大连

图书在版编目（CIP）数据

Excel在财务管理中的应用（Excel 2016版）/钟爱军，钟静远，程百惠子编著．—2版．—大连：东北财经大学出版社，2024.2

（会计专业岗位实操系列教材）

ISBN 978-7-5654-4983-3

Ⅰ．E… Ⅱ．①钟… ②钟… ③程… Ⅲ．表处理软件-应用-财务管理-高等学校-教材 Ⅳ．F275-39

中国国家版本馆CIP数据核字（2023）第202027号

东北财经大学出版社出版

（大连市黑石礁尖山街217号　邮政编码　116025）

网　　址：http://www.dufep.cn

读者信箱：dufep@dufe.edu.cn

大连日升彩色印刷有限公司印刷　　东北财经大学出版社发行

幅面尺寸：185mm×260mm　字数：423千字　印张：17.5　插页：1

2024年2月第2版　　2024年2月第1次印刷

责任编辑：包利华　　责任校对：刘贤恩

封面设计：原　皓　　版式设计：原　皓

定价：45.00元

教学支持　售后服务　联系电话：（0411）84710309

如有印装质量问题，请联系营销部：（0411）84710711

第二版前言

感谢您选用本书！

财务乾坤大，管理学问多。信息技术的发展为财务管理作用的发挥提供了更为广阔的空间。Microsoft Excel 是一款在全球都有着广泛影响的数据处理和分析软件，数据链接功能强大，函数和分析工具使用便捷，具有灵活性、便利性、扩展性、兼容性和智能性的特点，能够很好地满足财务管理工作系统化、项目化、碎片化、个性化和动态化的数据分析需要。

本书第一版出版后受到了读者的普遍欢迎，第二版在第一版基础上新增了课程思政内容，其他内容也进行了优化性完善。本书内容涵盖企业财务管理和管理会计基本应用场景，能够满足财会类专业人才培养的新要求，适合高等院校财会类专业教学使用，也适合广大财务工作者自学使用。

本书主要特色包括：

1. 坚持立德树人，不断提升教材建设质量。本书以党的二十大精神为指引，对接数字经济时代人才培养新要求，深化产教融合，深入开展课程思政建设，不断提升教材质量。

2. 创新内容设计，积极适应财会人才培养新要求。瞄准财会工作由核算向管理转型的新趋势，对接财会工作数字化升级的新场景，重点讲述 Excel 在财务管理中的应用，精选 95 个典型案例作为学习训练项目，内容具有针对性、科学性和先进性。

3. 编写体例科学，适应技术技能人才培养新模式。以目标和问题为导向，以案例为载体，实施任务驱动，在学习任务中构建“学习引例”、“引例分析”、“相关知识”、“实际操作”、“同步练习”、“学习总结”和“学习评估”七个环节，理论联系实际，“教学做”一体化，“教学练思评”相结合，以富媒体新形态呈现学习内容，着力激发读者对财务工作的兴趣、增添读者高效办公的乐趣、培养读者卓越办公的志趣，让知识在应用中巩固、能力在训练中形成、素质在学习过程中养成。

4. 提供配套资源，有效助力教学质量再上新台阶。本书提供配套教学大纲、教学活动设计方案、教学课件、实验手册、教学案例操作视频、同步练习解答等配套资源，扫描书中的二维码可获取部分数字化教学资源。

本书由钟爱军、钟静远、程百惠子共同编著。全书由钟爱军总纂定稿。

由于作者水平有限，书中难免存在不足之处，还请读者多提宝贵意见和建议，联系邮箱：717682331@qq.com。

作　者

2024 年 2 月

第一版前言

感谢您选购本书！

财务乾坤大，管理学问多，信息技术的发展为财务管理作用的发挥提供了更为广阔的空间。Microsoft Excel 是一款在全球都有着广泛影响的数据处理软件，数据链接功能强大，函数和分析工具使用便捷，具有灵活性、便利性、扩展性、兼容性和智能性的特点，能够很好地满足财务管理工作系统化、项目化、碎片化、个性化和动态化的数据分析需要。

本书内容包括 Excel 应用基础、Excel 在资金时间价值分析中的应用、Excel 在筹资管理中的应用、Excel 在流动资产管理中的应用、Excel 在投资管理中的应用、Excel 在固定资产管理中的应用、Excel 在成本费用管理中的应用、Excel 在利润预测和本量利分析中的应用、Excel 在财务分析中的应用、Excel 在财务预算中的应用和 Excel 在短期经营决策分析中的应用，共十一章，专门为满足新时期新型财务管理人才培养的需要而打造，适合高等院校财务管理等专业教学使用，也适合广大财务工作者自学使用。

本书特色与价值：

1.理论联系实际，内容选取适当，对接社会需求。本书提供了 95 个典型案例和实操训练项目，通过财务实际问题案例化、案例分析问题模型化、模型构建问题电算化，实现繁杂问题处理简单化，有助于激发读者对财务工作的兴趣、增添读者高效办公的乐趣、培养读者卓越办公的志趣，是减轻劳动强度的帮手、提高工作效率的助手、改善工作质量的推手，希望能够成为读者学习与工作的良师益友。

2.结构安排科学合理，呈现内容图文并茂。本书按照“学习引例”、“引例分析”、“相关知识”、“实际操作”、“同步练习”、“学习总结”和“学习评估”7 个环节依次展开，问题导向，任务驱动，“教学练思评”相结合，有助于快速提高读者的财务信息化应用能力。

3.配套资源齐全，提供教学便利。本书提供配套教学大纲、教案、学习引例操作视频、PPT 教学文档、教学实例文件、练习题参考答案，扫描书中二维码可观看操作视频、查阅同步练习参考答案。

本书由钟爱军、钟静远共同编著。钟爱军负责撰写初稿，钟静远负责学习引例操作检验、文字完善以及操作视频录制。全书由钟爱军总纂定稿。

由于作者能力和水平有限，加之时间仓促，不妥之处恳请各位学者和实务专家给予指导与帮助，也希望读者能够及时提出宝贵的意见和建议，联系邮箱：zaj955@126.com。

作　者

2021 年 2 月

目录

【学习引例】二维码目录

第一章
Excel应用基础

学习目标

1. 能够列举常用电子表格软件的种类。
2. 能够说明电子表格软件的主要功能。
3. 能够准确描述Excel 2016软件用户界面。
4. 能够运用各种方法启动和退出Excel软件。
5. 能够新建、保存、关闭、打开、保护、备份、修改、删除Excel文件。
6. 能够熟练地输入和编辑数据。
7. 熟悉Excel函数的语法格式和基本应用方法。
8. 能够按要求设计数据清单和使用记录单。
9. 掌握Excel图表插入的方法。
10. 掌握数据排序、数据筛选、数据分类汇总及数据透视表的应用方法。
11. 掌握单变量求解、模拟运算表、规划求解等分析工具的基本应用方法。
12. 养成勤于思考的习惯，培养团结协作的精神和解决问题的方法、能力。

学习指引

本章内容是后续学习的基础，内容琐碎，操作训练是学习认识的基础，通过操作掌握基本技能，通过辅导解决疑难问题，通过总结归纳提高规律认识。

内容框架

- Excel应用基础
  - 电子表格软件概述
    - 电子表格软件及其功能
    - Excel软件启动与退出
    - Excel软件用户界面
    - Excel文件管理
  - 数据的输入、编辑和保护
    - 数据输入
    - 数据编辑
    - 数据保护
  - 单元格的格式化
    - 字符格式化
    - 表格标题设置
    - 设置列宽和行高
    - 设置边框和图案
    - 定义数字格式
    - 快速设置格式
    - 使用条件格式
  - 公式与函数应用
    - 公式应用
    - 单元格引用
    - 函数应用
  - 数据清单及其管理分析
    - 数据清单的构建
    - 记录单的使用
    - 数据的排序
    - 数据筛选
    - 数据分类汇总
    - 插入数据透视表
  - 单变量求解工具的应用
    - 操作流程
    - 操作方法
  - 模拟运算表工具的应用
    - 操作流程
    - 操作方法
  - 规划求解工具的应用
    - 操作流程
    - 操作方法

素养提升　　扬帆起航再出发

今天，我们开始学习利用Excel解决财务管理工作中的问题，这将对我们的职业生涯发展产生积极影响。人类从漫长的混沌中走出，在经历了几千年的农业经济和几百年的工业经济发展的洗礼后，又开始迈入快速发展的数字经济时代。纵观人类文明发展史，人类一直在努力地用数字解密世界，我们有幸生活在充满着精彩和竞争的数字经济时代。面对财务数字化转型发展的挑战和机遇，正在从事或将要从事财务管理工作的你，做好准备了吗？

第一节　电子表格软件概述

一、常用的电子表格软件

电子表格，又称电子数据表，是指由特定软件制作而成的，用于模拟纸上计算的由横竖线条（行列）交叉组成的表格。常用电子表格软件见表1-1。

表1-1　常用电子表格软件

种类	说明
Excel	微软公司开发的电子表格软件
WPS	金山公司开发的电子表格软件
Numbers	苹果公司开发的电子表格软件
Lotus Notes	IBM公司开发的专业电子表格软件
Formula One	第三方电子表格软件，Visual Components公司开发的ActiveX控件

Excel软件是美国微软公司开发的Office套装软件的组成部分，操作界面直观，计算功能强大，图表工具出色，应用范围广泛，与其他电子表格软件具有很好的兼容性。Excel软件有诸多版本，本书主要介绍Excel 2016。

二、电子表格软件的主要功能

（一）建立工作簿

Excel启动后即可按照要求建立一个空白的工作簿文件，简称Excel文件。每个工作簿含有一张或多张由横竖线条交叉组成的表格，称为工作表。每张工作表由若干行和列组成，行和列交叉形成单元格。单元格是工作表的最小组成单位，数据的输入和修改都在单元格中进行，每个单元格最多可容纳32 767个字符。工作簿如同活页夹，工作表如同其中的活页纸，工作簿、工作表和单元格的说明见表1-2。

表1-2　工作簿、工作表和单元格的说明

项目	说明
工作簿	储存和处理数据的文件，由工作表组成，工作表关联后形成三维表
工作表	由行和列组成的区域，单个工作表就是一张二维表
单元格	工作表中行与列交汇所形成的方格称为单元格，用列标和行号来表示。列标用大写英文字母表示，行号用阿拉伯数字表示，每个单元格地址都是唯一的

在Excel中，新建工作簿包含的工作表数量是可以设定的。如果工作表不够用，还可以随时添加工作表，添加数量的多少受计算机内存大小的限制。

Excel 2016软件的部分技术参数见表1-3。

表1-3　**Excel 2016软件的部分技术参数**

版本	新建工作簿时系统默认工作表数量	新建工作簿时可以自动创建工作表的数量	每个单元格最多容纳字符数	最大行	最大列	默认文件的扩展名
Excel 2016	1	1～255	32 767	1 048 576	16 384	.xlsx

除了默认类型外，可以将新建工作簿另存为其他格式类型的文件。

（二）管理数据

Excel管理数据的情形见表1-4。

表1-4　**Excel管理数据的情形**

1	输入和存储数据
2	编制所需表格
3	对数据进行检索、排序、筛选、分类、汇总、分析
4	运用公式和函数，对数据进行复杂的运算和分析

（三）实现数据网上共享

利用Excel可以实现数据网上共享，主要有下列两种方式：

❶通过创建超级链接，获取局域网或互联网上的共享数据。

❷将工作簿设置成共享文件并保存在共享网站中，让互联网用户共享工作簿文件。

（四）制作图表

利用Excel软件提供的插入图表功能，可以直观地将数据关系以图表形式展示出来。可插入的图表类型以及图表编辑功能见表1-5。

表1-5　**可插入的图表类型及图表编辑功能**

项目	说明
图表类型	柱形图、折线图、饼图、条形图、面积图、XY散点图、地图、股价图、曲面图、雷达图、树状图、旭日图、直方图、箱形图、瀑布图、漏斗图，以及组合图
图表编辑功能	可以编辑图表标题、坐标轴、网格线、图例、数据标签、背景，还可以在图表中添加文字、图形、图像和声音

Excel 2016还提供了折线、柱形和盈亏这三种迷你图功能。

（五）开发应用系统

用户可以利用Excel自带的VBA宏语言，编写和开发满足自身管理需要的应用系统，有效运用和扩大Excel的功能。

三、Excel软件的启动与退出

（一）Excel软件的启动

Excel 2016软件的启动方法见表1-6。

表1-6 Excel 2016软件的启动方法

方法	操作说明
1	单击“开始”菜单中列示的Excel快捷命令
2	双击桌面上的Excel图标
3	单击任务栏上的Excel快捷方式图标
4	通过“运行”对话框启动Excel软件（运行Excel.exe文件）
5	通过打开已有Excel工作簿文件（包括打开最近使用的工作簿）来启动Excel软件

采用前4种方法，在软件启动时将自动新建一个空白的工作簿文件。

（二）Excel软件的退出

Excel 2016软件的退出方法见表1-7。无论采用哪种方法，如果编辑内容在软件程序退出前未被保存，将弹出“是否保存”提示框。

表1-7 Excel 2016软件退出的方法

方法	操作说明
1	单击窗口右上角的关闭按钮
2	右击任务栏中的Excel图标，单击“关闭窗口”或“关闭所有窗口”命令
3	按击快捷键“Alt+F4”
4	双击窗口左上角的狭小空白位置

下列操作只关闭当前工作簿文档文件，并不退出软件系统，Excel应用程序仍然在后台运行：

（1）在键盘上按击快捷键“Ctrl+F4”。

（2）单击“文件”菜单中的“关闭”命令。

四、Excel软件用户界面

Excel软件程序启动后，会建立一个新的空白工作簿或者打开一个现有的工作簿，并在屏幕上呈现出窗口，该窗口被称为用户界面。

（一）Excel 2016窗口界面

Excel 2016的窗口界面（如图1-1所示）由标题栏、文件菜单、功能区、编辑栏、工作区、状态栏、任务窗格等要素组成。Excel 2016的操作命令布局方式是在功能区上设置选项卡，通过选项卡再分组布局命令。

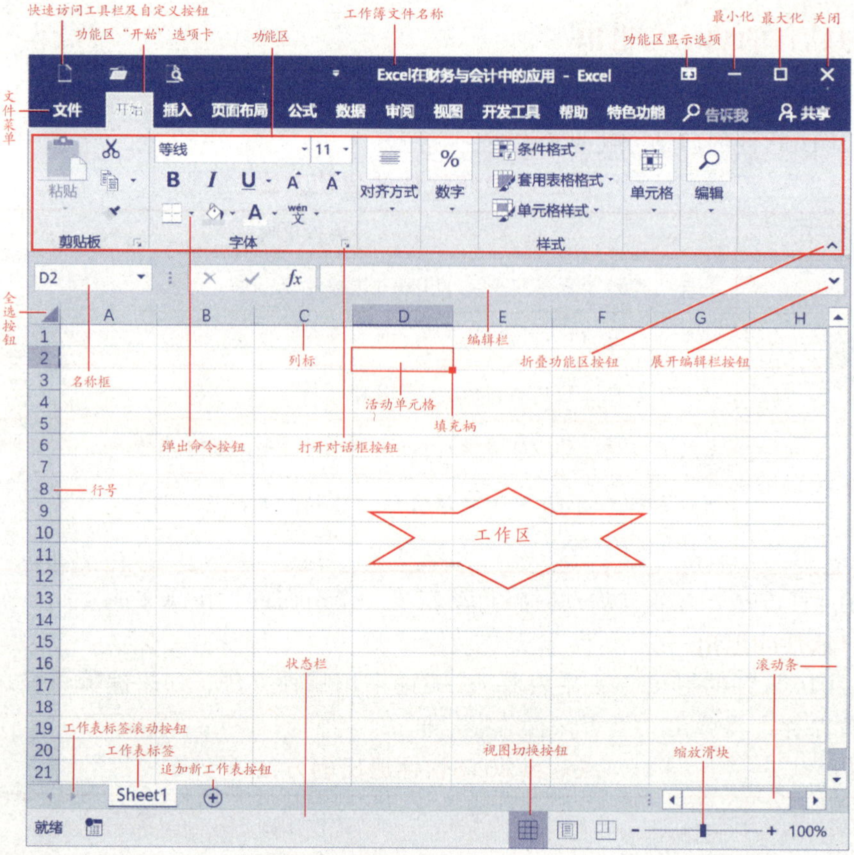

图1-1　Excel 2016窗口界面

Excel 2016窗口界面说明见表1-8。

表1-8　**Excel 2016窗口界面说明**

组件	简要说明
标题栏	位于窗口的最上方，分别列示有快速访问工具栏（默认在功能区上方显示）、文档名称、功能区显示选项按钮、最小化按钮、最大化（还原）按钮、关闭按钮
快速访问工具栏	工作簿名称左边默认是快速访问工具栏，单击快速访问工具栏右侧的按钮▼，可以自定义常用命令，以方便操作。快速访问工具栏也可以设置为在功能区的下方显示
工作簿文件名称	工作簿文件名称也称Excel文档名称，位于标题栏正中。工作簿名称后面显示应用程序名称Excel
最小化、最大化（还原）、关闭按钮	单击窗口右上角的—□✕或—❐✕，可以最小化、最大化/还原、关闭窗口
文件菜单	单击文件菜单，展开"信息、新建、打开、保存、另存为、历史记录、打印、共享、导出、发布、关闭、账户、反馈、选项"命令

续表

组件	简要说明
功能区	功能区由选项卡、组和具体的操作命令组成。 功能区位于标题栏下方，选项卡标签有：开始、插入、页面布局、公式、数据、审阅、视图、开发工具、帮助和特色功能。通过单击“文件”→“选项”→“自定义功能区”命令，可以自定义选项卡。功能区集合了各种命令，这些命令通过选项卡和分组方式进行列示，直观性强，便于操作
操作说明搜索（告诉我）	在此输入内容，即可轻松利用功能并获得帮助
共享	与他人协作，共享文档，查看共享文档的人员
功能区隐藏和显示按钮	单击标题栏右侧的“功能区显示选项”按钮，在弹出的菜单中分别单击“自动隐藏功能区”“显示选项卡”“显示选项卡和命令”，可以实现自动隐藏功能区、显示选项卡、显示选项卡和命令
展开命令按钮	单击带有下拉标记的命令按钮，可展开一系列命令按钮
对话框按钮	单击功能区右下角的对话框启动按钮，则可打开该区域功能的对话框。单击有省略号…的快捷菜单命令，也可打开对话框
编辑区	编辑区位于功能区和工作区之间。由名称框、取消按钮、输入按钮、插入函数按钮，以及编辑栏、展开（折叠）编辑栏按钮组成。 名称框和编辑栏中间的按钮*fx*是函数按钮，单击函数按钮，会打开“插入函数”对话框。单击编辑栏右侧的按钮∨，可以展开编辑栏
工作区	位于编辑区的下方，是窗口中最大的区域，用于存放和处理数据，由工作表标签、工作表标签滚动按钮、滚动条和滚动条按钮、列和列号、行和行号、全选按钮、单元格等要素组成
行、列和全选按钮	工作区上边的A、B、C……是列标，工作区左边的1、2、3……是行号。位于工作区左上角列标和行号交叉的方块是全选按钮◢，单击全选按钮，选中当前工作表全部单元格，等同于按击快捷键“Ctrl+A”
活动单元格（或区域）	活动单元格（或区域）是当前的操作对象，其特征是四周有加粗轮廓线。活动单元格（或区域）的名称显示在“名称框”中
填充柄	鼠标指向填充柄时，指针自动变为黑十字✚，拖动填充柄可以实现数据的自动填充或公式的智能复制
滚动条和滚动按钮	拖动滚动条或单击滚动按钮，可上下左右查看工作表内容
工作表标签及工作表标签滚动按钮	单击工作表标签可以选定工作表，单击工作表标签滚动按钮则可以左右滚动显示工作表标签
追加工作表按钮	单击⊕，则在当前工作表的右侧追加工作表
录制宏按钮	单击，则打开“录制新宏”对话框
状态栏	位于窗口的底部，显示各种状态信息。右击状态栏后可以更改所显示的信息
缩放滑块及比例	位于状态栏最右侧，拖动滑块，可以缩放工作区内容
视图切换按钮	位于状态栏右侧，有普通、页面布局、分页预览三个按钮
快捷菜单	右击对象，则弹出针对当前环境或对象的快捷菜单

（二）Excel 2016窗口界面说明

1.Excel 2016的快速访问工具栏

Excel 2016的快速访问工具栏默认位于功能区上方的标题栏，与Excel软件图标按钮相邻，提供独立于当前显示选项卡的命令，如图1-2所示。

图1-2 Excel 2016的快速访问工具栏

快速访问工具栏的位置可通过单击“自定义快速访问工具栏”按钮进行改变。如选中“在功能区下方显示”命令，或者右击功能区，在弹出的快捷菜单中选中“在功能区下方显示快速访问工具栏”，快速访问工具栏则移至功能区的下方、编辑区的上方。快速访问工具栏默认包含“保存”“撤消”“打印”等快捷按钮。

（1）向快速访问工具栏添加按钮的方法。

第一种方法：右击功能区中需要加入快速访问工具栏的命令，从弹出的快捷菜单中选定“添加到快速访问工具栏”命令。

第二种方法：单击快速访问工具栏右侧的下拉菜单按钮，在弹出的“自定义快速访问工具栏”列表中单击“其他命令”命令，弹出“Excel选项”对话框，并选定在“快速访问工具栏”，从窗口左边的“从下列位置选择命令”栏目中选取相关命令，单击“添加”按钮，将所选命令添加到右边的“自定义快速访问工具栏”栏目中，单击“确定”按钮退出。

第三种方法：右击功能区范围内任意位置，在弹出的快捷菜单中选定“自定义快速访问工具栏”，弹出“Excel选项”对话框，并选定在“快速访问工具栏”，从窗口左边的“从下列位置选择命令”栏目中选取相关命令，单击“添加”按钮，将所选命令添加到右边的“自定义快速访问工具栏”栏目中，单击“确定”按钮退出。

第四种方法：单击“文件”菜单，选中“选项”命令，进入“Excel选项”对话框，单击“快速访问工具栏”命令，从窗口左边的“从下列位置选择命令”栏目中选取相关命令，单击“添加”按钮，将所选命令添加到右边的“自定义快速访问工具栏”栏目中，单击“确定”按钮退出。

（2）删除快速访问工具栏中按钮的方法。

第一种方法：右击快速访问工具栏中需要删除的按钮，从弹出的快捷菜单中选中“从快速访问工具栏删除”命令。

第二种方法：单击快速访问工具栏右侧的下拉菜单按钮，弹出“自定义快速访问工具栏”列表，单击“其他命令”命令，弹出“Excel选项”对话框，并选定在“快速访问工具栏”，从“自定义快速访问工具栏”栏目中选取待删除的相关命令，单击“删除”按钮，单击“确定”按钮退出。

第三种方法：右击功能区标题栏以外的任意位置，在弹出的快捷菜单中选定“自定义快速访问工具栏”，弹出“Excel选项”对话框，选定“快速访问工具栏”，从“自定义快速访问工具栏”栏目中选取待删除的相关命令，单击“删除”按钮，单击“确定”按钮退出。

第四种方法：单击“文件”菜单，选中“选项”命令，进入“Excel选项”对话框，单击“快速访问工具栏”命令，从“自定义快速访问工具栏”栏目中选取待删除的相关命令，单击“删除”按钮，单击“确定”按钮退出。

2.编辑区

Excel 2016的编辑区默认位于功能区的下方，由名称框、取消输入按钮、确认输入按钮、插入函数按钮、编辑栏和展开（折叠）编辑栏按钮六个部分内容构成。

Excel 2016的编辑区如图1-3所示。

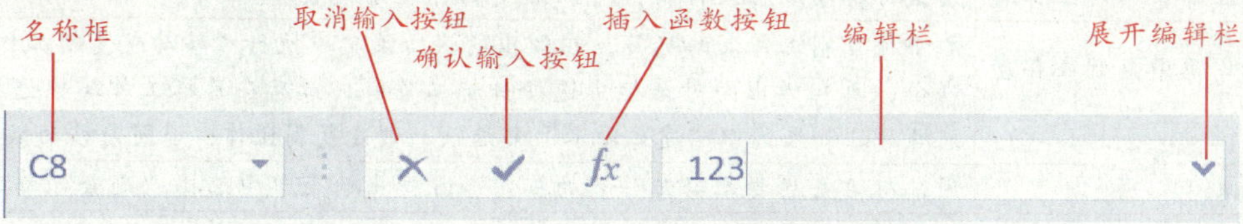

图1-3　Excel 2016的编辑区

（1）名称框。

名称框位于编辑区最左边，用于显示或更改活动单元格或单元格区域名称，通过输入单元格或单元格区域名称可以快速定位到所指定名称的单元格或单元格区域。

（2）取消输入按钮、确认输入按钮和插入函数按钮。

名称框右边的这三个按钮，作用分别是取消输入、确认输入和插入函数。

（3）编辑栏。

编辑栏用于显示、输入或编辑活动单元格中的数据和公式。单击单元格进行输入时，其内容在编辑栏中被同步显示；相反，也可以单击编辑栏进行输入，对应单元格的显示也是同步的。默认情况下，编辑栏中显示活动单元格的数据和公式，单元格中显示计算结果和格式化之后的内容。

（4）展开编辑栏按钮。

Excel 2016编辑栏最右边是展开编辑栏按钮，如果输入内容较多，通过展开命令，可以实现分行显示，在编辑栏里可以完整地观察对应单元格里的内容。

（5）编辑区的显示和隐藏。

在Excel 2003中，通过选中或取消“视图”菜单下的“编辑栏”选项，可以实现编辑区的显示和隐藏设置。

在Excel 2016中，选中或取消Excel 2016“视图”菜单下“显示”命令分组里的“编辑栏”选项，可以实现编辑区的显示和隐藏设置，或者单击Excel的“文件”菜单，单击“选项”子菜单，打开“Excel选项”对话框，单击“高级”命令，在“显示”分组下，选中或取消选择“显示编辑栏”选项，也可以实现编辑区的显示和隐藏设置。

3.工作区

工作区默认位于编辑区的下方，是用于存放和处理数据的专门区域，由工作表、工作表标签、工作表标签滚动按钮、滚动条和滚动按钮、列和列标、行和行号、全选按钮、单元格等要素组成。

（1）工作表。

针对工作表的操作见表1-9。

表1-9 针对工作表的操作

操作任务	操作方法
选择工作表	单击目标工作表的标签，该表成为活动工作表
追加工作表	单击追加工作表按钮⊕，或者按击“Shift+F11”快捷键
在同一工作簿中复制工作表	先选择被复制工作表，再按住Ctrl键拖动，完成工作表的复制，新工作表名称是原工作表名称后加一个带括号的序号
在同一工作簿中移动工作表	用鼠标拖动工作表标签，可以改变工作表排列顺序
在不同工作簿中复制或移动工作表	右击被复制工作表的标签，在弹出的快捷菜单中执行“移动或复制工作表”命令，再在弹出的对话框中选择目标工作簿，最后在目标工作簿中选择排列顺序。如果选中“建立副本”复选项，则是复制操作；否则为移动操作
删除工作表	用鼠标右击想要删除工作表的标签，在弹出的菜单中选择“删除”命令
工作表重命名	双击工作表标签，录入名称后回车
分割工作表	分割工作表，可在同一屏幕中看到相距很远的单元格。 将鼠标指向工作区右上角的水平分割条，按住鼠标向下拖动，看到分割的上下两个窗口，通过垂直滚动条在两个窗口中都能看到当前工作表的全部。用同样的方法也能垂直分割工作表。 把分割线拖回原处即成一个窗口
设置工作表数量	单击“文件”菜单，单击“Excel选项”，在打开的对话框中选择“常规”，设定新建工作簿时包含的工作表数量
拆分和冻结窗格	拆分窗格，就是锁定单独工作表区域中的行或列，以保持非滚动区域中的行或列仍然可见。在垂直滚动条的顶端或水平滚动条的右端，指向拆分框，当指针变为拆分指针÷或+||+后，将拆分框向下或向左拖至所需的位置，即可拆分窗格。 冻结窗格就是锁定特殊行或列，在工作表中滚动时仍然可见。单击“视图”选项卡下的“窗口”分组里的“冻结窗格”按钮，在弹出的菜单中，根据需要选择执行“冻结拆分窗格”“冻结首列”“冻结首行”。若冻结顶部水平窗格，则选择待拆分处的下一行；若冻结左侧垂直窗格，则选择待拆分处的右边一列；若同时生成顶部和左侧窗格，则单击待拆分处右下方的单元格

（2）单元格。

❶单元格及区域的定义见表1-10。

表1-10 单元格及区域的定义

术语	定义
单元格	工作表中行与列交汇所形成的方格称为单元格，用列标和行号来表示，列标用大写英文字母表示，行号用阿拉伯数字表示，每个单元格地址唯一
区域	若干个单元格组成的矩形范围，分为连续区域、合集区域、交集区域
连续区域	由若干个连续单元格组成的区域称为连续区域，表示方法是将第一个和最后一个单元格地址中间用冒号连接。例如，A3:E8表示从A3到E8所组成的一个矩形区域
合集区域	互不相连的单元格组成的区域称为合集区域，单元格地址之间用逗号连接。 例如：“A3,A6,A8:A20”
交集区域	交集区域用于表示单元格引用的公共区域，单元格引用之间用空格连接。 例如，“A1:B5 B2:C6”是指其公共单元区域B2:B5

❷单元格、区域、行和列的选定见表1-11。

表1-11　单元格、区域、行和列的选定

选定对象	操作方法
选定单个单元格	用鼠标单击相应的单元格，或在键盘上移动方向键
选定某个单元区域	单击欲选定区域的第一个单元格，然后拖动鼠标直至欲选定区域中的最后一个单元格；如果选定较大的单元区域，则先选定第一个单元格或单元区域，然后按住Shift键，再单击欲选定区域中的最后一个单元格
选定工作表中所有单元格	单击全选按钮，或者按击Ctrl+A组合键
选定不相邻单元格或单元区域	先选定第一个单元格或单元区域，然后按住Ctrl键，再选定其他单元格或单元区域
选定整行	单击行号即可实现
选定整列	单击列标即可实现
选定相邻的行或列	沿着开始行号或者列标拖动鼠标至最后的行或列；或者，先选定第1行或第1列，然后按住Shift键，再选定最后的行或列
选定不相邻的行或列	先选定第1行或第1列，然后按住Ctrl键，再选定其他的行或列

❸插入和删除单元格、行、列，见表1-12。

表1-12　插入和删除单元格、行、列

操作内容	操作方法
插入行或列	选择待插入行邻近行的一个单元格，选择“开始”选项卡下“单元格”分组里的“插入”→“插入工作表行”或“插入工作表列”命令，新插入的行（列）在所选单元格所在行（列）之上（左）
插入单元格	选择待插入单元格的位置，选择“开始”选项卡下“单元格”分组里的“插入”→“插入单元格”命令，弹出“插入”对话框，对话框中有四个单选项：活动单元格右移、活动单元格下移、整行、整列，根据需要选择并确定。只有当某行或某列数据相对应正好错位时，才可能使用插入或删除单个单元格
删除行或列	要删除一行（列），先单击行号（列标），使整行（列）处于被选择状态，再单击鼠标右键，在弹出的快捷菜单中单击“删除”命令，则所选行（列）被删除
删除单元格	选择待删除的单元格，单击鼠标右键，弹出快捷菜单，单击“删除”，弹出“删除”对话框，进行相应选择后单击“确定”按钮。如果按Delete键，则只能删除单元格里的内容，不能删除单元格

❹合并和拆分单元格。

操作方法如下：

第一步，选中要合并的单元格后，单击鼠标右键。

第二步，在弹出的快捷菜单中单击“设置单元格格式”。

第三步，在弹出的“设置单元格格式”对话框中，选中“对齐”选项卡。

第四步，勾选“文本控制”项目下的“合并单元格”选项，如图1-4所示。

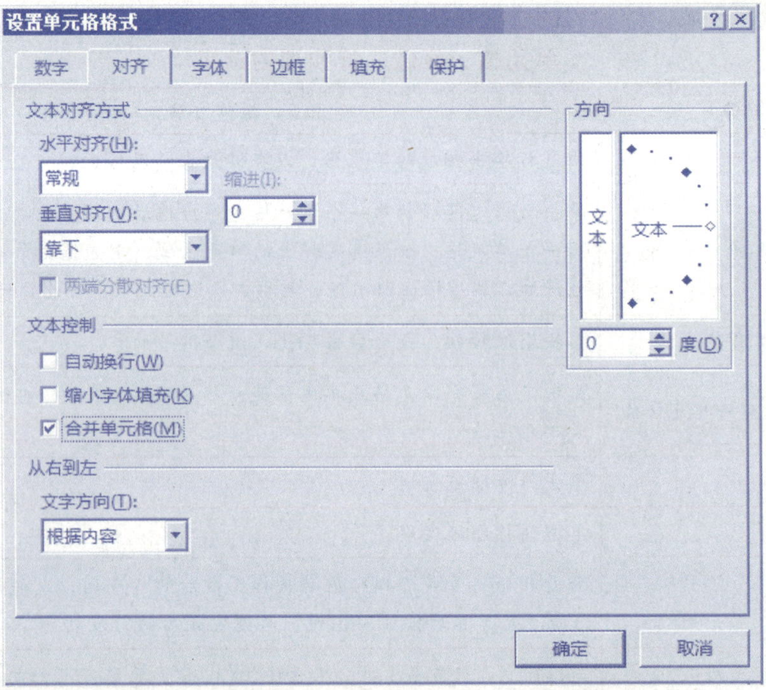

图1-4 “设置单元格格式”对话框（合并单元格）

第五步，单击“确定”按钮。

若选定区域的多个单元格都有数据，合并单元格后只能保留选定区域左上角单元格的数据。更为简便的操作是利用合并单元格的工具按钮进行，如图1-5所示。

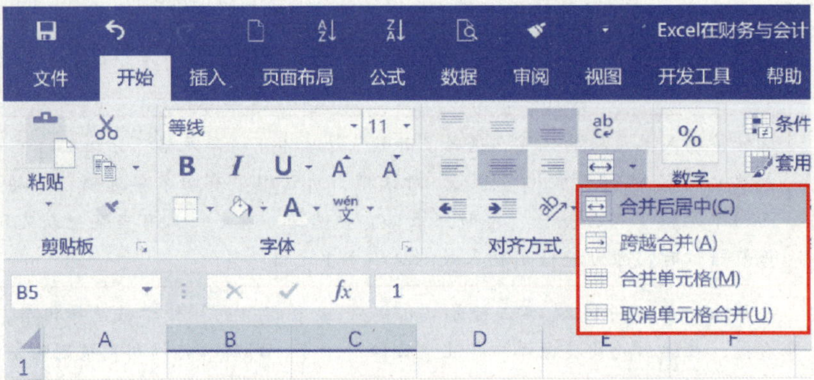

图1-5 合并单元格的工具按钮

要拆分已经合并的单元格，首先要选中合并单元，然后单击“合并后居中”按钮。

4.状态栏

状态栏默认位于窗口底部，可以显示各种状态信息。

Excel 2016窗口界面状态栏主要内容包括：单元格模式，大写（英文字母）、数字、自动设置小数点等功能的开关状态，宏录制，视图快捷方式（视图模式切换按钮），显示比例，缩放滑块。右击状态栏，在弹出的自定义状态栏快捷菜单中可以设置状态栏显示的内容和开关状态，如图1-6所示。

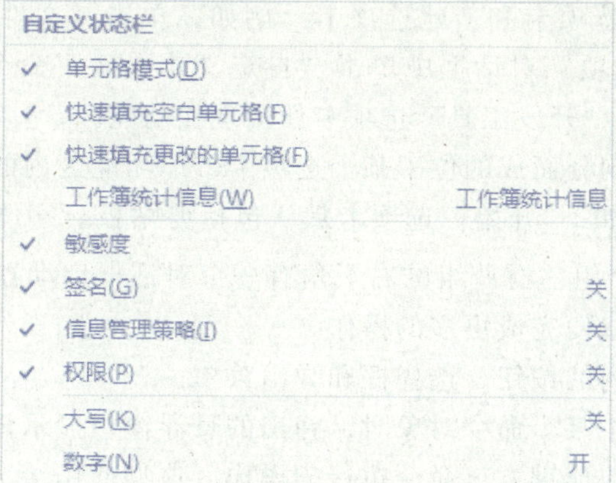

图1-6　Excel自定义状态栏

5. 任务窗格

任务窗格是一个用户界面面板，用于集中放置相关功能命令和快捷方式，方便用户操作。任务窗格通常显示在窗口的右侧，也可移动到窗口的其他位置，单击标题栏可以拖动任务窗格。任务窗格类似于对话框，不同之处在于可根据需要使其一直可见。例如，单击位于功能区选项卡最右边的共享按钮，工作区右侧便出现一个名为“共享”的任务窗格。再如，当进行插入数据透视表操作时，被称作“数据透视表字段”列表的任务窗格便出现在工作区的右边，当使用完任务窗格后，可单击任务窗格右上角的“关闭”按钮。

6.Excel 2016的功能区

（1）功能区的定义。

功能区是由一系列在功能上具有较强相关性的组和命令所形成的区域，各种功能由相应的选项卡标签予以标识，便于用户在同一位置快速查找和调用功能相关的命令。

（2）功能区出现的软件版本。

功能区界面自Excel 2007版本第一次出现，功能区里的内容替代了以前版本的菜单栏和工具栏里的内容，满足功能增强导致命令增多情况下的窗口布局以及便于用户使用的需要。

（3）功能区的构成。

功能区由选项卡、组和命令组成。

功能区常用的选项卡有开始、插入、页面布局、公式、数据、审阅、视图、开发工具、帮助、特色功能，如图1-7所示。

图1-7　Excel 2016功能区默认选项卡

单击任一选项卡标签，其下方将出现一个以平铺方式展开的由若干个功能相关的组和命令所组成的带形功能区。图1-8显示的是单击“开始”选项卡以后出现的结果。

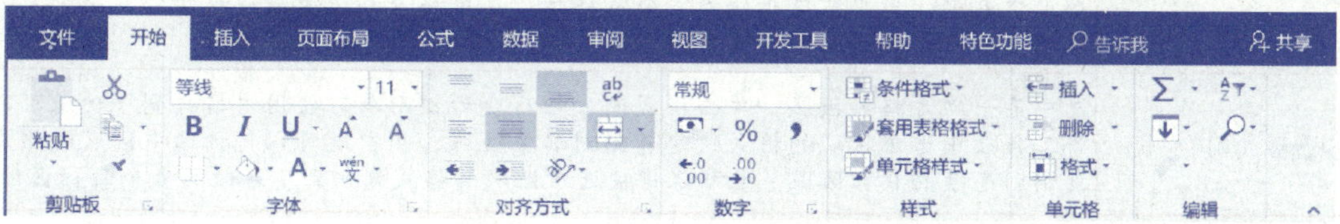

图1-8　Excel 2016功能区界面

用户还可以自定义选项卡和新建选项卡。例如，单击“文件”菜单下的“选项”命令，在打开的“Excel选项”对话框中单击“自定义功能区”命令，在“主选项卡”下，勾选“开发工具”选项，“开发工具”选项卡便出现在功能区。

组是根据不同功能划分而成的位于某个选项卡带形功能区内的较小区域，各组均由功能相关的命令组成。例如，“开始”选项卡默认包括剪贴板、字体、对齐方式、数字、样式、单元格、编辑等7个组。有些组的右下角有一个对话框启动器按钮，单击该图标，将打开相关的对话框，以便完成更多的操作。

命令是被安排在组内的按钮、选择框和弹出菜单。

当鼠标指针指向组中某个命令对象时，弹出的悬浮窗口显示该命令的名称、功能或操作提示，包括该命令的快捷键、该命令执行的操作、典型使用情况等。

7.Excel窗口中的鼠标指针

鼠标指针具有特定的提示意义，见表1-13。认识鼠标指针是为了方便操作。

表1-13 鼠标指针的提示意义

鼠标指针形状	鼠标指针的提示意义
箭头	Excel中最常见的指针形状，此时可以完成拖放窗口、选定对象、执行命令等操作
空心十字	当鼠标指针位于工作表区域和全选按钮上时为该形状，此时可以选择单元格、单元格区域
插入指针	当鼠标指针位于编辑栏、文本框、处于编辑状态的单元格时为该形状，此时可以在相应位置录入信息
小的实心十字	当鼠标指针指向当前单元格（区域）右下角的填充柄时，鼠标指针变为该形状，此时可以按住鼠标左键进行拖放，完成数据的自动填充或公式的复制
双向箭头	当鼠标指针位于窗口和图形对象的边角时为该形状，此时可以通过拖放操作来改变窗口以及其他对象的形状或大小
十字双向箭头	当鼠标指针指向列标或行号的分界线时变为该形状，此时可以通过鼠标的拖放来改变列宽或行高
十字箭头	当鼠标指针指向某个图形对象的移动柄时变为该形状，此时可以通过拖放来移动图形对象的位置
沙漏	正在执行某个前台程序，鼠标指针变为沙漏形状，此时用户应等待片刻，待鼠标形状还原成其他形状后再操作
带箭头的沙漏	当正在执行某个后台程序时，鼠标指针变为带箭头的沙漏形状，此时可以继续操作，但是机器的速度明显变慢
单向箭头	当鼠标指针位于行号或列标的位置时变为该形状，此时单击鼠标可选择整行或整列
双向分割	在Excel 2016中，当鼠标指针位于水平滚动条左侧时，左右拖动鼠标指针，可以调整水平滚动条的长短。 在工作表中，当将窗口拆分为多个窗格时，在窗格分割边缘拖放双向分割指针，可以改变窗格大小，或恢复分割
格式刷	选中某一单元格或区域，单击格式刷按钮后变为该形状。使用“格式刷”功能可以将工作表中选中区域的格式快速复制到其他区域，用户既可以将被选中区域的格式复制到连续的目标区域，也可以将被选中区域的格式复制到不连续的多个目标区域

五、Excel文件的管理

（一）Excel文件的新建

Excel文件的新建分为两种情况：一种是软件启动时的自动新建。随着软件的启动，系统将自动建立一个新的空白工作簿，并在标题栏中显示默认的文件名。另一种是在软件运行后的操作新建。具体见图1-9给出的说明。

- Excel文件的新建
  - 软件启动时的自动新建
    - （1）单击"开始"菜单中Excel的快捷命令
    - （2）单击桌面或任务栏中Excel的快捷方式图标
    - （3）通过"运行"对话框方式启动Excel
  - 软件运行后的操作新建
    - （1）按击快捷键"Ctrl+N"
    - （2）单击"文件"→"新建"命令后选定模板
    - （3）直接单击工具栏中的"新建"按钮

图1-9　Excel文件新建的方法

（二）Excel文件的保存

Excel文件在编辑完毕或退出Excel软件之前应进行保存，方法见图1-10给出的说明。

- Excel文件的保存
  - （1）按击F12键，以"另存为"方式保存
  - （2）按击快捷键"Ctrl+S"
  - （3）单击"保存"或者"另存为"按钮
  - （4）单击"文件"→"保存"（另存为）子菜单

图1-10　Excel文件保存的方法

对于已经保存过的文件，按击快捷键"Ctrl+S"后直接保存最近一次的修改，不再弹出"另存为"对话框。

为了避免Excel软件意外中止而丢失大量尚未保存的信息，系统提供自动定时保存功能，用户可以自定义自动保存的时间间隔。操作方法是：选择"文件"菜单，单击"选项"命令，在"Excel选项"对话框中单击"保存"命令，在"保存自动恢复信息时间间隔"项目中进行设置。

（三）Excel文件的打开

Excel文件打开的方法如图1-11所示。

- Excel文件的打开
  - （1）直接单击Excel文件
  - （2）单击快捷菜单中的"打开"命令
  - （3）按击快捷键"Ctrl+O"（O为英文）
  - （4）单击"文件"菜单中的"打开"命令
  - （5）单击常用工具栏（快速访问工具栏）中的"打开"按钮

图1-11　Excel文件打开的方法

在弹出的"打开"对话框中，给出要打开文件的文件名，最后单击"确定"按钮即可。

（四）Excel文件的关闭

Excel文件关闭的方法如图1-12所示。

（五）Excel文件的保密

保密设置方法：单击"文件"→"信息"→"保护工作簿"→"用密码进行加密"命令，在打开的"加密文档"对话框中，第一次输入密码后单击"确定"按钮，第二次输入密码后再单击"确定"按钮，单击"保存"按钮，加密生效。

- Excel文件的关闭
  - 程序退出时关闭文件
    - (1) 单击标题栏右边的“关闭”按钮
    - (2) 先右击任务栏中Excel图标，再单击“关闭窗口”或“关闭所有窗口”命令
    - (3) 先单击窗口左上角的控制图标，再在弹出的快捷菜单中单击“关闭”命令
    - (4) 双击窗口左上角的控制图标
    - (5) 在键盘上按击“Alt+F4”
  - 程序不退出时关闭文件
    - (1) 在键盘上按击“Ctrl+F4”
    - (2) 单击“文件”菜单中的“关闭”命令

图1-12 Excel文件关闭的方法

对于设置了打开权限密码的Excel文件，只有输入正确的密码后才能打开。对于设置了修改权限密码的Excel文件，只有输入正确的密码后才能修改；否则只能以只读方式打开。

（六）Excel文件的备份

Excel软件根据原文件自动创建备份文件的名称为原文件名后加上“的备份”字样，图标与原文件不同。

（七）Excel文件的修改

Excel文件修改的工作内容如图1-13所示。

- Excel文件的修改
  - (1) 修改单元格内容
  - (2) 增删单元格和行列
  - (3) 调整单元格和行列的顺序
  - (4) 增删工作表
  - (5) 调整工作表顺序

图1-13 Excel文件修改的工作内容

（八）Excel文件的删除

Excel文件删除的方法有两种，如图1-14所示。

- Excel文件的删除
  - (1) 选中要删除的文件，再按击“Delete”键
  - (2) 右击要删除的文件，再选择“删除”命令

图1-14 Excel文件删除的方法

同步练习1-1

练习题1-1-1至练习题1-1-5

【练习题1-1-1】**（多选题）** 下列可以用于处理电子表格的软件有（　　）。

A.Numbers　　B.WPS

C.Lotus Notes　　D.Formula One

【练习题1-1-2】**（判断题）** 电子表格是由特定软件制作而成的，用于模拟纸上计算的由横竖线条（行列）交叉组成的表格。（　　）

【练习题1-1-3】**（单选题）** 在Excel 2016中，一张工作表由（　　）组成。

A.65 536行和256列　　B.65 536行和16 384列

C.1 048 576行和16 384列　　D.1 048 576行和256列

【练习题1-1-4】**（单选题）** 在Excel 2016中，除非重新更改系统安装后的默认设置，每个工作簿默认含有（　　）张工作表。

A.3　　B.2　　C.1　　D.4

【练习题1-1-5】**（判断题）** Excel软件具有兼容性，所以低版本软件Excel 2003可以顺利打开高版本

软件建立的默认为.xlsx格式的文件。(　　)

【练习题1-1-6】(多选题) Excel软件可以制作(　　)。

A.饼图　　B.散点图　　C.面积图　　D.折线图

练习题1-1-6至练习题1-1-10

【练习题1-1-7】(单选题) 在Excel工作表中，为显示数据的变化趋势，可插入(　　)。

A.饼图　　B.柱状图　　C.雷达图　　D.折线图

【练习题1-1-8】(多选题) 电子表格软件的主要功能包括(　　)。

A.管理数据　　B.实现数据网上共享

C.制作图表　　D.开发应用系统

【练习题1-1-9】(多选题) 下列(　　)不是Excel电子表格软件的基本功能。

A.文字处理　　B.数据共享　　C.管理数据　　D.财务管理

【练习题1-1-10】(多选题) 可以(　　)实现Excel软件的启动。

A.通过“开始”菜单中的Excel快捷命令

B.通过桌面或任务栏中的快捷方式

C.通过“运行”对话框

D.通过打开已有Excel文件

【练习题1-1-11】(判断题) 可以从任务栏上启动Excel程序。(　　)

【练习题1-1-12】(单选题) 不是Excel软件退出方法的是(　　)。

A.通过标题栏的“关闭”按钮　　B.Alt+F4

C.双击标题栏的软件图标　　D.Ctrl+F4

【练习题1-1-13】(判断题) 不能通过双击窗口左上角的控制图标退出Excel文件。(　　)

【练习题1-1-14】(判断题) 单击“文件”菜单中的“关闭”命令可以退出Excel文件。(　　)

【练习题1-1-15】(判断题) 如果当前有多个工作簿文件在运行，在键盘上按快捷键“Ctrl+F4”会退出Excel软件。(　　)

【练习题1-1-16】(多选题) 退出Excel软件的方法有(　　)。

A.单击标题栏最右边的“关闭”按钮

B.按击快捷键“Alt+F4”

C.右击任务栏中的Excel图标，再单击“关闭窗口”或“关闭所有窗口”命令

D.按击功能键“Esc”

练习题1-1-16至练习题1-1-20

【练习题1-1-17】(单选题) 窗口右上角的✕按钮是(　　)窗口按钮。

A.最大化　　B.最小化　　C.关闭　　D.移动

【练习题1-1-18】(判断题) Excel 2007以上版本的用户界面由标题栏、菜单栏、工具栏、编辑区、工作区、状态栏和任务窗格等要素组成。(　　)

【练习题1-1-19】(单选题) 位于名称框和编辑栏中间的“✕”表示的是(　　)。

A.取消输入　　B.停止输入　　C.确认输入　　D.插入函数

【练习题1-1-20】(多选题) 窗口的组成元素包括(　　)等。

A.标题栏　　B.控制按钮　　C.菜单栏　　D.工作区

【练习题1-1-21】(单选题) 新建工作簿文件后，Excel 2016默认工作表的名称Sheet1是(　　)。

A.工作表标签　　B.工作簿文件名称

C.单元格名称　　D.按钮名称

练习题1-1-21至练习题1-1-25

【练习题1-1-22】(单选题) (　　)由工作表、工作表标签、工作表标签滚动按钮、滚动条和滚动按钮、列和列标等要素组成。

A.编辑区　　　　B.工具栏　　　　C.工作区　　　　D.菜单栏

【练习题1-1-23】（多选题）在Excel 2016中，通过“设置单元格格式”对话框中的“对齐”和“字体”选项卡，可以对工作表中的单元格进行（　　）。

A.合并及居中　　　　B.粘贴　　　　C.复制　　　　D.字体设置

【练习题1-1-24】（单选题）全选的快捷键为（　　）。

A.Alt+F4　　　　B.Ctrl+O　　　　C.Ctrl+N　　　　D.Ctrl+A

【练习题1-1-25】（判断题）功能区是由一系列在功能上具有较强相关性的组和命令所形成的区域，优势在于便于在同一位置查找和调用功能相关的命令。（　　）

【练习题1-1-26】（操作题）使用不同的方法启动Excel软件。

【练习题1-1-27】（操作题）使用不同的方法退出Excel软件。

【练习题1-1-28】（操作题）在桌面上新建Excel 2016工作簿，将其命名为“练习1128”，将“开发工具”选项卡添加到Excel 2016窗口的功能区中。

练习题1-1-26至练习题1-1-31

【练习题1-1-29】（操作题）基于Excel 2016新建“练习1129”工作簿，将“记录单”命令按钮添加到快速访问工具栏中，设置完成后退出软件。

【练习题1-1-30】（操作题）新建Excel 2016工作簿，将其命名为“练习1130”，设置文件打开权限的密码为Cw666FX666，保存后退出。

【练习题1-1-31】（操作题）新建Excel 2016工作簿，将其命名为“练习1131”，设置新建工作簿所包含的工作表数为12，保存后退出。

学习总结1-1

❶常用电子表格软件及其主要功能。

❷Excel软件的启动与退出。

❸Excel软件用户界面。

❹Excel文件的管理。

学习评估1-1（见表1-14）

表1-14　“电子表格软件概述”学习评估表

学习要点		学习效果	
电子表格软件	常用电子表格软件及其主要功能	了解	
Excel用户界面	Excel用户界面元素	熟悉	
Excel启动与退出	Excel启动与退出的方法	熟悉	
Excel文件管理	（1）Excel文件的新建	熟悉	
	（2）Excel文件的保存	熟悉	
	（3）Excel文件的打开	熟悉	
	（4）Excel文件的关闭	熟悉	
	（5）Excel文件的保密	熟悉	
	（6）Excel文件的备份	熟悉	
	（7）Excel文件内容的修改	熟悉	
	（8）Excel文件的删除	熟悉	

第二节　数据的输入、编辑和保护

一、数据的输入

（一）数据类型

在Excel应用中，数据类型有常规、数值、货币、会计专用、日期、时间、百分比、分数、科学记数、文本、特殊、自定义。通常，数值和文本是两种最基本的数据类型。

数值：用于一般数字的表示。任何由数字组成的单元格输入项均被视为数值，数值里可以包含一些特殊字符，如正负号、百分比符号、千位分隔符、货币符号和科学计算符。

文本：通常所说的文本是指字符型数据，是字符和数字的组合。任何输入到单元格中的字符串（只要不是指定为数字、公式、日期和时间及逻辑值的）都被认为是文本。在文本格式状态下，单元格显示内容与输入内容完全一致，数字作为文本处理。

常规：不包含任何特定的数据格式。

货币：用于表示一般货币数值。

会计专用：可以对一列数值进行货币符号和小数点对齐。

日期和时间：将日期和时间系列显示为日期值和时间值。Excel把日期和时间视为特殊类型的数值，一般情况下，这些值都经过了格式设置，当在单元格中输入系统可识别的日期或时间数据时，单元格的格式会自动转换为相应的日期或时间格式，无须用户进行专门设置。如果是系统不能识别的日期或时间格式，则输入的内容将被视为文本。

百分比：将单元格中数值乘以100，并以百分数形式显示。

特殊：可用于跟踪数据列表及数据库的值。

自定义：以现有格式为基础，生成自定义的数字格式。

（二）手工录入数据

1.基本方法

Excel文件打开后，所有单元格默认处于就绪状态，等待数据输入。

在单元格中输入数据，有插入和改写两种状态，可以直接在单元格中输入，也可以在“编辑栏”中输入。直接在单元格中输入，默认情况下按回车键选择当前单元格的下一单元格，使用上、下、左、右四个方向键，可以在相邻单元格中输入数据。在“编辑栏”中输入数据，按回车键或者单击✔按钮确定输入，如图1-15所示，在确认之前按“Esc”键或者单击 ✖ 按钮取消录入。

不管是在单元格中输入数据，还是在编辑栏中输入数据，输入之后再选择其他单元格，则所输入数据被确认；在确认之前按“Esc”键，则取消刚才的输入。

当对齐方式为左对齐时，如果数据超过单元格的宽度，并且当前单元格右边单元格没有数据时，则超过宽度的数据在右边单元格中显示出来；当右边单元格中有数据时，则超过宽度的数据会被隐藏起来，如图1-16所示。

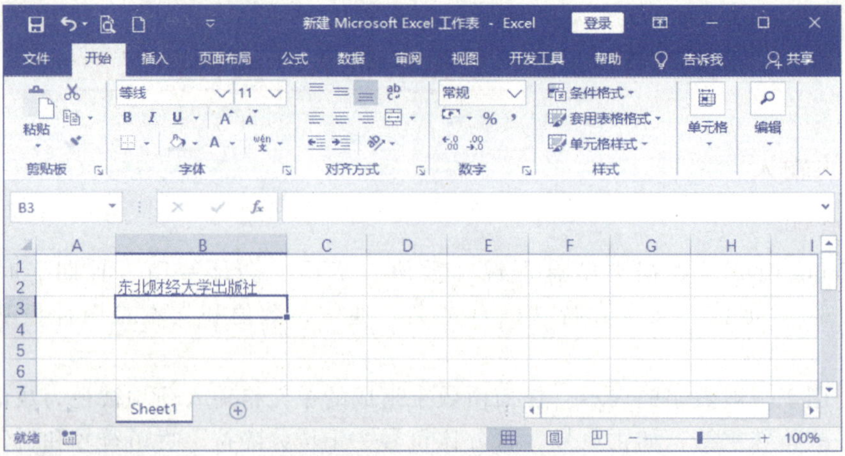

图1-15 录入后确认结果

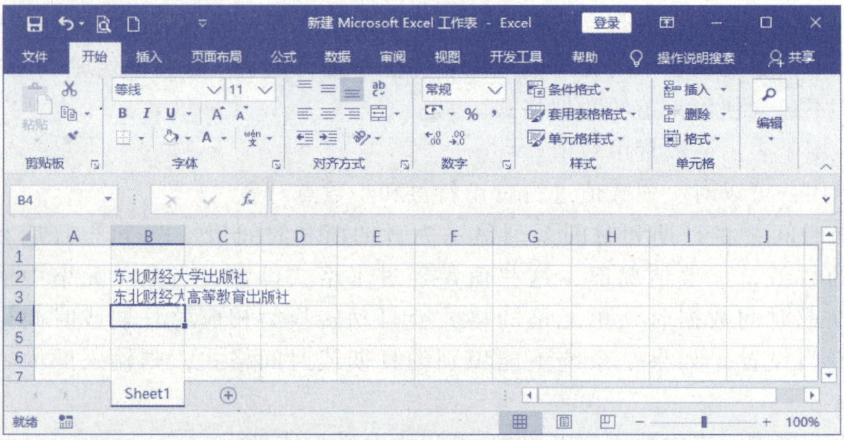

图1-16 超宽数据的显示

2.在单个单元格中录入数据

第一步，选定需要录入数据的目标单元格。

第二步，录入所需的数字或文本。

第三步，按回车键，结束当前单元格的输入，光标移到当前单元格的下一单元格。

【注意】如果想在单元格中分行录入，则必须在按住“Alt”键的同时按回车键。

3.在单张工作表的多个单元格中快速录入完全相同的数据

第一步，选定需要录入数据的单元格区域。

第二步，在当前活动单元格或者对应的编辑栏中录入所需的数字或文本。

第三步，按击组合键“Ctrl+Enter”确认录入的内容。

4.在单张工作表的多个单元格中快速录入部分相同的数据

第一步，选定需要录入数据的单元格区域。

第二步，单击鼠标右键，弹出快捷菜单。

第三步，单击快捷菜单中的“设置单元格格式”命令。

第四步，在弹出的“设置单元格格式”对话框中，选择“数字”选项卡里“分类”下的“自定义”选项，如图1-17所示。

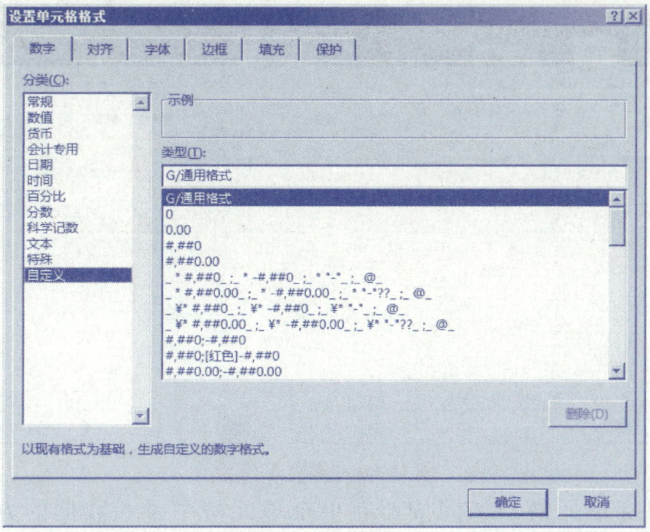

图1-17　自定义

第五步，在“类型”编辑框中已有内容的左侧或右侧输入需要定义的相同数据。

第六步，以上设置完成后，在相应的单元格输入数据时，只需要输入不重复的数字部分，系统会在输入的数字前后自动加上重复部分。

例如，将B列区域按照图1-17所示进行设置，在B2单元格录入“1600”后，自动显示为“1600.00”，如图1-18所示。在B3单元格录入“800”后将显示“800.00”，“.00”为自动添加。

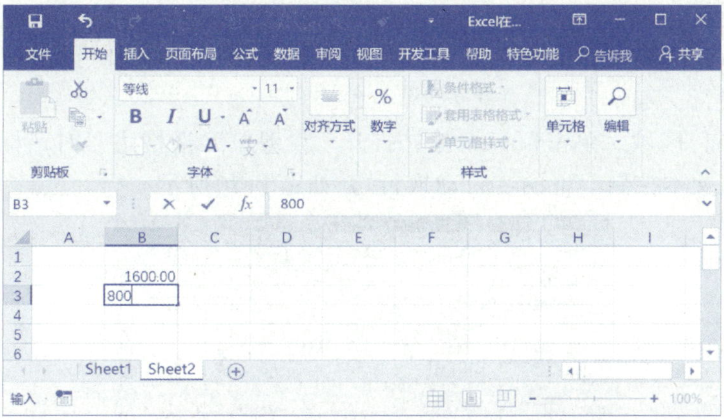

图1-18　在单张工作表的多个单元格中快速录入部分相同的数据

5.在工作组的一个单元格或多个单元格中快速录入相同的数据

第一步，将工作簿中多张工作表组合成工作组。

操作方法：单击某个工作表标签，按住“Shift”键不放，再单击另外一个工作表标签，这两张工作表之间所有相连的工作表均被选中；如果按住“Ctrl”键不放，则可选中多个非连续的工作表。被选中的这些工作表共同组成工作组，工作簿标题栏中的文件名后面随之出现“［组］”字样，如图1-19所示。对于工作表较多的工作簿，通过右击工作表标签，然后单击快捷菜单中的“选定全部工作表”命令来选定全部工作表；如果有部分工作表不需列入工作组，则可以在成组状态下按住“Ctrl”键来点选不需要的工作表。

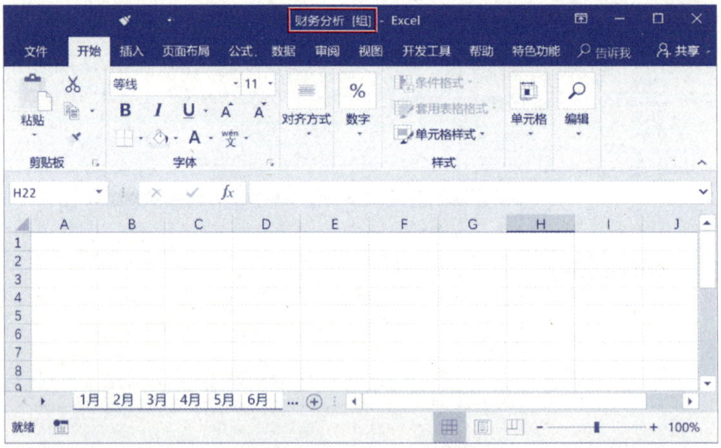

图1-19　建立工作组

第二步，在目标单元格，如同按照在单个单元格中录入数据的方法录入相关数据；在目标单元格区域，如同按照在单张工作表的多个单元格中录入相同数据的方法录入相关数据。

第三步，完成数据录入后，采用以下方法取消工作组：❶单击所在工作簿中其他未被选中的工作表标签（组外工作表标签），如果该工作组包含工作簿中的所有工作表，则只需单击活动工作表以外的任意一个工作表标签。❷指向该工作簿任意一个工作表标签，单击鼠标右键，从弹出的快捷菜单中选定“取消组合工作表”。

6.文本输入中的强制性换行和自动换行

（1）强制性换行。

如果想在单元格中换行录入，那么必须在按住“Alt”键的同时按回车键。

（2）自动换行。

选中目标换行区域，单击鼠标右键，打开“设置单元格格式”对话框，单击“对齐”选项卡，勾选“文本控制”下的“自动换行”，如图1-20所示。

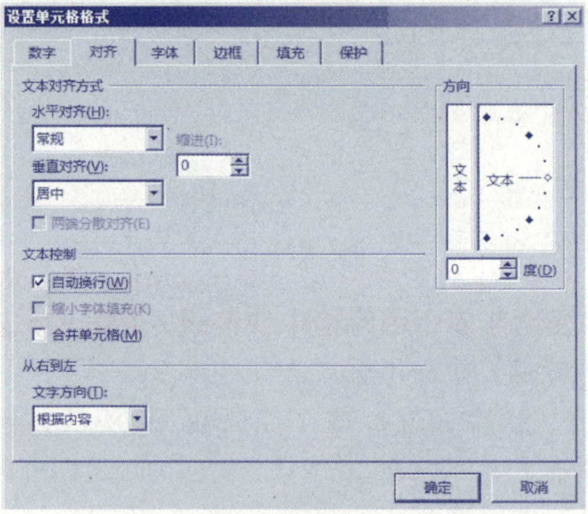

图1-20　设置自动换行

7.输入以0开头的数据

先输入一个单引号（英文状态下），再输入以0开头的数据，如图1-21所示。

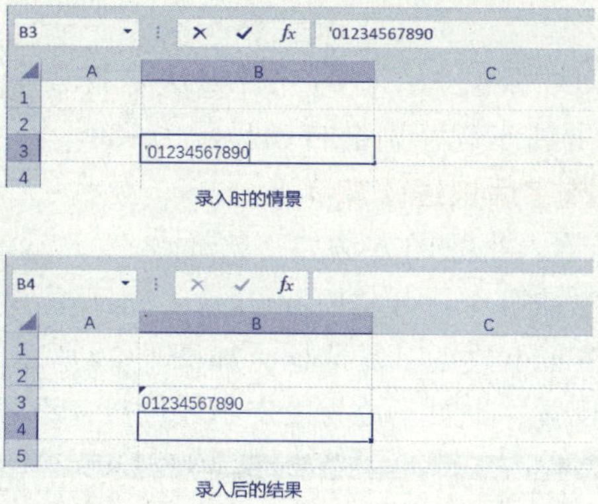

图1-21　输入以0开头的数据

8.输入较长的数字

可以先将单元格格式设置成文本属性，也可以在输入前先键入单引号（英文状态下），键入的数字符被看成是字符串，但在显示时不会将单引号显示出来，如图1-22所示。

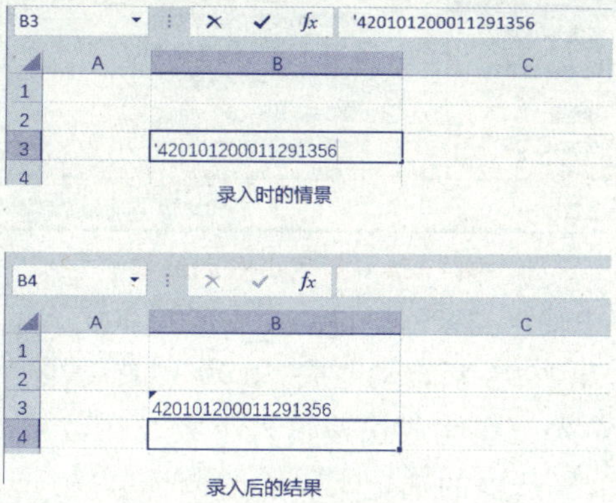

图1-22　输入长数据

9.输入分数

输入真分数时，先输入0，再输入空格，然后输入分数。比如，在输入时，应该输入0空格1/2，单元格中显示1/2，确认后该单元格的编辑栏中显示0.5，如图1-23所示。

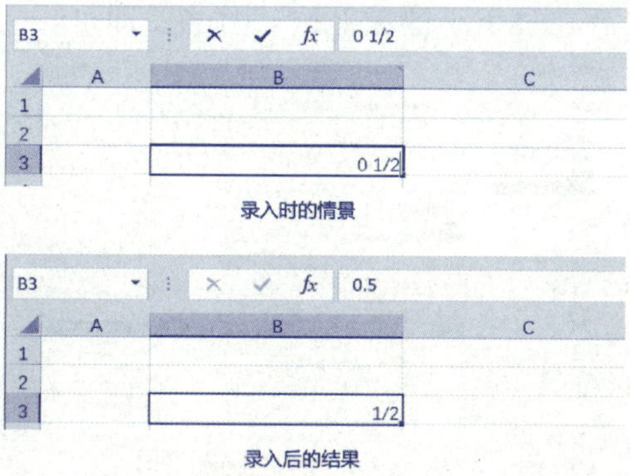

图1-23　输入分数

输入带分数时，先输入整数部分，再输入空格，然后输入分数。比如，在输入“8 1/2”时，应该输入8空格1/2，此时单元格中显示8 1/2，而编辑栏中显示8.5。

10. 输入负数

一种方法是直接输入负号标识“-”；另一种方法是将数字放在圆括号（）内，比如，在单元格中输入（88），按下回车键，则会自动显示为-88。

11. 快速输入小数及在数字后快速添加0

在Excel 2016中，快速输入小数的方法如下：

依次单击“文件”→“选项”，打开“Excel选项”对话框，单击“高级”设置，在“编辑选项”下，勾选“自动插入小数点”复选框，如图1-24所示，即可进行快速输入小数及在输入数字后快速添加0的设置，设置正数为设定小数位数，设置负数为设定添加0的个数。

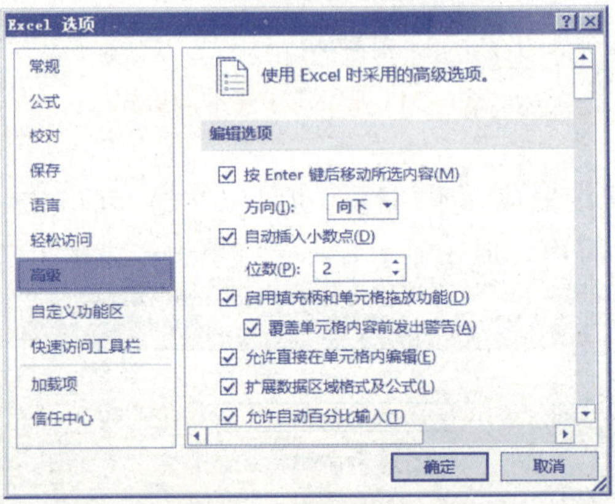

图1-24　指定小数点位数

例如，如果要在单元格中输入“99”后自动变成“99 000”，就要在“位数”微调框中输入“-3”；如果要在单元格中输入“99”后自动变成“0.99”，就要在“位数”微调框中输入“2”。

为了避免影响以后的输入，在完成快速输入小数及在数字后快速添加0的工作后，应清除对“自动插入小数点”复选框的选定。

12. 输入货币值

右击工作区中的某个单元格或者区域，在弹出的快捷菜单中单击“设置单元格格式”命令，在打开的“设置单元格格式”对话框中的“数字”选项卡中选定“货币”选项，进行相应设置即可，如图1-25所示。Excel会自动套用货币格式。如果要输入人民币符号，则可以按住“Alt”键，然后在数字小键盘上按“0165”即可。

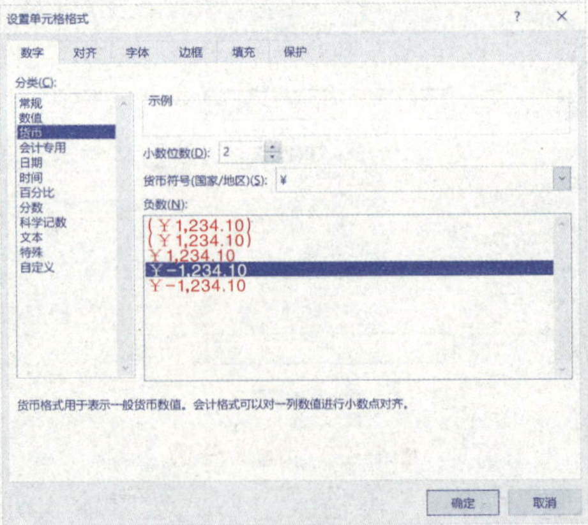

图1-25　设置货币格式

13.输入日期和时间

日期和时间的输入方法见表1-15。

表1-15　　输入日期和时间

可接受格式或操作动作	单元格中的显示结果
12-31	12月31日
12/31	12月31日
2023/10/1	长日期：2023年10月1日 短日期：2023/10/1或者2023-10-1
2023-10-1	长日期：2023年10月1日 短日期：2023/10/1或者2023-10-1
10：20	10：20
Ctrl+;	插入当前日期
Ctrl+Shift+;	插入当前时间

注：短日期显示格式与操作系统中的日期格式设置有关。

14.快速输入大量相同数据

首先，同时选中需要填充数据的单元格。若某些单元格不相邻，可在按住“Ctrl”键的同时，通过单击鼠标左键逐个选中，然后，松开“Ctrl”键，输入要填充的数据。在按住“Ctrl”键的同时按回车键，则刚才选中的所有单元格会同时填入该数据，如图1-26所示。

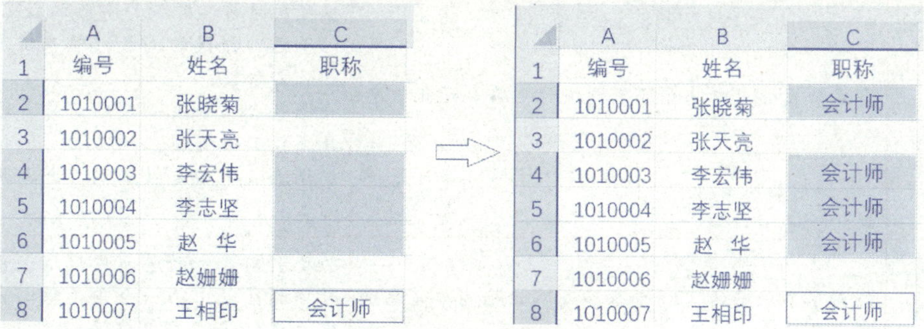

图1-26　快速输入大量相同数据

15.输入公式

公式是单元格中的一系列值、单元格引用、名称或运算符的组合，可生成新的值，公式总是以等号“=”开始，Excel中的运算符见表1-16。

表1-16　　Excel中的运算符

运算符	功能	一般数学式子	在Excel中的应用
+	加	3+6	3+6
-	减	A5-9	A5-9
*	乘	2×8	2*8
/	除	A5÷9	A5/9
-	负号	-5	-5
=	等于	A1=3	A1=3
<>	不等于	A2≠A3	A2<>A3
>	大于	A1>3	A1>3
>=	大于等于	A2≥A3	A2>=A3
<	小于	A1<3	A1<3
<=	小于等于	A2≤A3	A2<=A3

公式运用过程中出现错误，会自动产生提示信息，明确这些信息产生的原因，可以帮助我们采取应对措施，见表1-17。

表1-17 **单元格公式错误信息**

显示	原因	解决方法
#####	列宽不足以显示内容，或者日期和时间为负数时显示此信息	调整列宽或缩小字体，应用另一种数字或日期格式
#VALUE	当使用的函数参数或运算对象类型不正确时，或者当公式自动更正功能不能更正公式时，则出现此提示	确认公式运算符或函数参数正确，并且公式引用的单元格中包含有效的数值。 确认数组常量不是单元格引用、公式或函数。 将数值区域改为单一数值，修改数值区域，使其包含公式所在的数据行或者列
#DIV/0!	当函数或公式中的除数为0时，显示此提示信息；或者运行了使用返回值为#DIV/0！错误的函数或公式的宏时显示此信息	确保函数或公式中的除数不为零或不是空值，在被作为公式中的除数引用的单元格中输入值#N/A，目的是将公式的结果从#DIV/0！更改为#N/A，以表示除数不可用
#N/A	当函数或公式中没有可用数值时，将显示此信息	如果在单元格中手动输入了#N/A，在数据可用时将其替换为实际的数据。 对于返回错误的函数，输入该函数的所有必需参数。 确保包含工作表函数的工作簿已经打开且函数工作正常。 确保函数中的参数正确，并且用在正确的位置
#NULL!	使用了不正确的区域运算符或不正确的单元格引用，会显示此信息	若要引用连续的单元格区域，请使用冒号分隔区域中第一个单元格与最后一个单元格；若要引用不相交的两个区域，请使用联合运算符逗号
#NUM!	当公式和函数中某个数字有问题时，显示此信息	确认函数中使用的参数类型正确无误，修改公式，使其结果在有效数字范围之内
#REF!	删除了其他公式引用的单元格，或将移动单元格粘贴到其他公式引用的单元格中，单元格引用无效时将产生此信息提示	更改公式，或者在删除或粘贴单元格之后，立即单击“撤消”按钮，以恢复工作表中的单元格。启动对象链接和嵌入链接调用的程序。 检查函数参数是否引用了无效的单元格或区域
#NAME	使用了EUROCONVERT函数而没有加载“欧元转换工具”加载宏，使用了不存在的名称，名称拼写错误，函数名称拼写错误，在公式中输入文本时没有使用双引号，区域引用中漏掉了冒号，引用的另一张工作表没有使用单引号	对照左边所列原因进行排查

（三）快速填充数据

1.相同数据的填充

如果需要将某单元格的内容复制到其他相邻单元格，则可单击该单元格右下角的填充柄，鼠标箭头随之变为黑十字形“＋”，按住鼠标左键，向想要填充的单元格拖动，然后松开鼠标左键，该单元格的内容即被填充到相邻单元格，如图1-27所示。

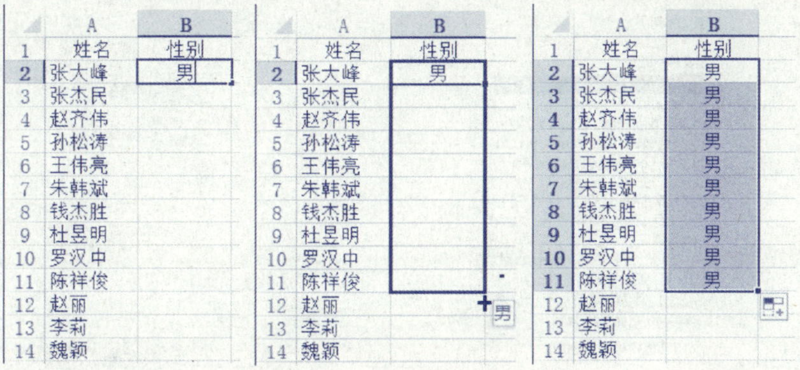

在B2单元格输入：男　拖动B2单元格的填充柄至B11单元格　完成填充

图1-27　快速填充相同数据

2.序列的填充

序列是指按照某种规律排列的一列数据，如等差数列、等比数列、日期等。使用填充柄可自动根据已填入的数据填充序列的其他数据。使用填充序列的操作步骤是：

❶在需要输入序列的第一个单元格中输入序列第一个数或文本内容，紧接着在第二个单元格输入序列第二个数或文本内容。

❷选中上述两个单元格，单击第二个单元格右下角的填充柄，按住鼠标左键拖动，在适当的位置释放鼠标，拖过的单元格将会自动进行填充。

3.填充序列类型的指定

利用自动填充功能填充序列后，可以指定序列类型，如填充日期值时，可以指定按月填充、按年填充或者按日填充等。操作方法是：

依次单击Excel 2016的“开始”→“编辑”→“填充”→“序列”，打开“序列”对话框，如图1-28所示。设置完成，点击“确定”即可。

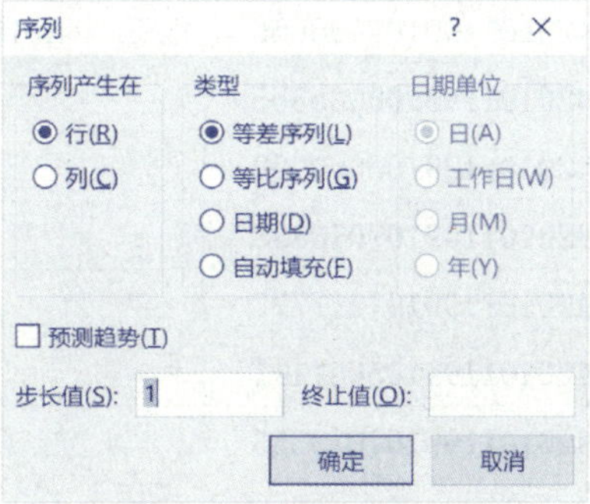

图1-28　“序列”对话框

拖动填充柄，释放鼠标时，鼠标箭头附近出现“自动填充选项”按钮，单击该按钮，打开下拉菜单，以选择填充序列的类型。

4.自定义序列

在Excel 2016窗口，通过“文件”→“选项”→“高级”→“常规”，找到“编辑自定义列表”按钮并单击，打开“自定义序列”对话框，如图1-29所示。此时可以查看并选择自定义序列。

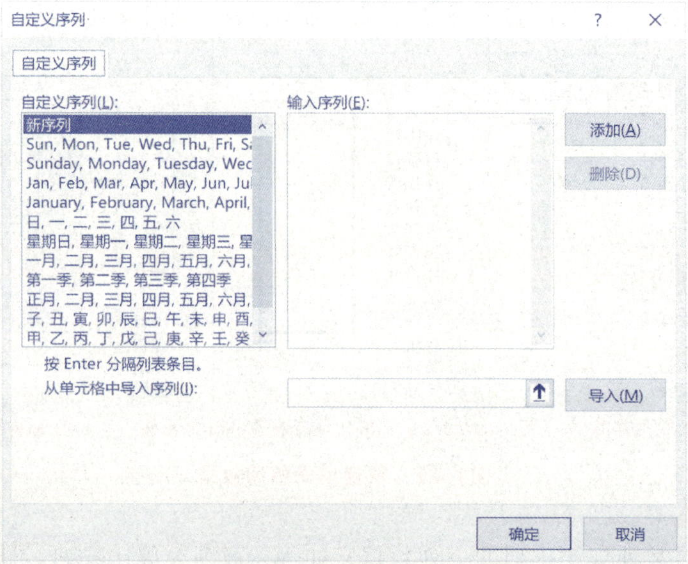

图1-29 “自定义序列”对话框

用户还可以定义自己的序列，如果定义的序列不再使用，可以删除。

自定义序列应用举例：在某一个单元格中输入“一月”，然后按住填充柄向右或向下拖动，随即看到“二月”“三月”……在单元格中显示，这种填充称为自定义填充。

5.递增数字的填充

在Excel中以递增的方式往下填充数字时，在向下拖动填充柄的同时按住“Ctrl”键。

6.快速参照填充

已知情形如图1-30所示。

	A	B	C
1			
2		张三420101199109096666	张三　420101199109096666
3		李四420101199108085555	
4		王五420101199106069999	
5		赵六420101199107078888	
6		孙七420101199101017777	
7		钱八420101199105051111	
8		马九420101199107073333	

图1-30 待参照填充数据情形

选中目标区域C2:C8，按一下“Ctrl+E”组合键，快速实现参照填充。也可以拖动C2单元格右下角的填充柄，并在自动填充选项中选择快速填充。结果如图1-31所示。

	A	B	C
1			
2		张三420101199109096666	张三 420101199109096666
3		李四420101199108085555	李四 420101199108085555
4		王五420101199106069999	王五 420101199106069999
5		赵六420101199107078888	赵六 420101199107078888
6		孙七420101199101017777	孙七 420101199101017777
7		钱八420101199105051111	钱八 420101199105051111
8		马九420101199107073333	马九 420101199107073333

图1-31 快速参照填充

（四）数据验证的设置

对输入到单元格中的数据进行提示，可以减少数据输入的差错。

Excel 2016的操作方法是：选定单元格范围，在“数据”选项卡下的“数据工具”分组中找到“数据验证”按钮并单击，在弹出的菜单中单击“数据验证”命令，打开“数据验证”对话框，如图1-32所示，此时可以进行相应的设置。

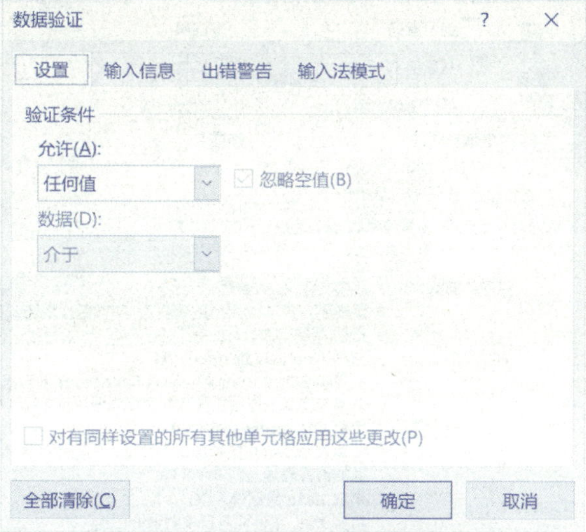

图1-32 数据有效性对话框

设置完成后，一旦输入了数据范围以外的数据，Excel就会弹出“输入值非法”对话框予以提示，单击“重试”按钮可修改输入的数据。

如设置数据验证，快速录入“男”“女”。新建Excel工作簿，在其中某工作表的A1、B1单元格中分别录入“姓名”“性别”，选中B2:B70区域，单击“数据”选项卡下“数据工具”分组中的“数据验证”→“数据验证”命令，在打开的“数据验证”对话框的“设置”选项卡中，“验证条件”下的“允许”项选择“序列”，“来源”设置为“=$CC$2:$CD$2”，并在CC2和CD2单元格中分别录入“男”和“女”。设置后的效果如图1-33所示。

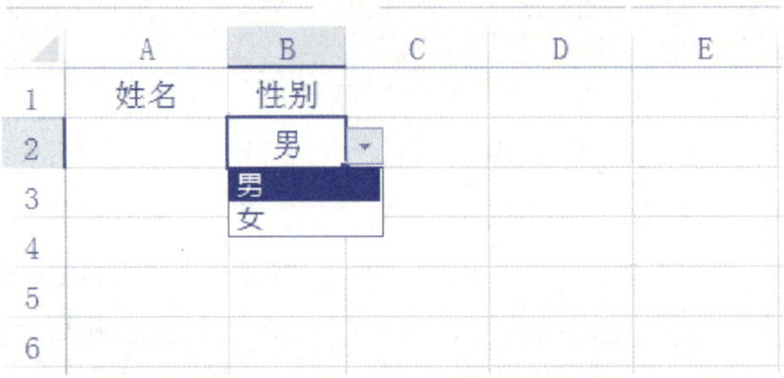

图1-33 通过“数据验证”的设置快速选择性别

（五）从外表导入数据

Excel可以获取自Access、自网站、自文本、自其他来源（来自SQL Server等）、现有连接的数据，实现与其他系统数据的交互。

以获取SQL Server数据库的数据为例，在Excel 2016窗口“数据”选项卡下的“获取外部数据”组中，单击“自其他来源”，如图1-34所示，然后单击“来自SQL Server”，此时启动“数据连接向导”，向导包括3页：第1页，连接数据库服务器；第2页，选择数据库和表；第3页，保存数据连接文件并完成。

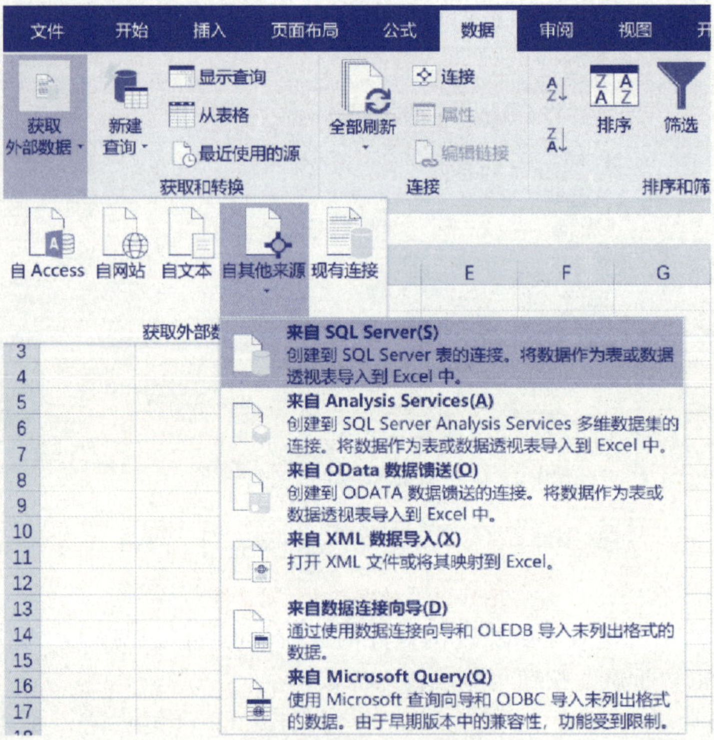

图1-34 导入外部数据

二、数据的编辑

（一）快速删除工作表中的空行

❶打开要删除空行的工作表，插入新列X，在新列中顺序填入整数，如图1-35所示。

	A	B	C	D	E	F
1	姓名	性别	部门	X	职务	年龄
2	张大峰	男	办公室	1	经理	46
3	张杰民	男	办公室	2	职员	38
4				3		
5	赵齐伟	男	采购部	4	经理	39
6	孙松涛	男	采购部	5	职员	31
7				6		
8	王伟亮	男	销售部	7	经理	36
9	朱韩斌	男	销售部	8	职员	38
10				9		
11	钱杰胜	男	生产部	10	主任	43
12	杜昱明	男	生产部	11	工程师	41
13	罗汉中	男	生产部	12	工程师	40
14	陈祥俊	男	生产部	13	技术员	26

图1-35　插入列X，填充整数序列

❷根据其他任何一列进行排序，使所有空行都集中到底部，如图1-36所示。

	A	B	C	D	E	F
1	姓名	性别	部门	X	职务	年龄
2	陈祥俊	男	生产部	13	技术员	26
3	杜昱明	男	生产部	11	工程师	41
4	罗汉中	男	生产部	12	工程师	40
5	钱杰胜	男	生产部	10	主任	43
6	孙松涛	男	采购部	5	职员	31
7	王伟亮	男	销售部	7	经理	36
8	张大峰	男	办公室	1	经理	46
9	张杰民	男	办公室	2	职员	38
10	赵齐伟	男	采购部	4	经理	39
11	朱韩斌	男	销售部	8	职员	38
12				3		
13				6		
14				9		

图1-36　按其他列排序，将空行移动到底部

❸删去所有空行，再按列X以升序排序，恢复原有顺序。

❹右击X列，选择“删除”命令，如图1-37所示，删去刚才新增列X。

	A	B	C	D
1	姓名	性别	部门	X
2	张大峰	男	办公室	1
3	张杰民	男	办公室	2
4	赵齐伟	男	采购部	4
5	孙松涛	男	采购部	5
6	王伟亮	男	销售部	7
7	朱韩斌	男	销售部	8
8	钱杰胜	男	生产部	10
9	杜昱明	男	生产部	11
10	罗汉中	男	生产部	12
11	陈祥俊	男	生产部	13
12				

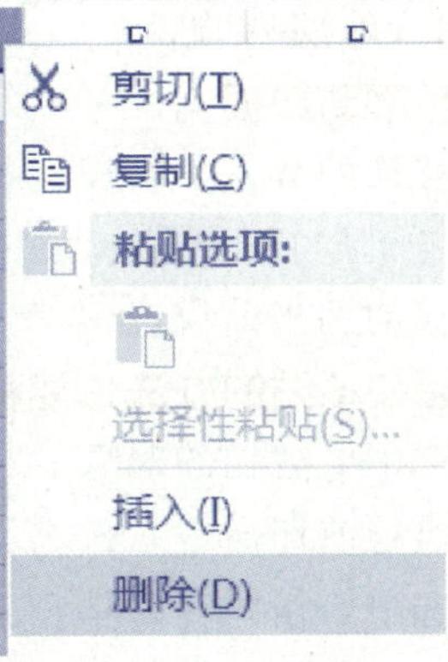

图1-37　恢复原有顺序后删除列X

（二）快速查看所有工作表公式

要想在显示单元格值或单元格公式之间来回切换，只需按击快捷键“CTRL+`”（`位于TAB键上方）。

（三）复制数据（复制+粘贴）

第一步，选中要复制的对象。

第二步，执行复制命令（按击“Ctrl+C”，或者单击复制按钮）。

第三步，选中目标位置。

第四步，粘贴复制的内容（按击“Ctrl+V”，或者单击粘贴按钮）。

在Excel中，既可以使用“粘贴”命令粘贴要复制的内容，也可以使用“选择性粘贴”命令有选择性地粘贴剪贴板中的数值、格式、公式、批注等内容，如图1-38所示。

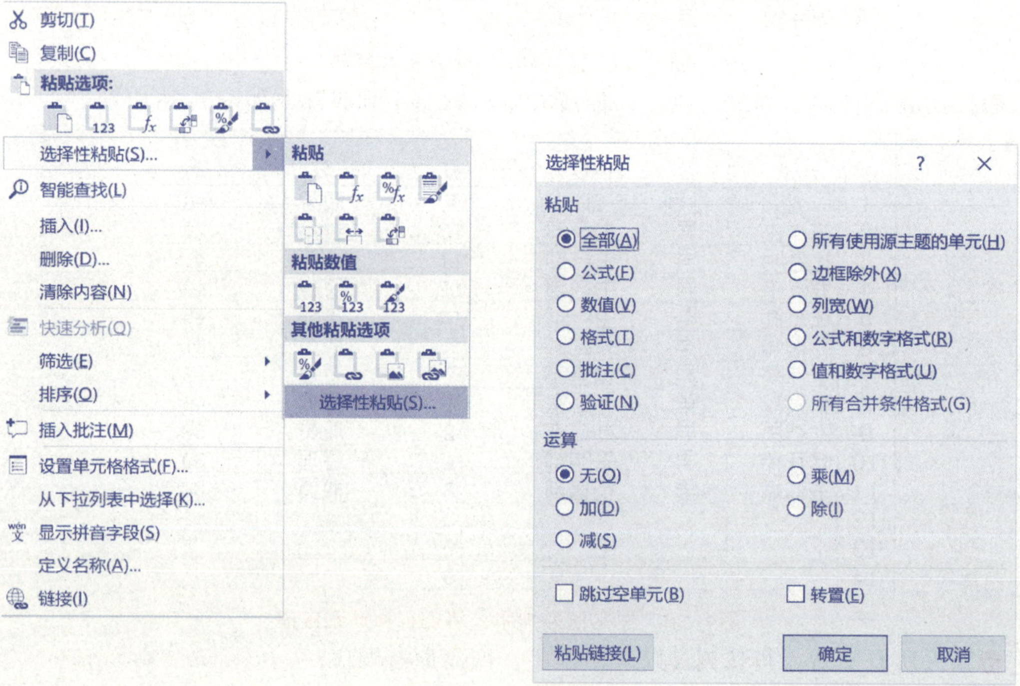

图1-38 选择性粘贴

（四）移动数据（剪切+粘贴）

1.使用鼠标移动数据

选择将要移动的数据，将鼠标指向所选择区域的边界，空心十字光标变为十字箭头光标，按住鼠标左键向目的地拖动，此时有一个矩形框跟随，到合适位置后松开鼠标左键，所选数据则被移动到当前位置。

2.使用剪切和粘贴的办法也能移动数据

第一步，选中要剪切的对象。

第二步，执行剪切命令。按击“Ctrl+X”，或者单击剪切按钮，执行剪切。

第三步，选中剪切内容要粘贴到的目标位置。若选择一个单元格，则该单元格将放置所剪区域内的左上角的数据。

第四步，粘贴剪切的内容。

按击“Ctrl+V”，或单击（Excel 2016中的粘贴按钮）或（Excel 2003中的粘贴按钮）。

3.数据剪切与复制的不同

数据复制后，原单元格中的数据仍然存在，目标单元格中同时增加原单元格中的数据；数据剪切后，原单元格中的数据不复存在，只在目标单元格中增加原单元格中的数据。

（五）查找和替换数据

1.查找和替换特定数据

单击“开始”选项卡，单击“编辑”命令分组中的“查找和替换”按钮，单击“查找”命令，弹出“查找和替换”对话框，单击“选项”按钮，如图1-39所示。

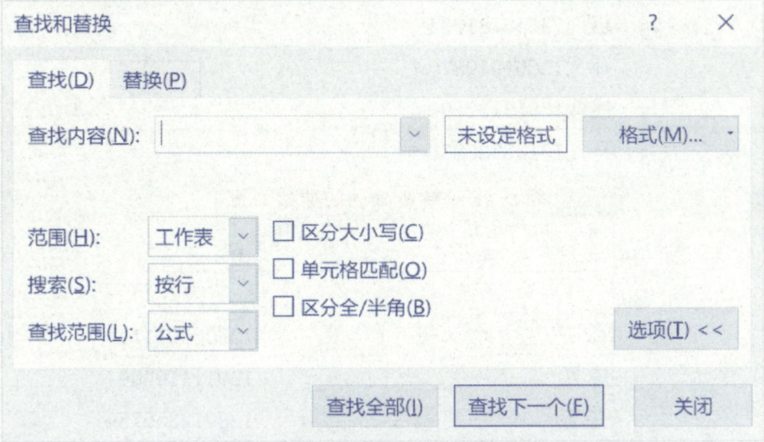

图1-39 “查找和替换”对话框

查找可以使用快捷键“Ctrl+F”。查找内容可以使用通配符，“?”代替任意单个字符，“*”代替多个任意字符。查找范围包括字符、文本、公式或批注的单元格。单击“查找下一个”，逐个查找；单击“查找全部”，一次性全文查找。

单击“开始”选项卡，单击“编辑”命令分组中的“查找和替换”按钮，单击“替换”命令，弹出“查找和替换”对话框（也可以使用快捷键“Ctrl+H”打开“查找和替换”对话框）。

单击“替换”，则逐个替换；单击“全部替换”，则一次性全部替换。

2.选中包含公式的单元格

依次单击“开始”→“编辑”→“查找和选择”→“公式”，即选中工作簿中所有包含公式的单元格。

3.替换格式

进行相应格式设置后单击“确定”按钮，回到“查找与替换”对话框，单击“全部替换”，即完成对内容和格式的批量替换。

（六）清除数据

选择单元格，通过“开始”→“编辑”，找到“清除”按钮并单击，可以有选择性地删除内容：全部清除、清除格式、清除内容、清除批注、清除超链接。如果选择单元格后按删除键“Del”，则所选单元格中的数据将被清除，单元格中的格式和批注仍然保留。

（七）数据分列

选中如图1-40所示的A列，单击功能区里的“数据”选项卡，单击“数据工具”分组里的“分列”命令，在打开的“文本分列向导”对话框中，“原始数据类型”选“固定宽度”，单击“下一步”按钮，在数据预览区域，用鼠标在姓名与数字之间标注分列线，单击“下一步”和“完成”按钮。结果如图1-41所示。

	A	B
1		
2	张三13900001111	
3	李四13911110000	
4	王五13801235678	
5	赵六13756781234	
6	孙七13601019876	
7	钱八13513132590	
8	马九13133338888	

图1-40　准备分列的原始数据

	A	B
1		
2	张三	13900001111
3	李四	13911110000
4	王五	13801235678
5	赵六	13756781234
6	孙七	13601019876
7	钱八	13513132590
8	马九	13133338888

图1-41　数据分列结果

在C2单元格输入如图1-42所示格式的数据，目的是对电话号码实现分段显示。

	A	B	C
1			
2	张三	13900001111	139 0000 1111
3	李四	13911110000	
4	王五	13801235678	
5	赵六	13756781234	
6	孙七	13601019876	
7	钱八	13513132590	
8	马九	13133338888	

图1-42　快速填充准备数据

选中C2:C8区域，按击“Ctrl+E”组合键，实现其余数据的快速智能参照填充，结果如图1-43所示。

	A	B	C
1			
2	张三	13900001111	139 0000 1111
3	李四	13911110000	139 1111 0000
4	王五	13801235678	138 0123 5678
5	赵六	13756781234	137 5678 1234
6	孙七	13601019876	136 0101 9876
7	钱八	13513132590	135 1313 2590
8	马九	13133338888	131 3333 8888

图1-43　快速参照填充结果

三、数据的保护

（一）设置工作簿打开权限密码

Excel可以为重要的工作簿设置保护，达到限制操作的目的。操作方法：依次单击“文件”→“信息”→“保护工作簿”→“用密码进行加密”，在打开的“加密文档”对话框中输入密码，单击“确定”后重新输入密码，最后单击“确定”完成设置。

设置密码完成后，当再次打开工作簿时，需要输入正确的密码才能打开。

（二）设置工作簿的编辑权限

在“审阅”选项卡下“保护”分组中，单击“保护工作簿”。在“保护结构与窗口”对话框中，若要保护工作簿的结构，则选中“结构”复选框；若要使工作簿窗口在每次打开工作簿时大小和位置都相同，则选中“窗口”复选框；若要防止其他用户删除工作簿保护，则在“密码（可选）”框中输入密码，单击“确定”，然后重新输入密码以进行确认。

工作簿被保护后，插入、删除、移动工作表等操作都不可进行。如果要撤消保护工作簿，按照设置保护工作簿的路径选择“保护工作簿”，输入正确的密码后可撤消保护。

（三）保护工作表

在Excel 2016中，可以对工作表进行编辑权限设定，限制他人对工作表的编辑权限。要取消权限保护，需输入正确的密码。

“保护工作表”按钮位置如图1-44所示。

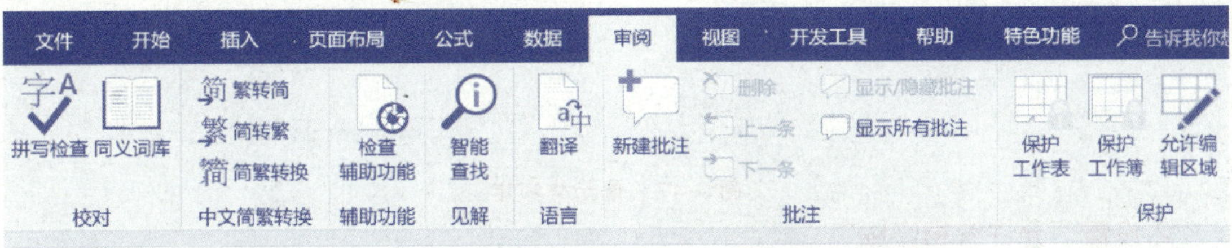

图1-44　“保护工作表”按钮位置

选定“审阅”选项卡，单击“保护”分组里的“保护工作表”按钮，弹出“保护工作表”对话框，如图1-45所示，设置需要限制的编辑权限和取消保护的密码，单击“确定”完成设置。

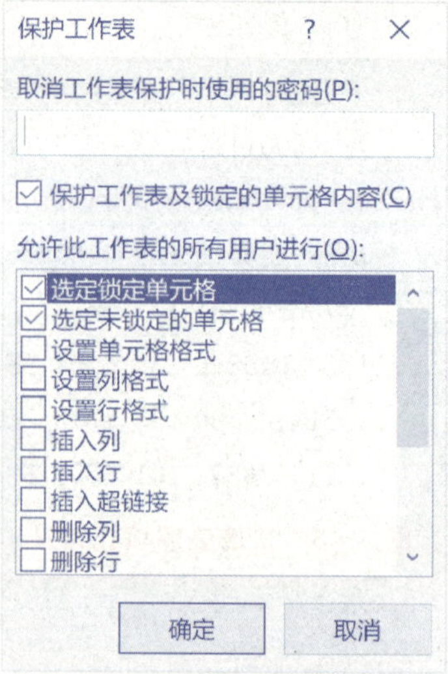

图1-45 “保护工作表”对话框

如果要撤销保护工作表，正确输入取消保护密码后可撤消保护。如图1-46所示。

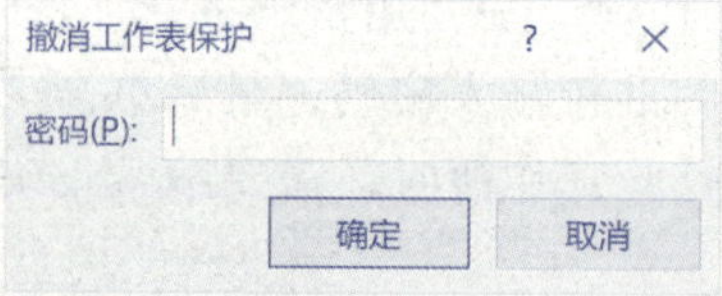

图1-46 “撤消工作表保护”对话框

（四）单元格写保护的两种方法

1.锁定单元格，以保护单元格中的内容不被改写

若只对部分单元格保护，须先取消对所有单元格锁定的默认设置，再选定需保护的单元格并进行锁定设置。锁定选项位于“设置单元格格式”对话框的“保护”选项卡中，如图1-47所示。在保护工作表后，锁定单元格才有效。

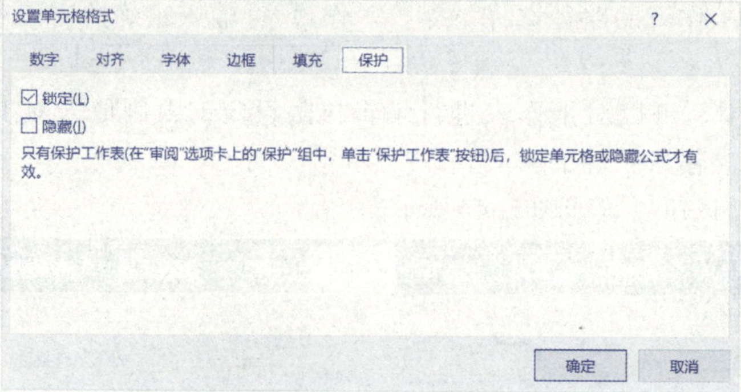

图1-47 单元格锁定

2.设置“允许编辑区域”

单击“审阅”选项卡下“保护”分组里的“允许编辑区域”命令，打开“允许用户编辑区域”对话框，选中要保护的单元格区域，单击对话框右上角位置的“新建”按钮，点击“确定”按钮，接着单击左下角的“保护工作表”按钮，再在新打开的“保护工作表”对话框中设置取消工作表保护时使用的密码，完成允许编辑区域的设置。

（五）单元格读保护的三种方法

❶通过颜色设置进行读保护。

将选定单元格或单元格集合的背景颜色与字体颜色同时设为白色，这样，从表面看起来单元格中好像是没有输入任何内容，用户无法直接读出单元格中所存储的信息。

❷用其他画面遮住单元格达到读保护目的。

使用绘图工具，画一个不透明矩形覆盖在单元格之上并锁定，然后保护工作表，以保证矩形不能被随意移动。这样，用户所看到的只是矩形，而看不到单元格中所存储的内容。

❸通过隐藏选定的单元格，使用户不能直接访问被隐藏的单元格，也可以起到读保护的作用。

同步练习1-2

练习题1-2-1至练习题1-2-5

【练习题1-2-1】（单选题）如果用预置小数位数的方法输入数据，当设定小数是“2”时，输入“10 000”后，单元格显示的结果为（　　）。

A.0010000　　B.100.00　　C.10 000.00　　D.10 000

【练习题1-2-2】（单选题）在Excel中，在单元格中输入3/5，则显示（　　）。

A.0.6　　B.3月5日　　C.3/5　　D.5月3日

【练习题1-2-3】（单选题）在Excel中，在单元格中输入分数3/5，应录入（　　）

A.0.6　　B.0 3/5（在0和3/5之间键入一个空格）

C.3/5　　D.3

【练习题1-2-4】（单选题）在Excel中，默认情况下，输入日期“2024/1/16”时，单元格中显示的格式是（　　）。

A.2024/1/16　　B.1/16/2024　　C.2024-1-16　　D.1-16-2024

【练习题1-2-5】（单选题）在单张工作表的多个单元格中快速录入完全相同的数据，选定单元格区域，在当前活动单元格或者对应的编辑栏中录入所需的数字或文本，通过组合键（　　）确认录入的内容。

A.Ctrl+A　　B.Ctrl+S　　C.Ctrl+F　　D.Ctrl+Enter

练习题1-2-6至练习题1-2-10

【练习题1-2-6】（单选题）要在Excel工作簿中同时选择多张不相邻的工作表，可以在按住（　　）键的同时依次单击各个工作表的标签。

A.Shift　　B.Ctrl

C.Alt　　D.CapsLock

【练习题1-2-7】（多选题）在单张工作表的多个单元格中快速录入完全相同的数据的步骤为（　　）。

A.选定单元格区域

B.在当前活动单元格或者对应的编辑栏中录入所需的数字或文本

C.通过组合键“Ctrl+Enter”确认录入的内容

D.通过组合键“Ctrl+F4”确认录入的内容

【练习题1-2-8】（判断题）在Excel中，按住“Ctrl+;”组合键，可以插入当前时间。（　　）

【练习题1-2-9】（多选题）Excel的数据有（　　）等多种类型。

A.字符型　　B.数值型　　C.日期型　　D.备注型

【练习题1-2-10】（单选题）在Excel中，下列序列中的（　　）一般情况下不能完成自动填充。

A.5，10，15，20，25　　B.1，2，3，4，5

C.5，15，45，135，405　　D.0，3，16，5，27

【练习题1-2-11】（**多选题**）当单元格右下角出现黑色十字形的填充柄时，可填充（　　）。

练习题1-2-11至练习题1-2-16

A.相同的数据

B.具有一定规律的序列

C.可以指定填充序列的类型

D.可以向上、下、左、右四个方向填充

【练习题1-2-12】（**单选题**）在Excel中，如果想以递增的方式往下填充数字，则在向下拖动填充柄的同时要按住（　　）键。

A.Ctrl　　B.空格　　C.Alt　　D.Shift

【练习题1-2-13】（**多选题**）使用“选择性粘贴”命令，可以有选择性地粘贴剪贴板中的（　　）。

A.数值　　B.格式　　C.公式　　D.批注

【练习题1-2-14】（**判断题**）Excel中的密码保护中，密码可以包含字母、数字、空格以及符号的任意组合，不区分大小写。（　　）

【练习题1-2-15】（**多选题**）下列说法中，正确的有（　　）。

A.在Excel 2016中，执行“审阅”→“更改”→“保护工作簿”命令可以实现对工作簿限制编辑权限的操作

B.在Excel 2016中，执行“文件”→“信息”→“保护工作簿”→“用密码进行加密”命令可以实现设置工作簿打开权限密码操作

C.在Excel 2016中，设置工作簿打开权限密码时，密码不区分大小写

D.在Excel 2016中，使用锁定单元格功能必须启用保护工作表功能

【练习题1-2-16】（**判断题**）锁定单元格可以使单元格的内容不能被修改，使用“锁定单元格”功能必须启用保护工作表功能。（　　）

【练习题1-2-17】（**操作题**）在单张工作表的多个单元格中快速录入完全相同的数据。新建工作簿，并将其命名为“练习1217”，在Sheet1工作表中的C2、C3、C6、C7、C9、C10、C11单元格中快速录入“女”，在C4、C5、C8、C12、C13、C14、C15单元格中快速录入“男”，在E11、E12、E13、E14、E15单元格中快速录入“中共预备党员”。

练习题1-2-17至练习题1-2-21

【练习题1-2-18】（**操作题**）录入以0开头的数字和长数字。新建工作簿，并将其命名为“练习1218”，在Sheet1工作表的B2单元格中录入“0010100200012”，在D2单元格中录入身份证号码“420101196810101519”。

【练习题1-2-19】（**操作题**）快速填充数据。新建工作簿，并将其命名为“练习1219”，在Sheet1工作表的B2:B56单元格中快速录入“借方”。

【练习题1-2-20】（**操作题**）复制数据。新建工作簿，并将其命名为“练习1220”，在Sheet1工作表的C3单元格中录入“男”，然后复制到C7单元格。

【练习题1-2-21】（**操作题**）移动数据。新建工作簿，并将其命名为“练习1221”，在Sheet1工作表的C3单元格中录入“男”，然后移动到C7单元格。

【练习题1-2-22】（**操作题**）查找数据。新建工作簿，并将其命名为“练习1222”，将“练习1217”工作簿Sheet1工作表中的内容复制到“练习1222”工作簿的Sheet1工作表中，查找性别为“女”的单元格。

练习题1-2-22至练习题1-2-25

【练习题1-2-23】（**操作题**）替换数据。新建工作簿，并将其命名为“练习1223”，将“练习1217”工作簿Sheet1工作表中的内容复制到“练习1223”工作簿的Sheet1工作表中，将所有“中共预备党员”的单元格内容替换成“党员”。

【练习题1-2-24】（**操作题**）清除数据，只清除内容，不清除格式。新建工作簿，并将其命名为“练

习1224”，定义A列为文本格式、字体为宋体、字号为16、居中对齐，在A2:A6区域录入数据1、2、3、4、5，然后删除A2:A6区域里的内容，保留格式不变，再在A2:A6区域分别录入001、002、003、004、005，保存后退出。

【练习题1-2-25】**(操作题)** 设置区域保护。新建工作簿，并将其命名为“练习1225”，对A1:D21区域进行只读保护设置，密码为123456，保存后退出。

学习总结1-2

❶数据的输入。
❷数据的编辑。
❸数据的保护。

学习评估1-2（见表1-18）

表1-18　“数据的输入、编辑和保护”学习评估表

学习要点		学习效果	
数据的输入	手工录入数据	掌握	
	快速填充数据	掌握	
	从外部导入数据	掌握	
数据的编辑	数据的复制	掌握	
	数据的剪切	掌握	
	数据的粘贴	掌握	
	数据的查找	掌握	
	数据的替换	掌握	
	数据的清除	掌握	
数据的保护	保护工作簿	掌握	
	保护工作表	掌握	
	锁定单元格	掌握	

第三节　单元格的格式化

打开“设置单元格格式”对话框的操作方法：右击工作区中的某个单元格或者区域，在弹出的快捷菜单中单击“设置单元格格式”命令，打开“设置单元格格式”对话框。然后根据需要在不同选项卡下进行设置。

一、字符格式化

字符格式化，就是设置单元格数据的字体、字形、字号、下划线、颜色、特殊效果等，如图1-48所示。

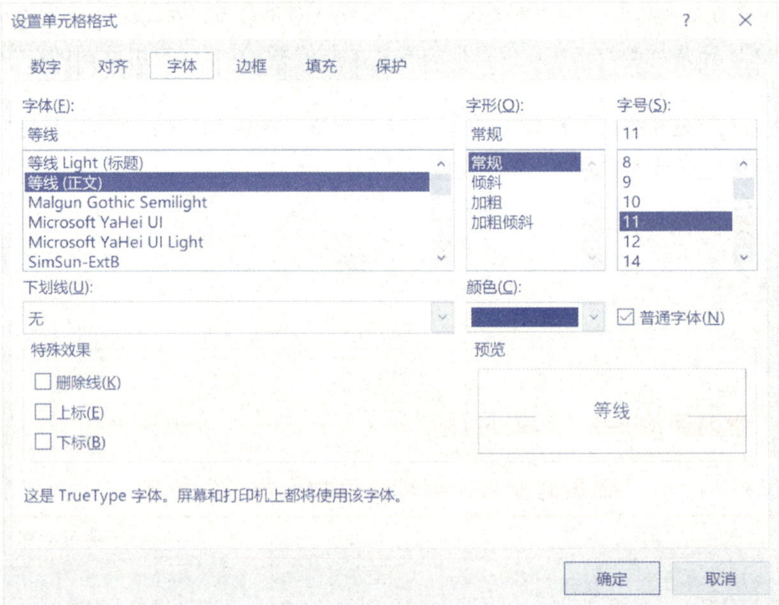

图1-48　字符格式化

二、对齐以及表格标题设置

默认方式下，文本在单元格内靠左对齐，数值在单元格内靠右对齐。

单元格内容可以按照水平方向对齐、垂直方向对齐，还可以改变方向。

水平对齐有常规（默认）、靠左、靠右、居中、填充、两端对齐、跨列对齐和分散对齐。

垂直对齐分为靠上、靠下、居中、两端对齐和分散对齐。

表格标题设置往往需要用到合并单元格和对齐设置，以及字体、字号、字形设置等。所谓合并单元格，是指将跨越几行或几列的多个单元格合并为一个单元格。Excel只将选定区域左上角单元格的数据放入合并后所得到的合并单元格中。如果要将区域中的所有数据都包括到合并后的单元格中，则必须将它们复制到区域内的左上角单元格中。合并前左上角单元格的格式为合并后单元格的格式，合并前左上角单元格的引用为合并后单元格的引用。

除了可以使用“设置单元格格式”对话框“对齐”选项卡进行单元格合并操作以外，还可以使用功能区中“开始”选项卡下的“对齐方式”分组里的“合并后居中”按钮进行操作。

如图1-49所示，按工作表中数据的宽度，在第一行选择A1、B1、C1、D1、E1、F1单元格，单击按钮 合并后居中 ，在合并单元格中输入标题，进行垂直居中和水平居中对齐，再设置标题的字体、字号、字形等格式。

三、设置列宽和行高

（一）改变单列宽度

将光标移动到两列标之间，此时光标变为↔形状，按住鼠标左键拖动，可以改变列的宽度。双击两列列标的交界处，左边列宽改变为与数据相适应的宽度。

	A	B	C	D	E	F
1	员工基本情况					
2	姓名	性别	部门	X	职务	年龄
3	张大峰	男	办公室	1	经理	46
4	张杰民	男	办公室	2	职员	38
5	赵齐伟	男	采购部	4	经理	39
6	孙松涛	男	采购部	5	职员	31
7	王伟亮	男	销售部	7	经理	36
8	朱韩斌	男	销售部	8	职员	38
9	钱杰胜	男	生产部	10	主任	43
10	杜昱明	男	生产部	11	工程师	41
11	罗汉中	男	生产部	12	工程师	40
12	陈祥俊	男	生产部	13	技术员	26

图1-49　设置表格标题

（二）改变多个列的宽度

选择多个连续或不连续的列，或者全部选择，改变其中一列的宽度，则其他被选择列的列宽与该列的列宽变成等宽；选择多个连续或不连续的列，或者全部选择，双击某列的列标右边界，则被选择列均改变为与数据相适应的宽度。

（三）改变行高

方法类似列宽设置，只是对行进行操作。

四、设置边框和图案

一个表格加上一个美观的边框和图案后更具表现力。

（一）单元格或区域的边框设置

选择需要加边框的单元格区域，单击边框按钮 ⊞ ▾ ，弹出边框样式，单击一个边框样式，所选边框即应用于所选单元格区域中。

对边框的进一步设置，可以通过“设置单元格格式”对话框进行，在“边框”选项卡中，可以选择内外边框的样式，还可以改变线条的样式及颜色，如图1-50所示。

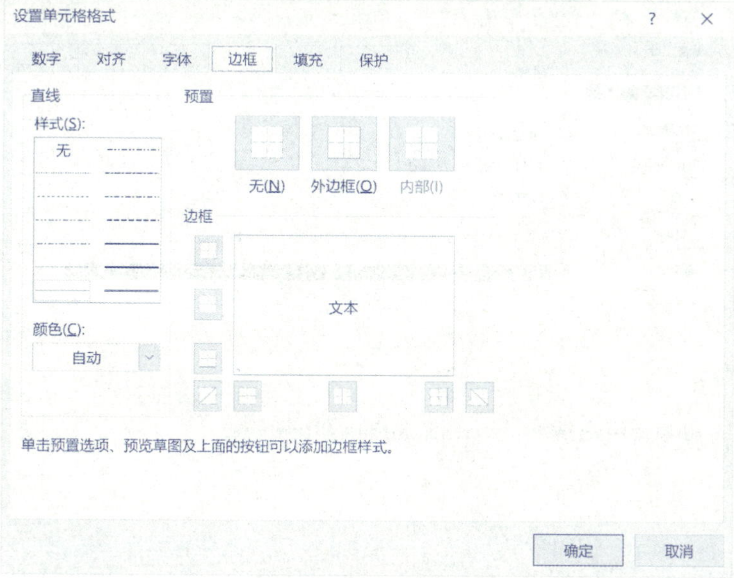

图1-50　通过“设置单元格格式”设置边框

（二）设置单元格或区域的图案

选择需要设置的单元格区域，然后通过“设置单元格格式”对话框中的“填充”选项卡，选择填充单元格图案，如图1-51所示。

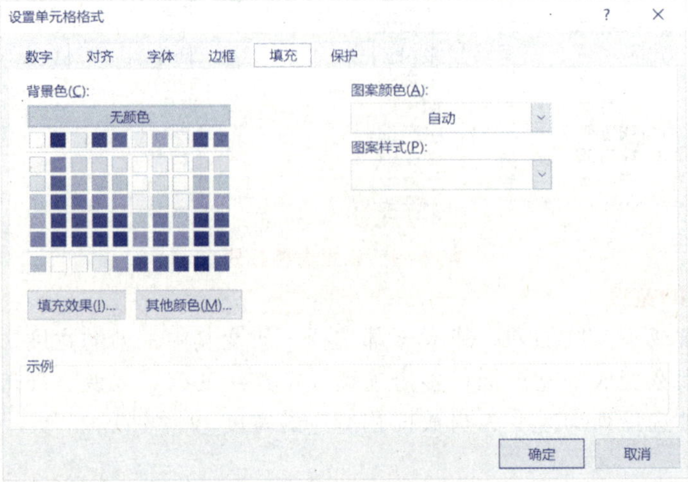

图1-51　单元格图案填充

五、定义数字格式

（一）设置数字格式

要选择需要设置数字格式的单元格，单击鼠标右键，选择“设置单元格格式”命令，在打开的对话框中选择“数字”选项卡，如图1-52所示。在“分类”栏目中选择数字格式的类型，并在其右边选择一种显示样式，当前选择的单元格即以所选格式显示。数值格式用于一般数字的表示，货币和会计专用格式则提供货币值计算的专用格式。

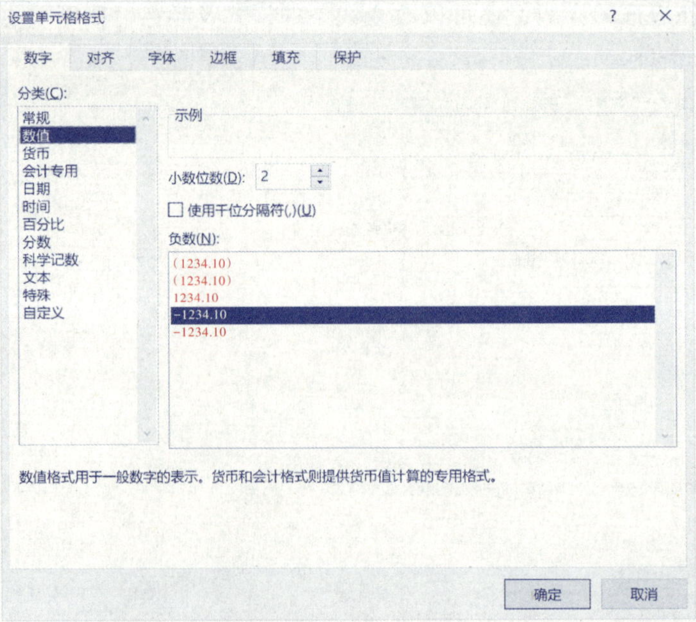

图1-52　设置数字格式

（二）数字格式工具按钮的使用

要快速地设置常用的数字格式，可以使用“开始”选项卡下的“数字”命令分组中的按钮。选择若干单元格，再单击这些按钮，就能将数字格式快速地应用到所选单元格中。

六、快速设置格式

（一）使用格式刷

❶选择一个单元格（以便将该单元格的格式应用到其他单元格中）。

❷单击“格式刷”按钮 格式刷（移动到工作区后光标变成空十字加刷子的形状）。

❸按住鼠标左键拖出一个矩形区域，则格式应用到所选区域的单元格中。

单击“格式刷”按钮，格式刷拖过一个区域后，光标恢复原状，即只能应用一次。

快速双击“格式刷”按钮，则可以连续应用；不使用时再单击“格式刷”按钮，光标恢复原状。

（二）自动套用格式

Excel准备了非常精美的格式方案，经过简单操作，就能将这些格式应用到所选单元格区域中。

（1）调用“自动套用格式”命令。

要使用“自动套用格式”命令，必须先调用“自动套用格式”命令。

操作步骤是：单击“自定义快速访问工具栏”的自定义按钮，在弹出的菜单中单击“其他命令”，在“从下列位置选择命令”列表框中选择“不在功能区中的命令”或者“全部命令”，选择“自动套用格式”，单击“添加”，如图1-53所示，“自动套用格式”的命令按钮便会添加到“快速访问工具栏”里。

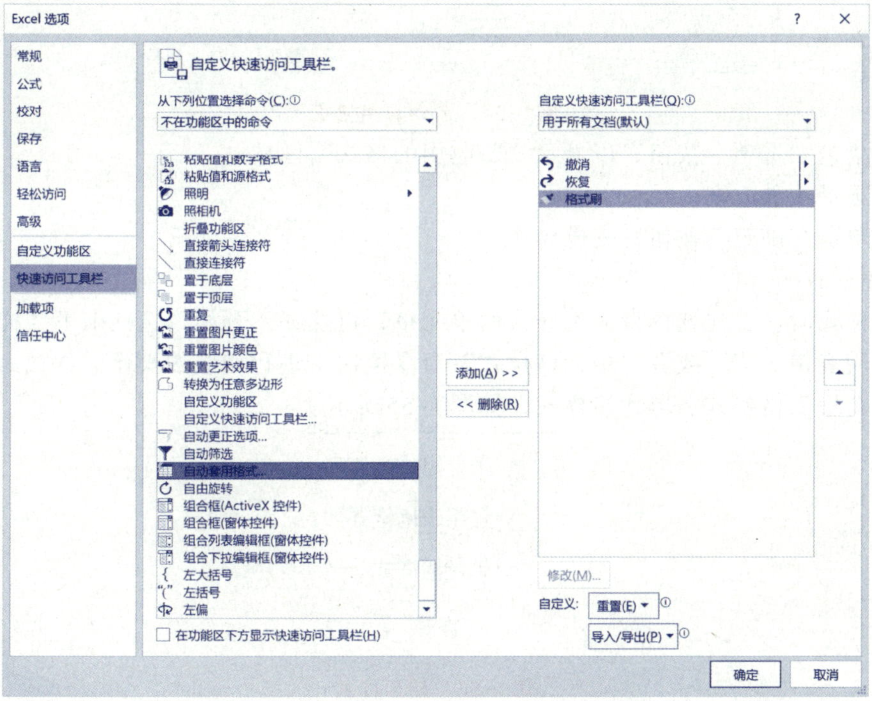

图1-53　添加自动套用格式按钮

（2）选择需要套用格式的单元格区域。

（3）单击快速访问工具栏里的“自动套用格式”命令按钮 ，弹出“自动套用格式”对话框。如图1-54所示。

图1-54 自动套用格式

（4）单击“选项”按钮，以显示“要应用的格式”区域。

（5）选择一种方案。

（6）单击“确定”按钮，完成操作。

（三）使用样式

使用样式时，首先选择待应用样式的单元格，再选择“开始”选项卡下“样式”分组里的“套用表格样式”或者“单元格样式”命令按钮，进行相应的操作。样式命令包括条件格式、套用表格格式、单元格样式，如图1-55所示。

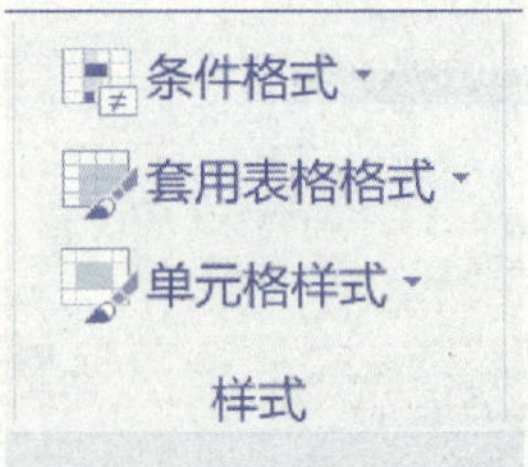

图1-55 使用样式

（四）使用模板

如果对自己所建立的工作簿非常满意，希望在今后建立同类工作簿时也能有同样的风格，则可以在其基础上建立模板，然后使用该模板建立其他工作簿。

建立模板的操作步骤如下：

❶打开一个工作簿，在该工作簿的基础上建立模板，然后选择“文件”菜单的“另存为”命令，弹出“另存为”对话框。

❷在保存类型中选择“Excel模板”。

❸在“文件名”文本框中，录入模板名称。

❹给模板指定一个存放位置。

❺单击“保存”按钮，完成操作。

如果要新建工作簿，依次单击“文件”→“新建”，就会在“新建”对话框中看到所建的模板。

七、使用条件格式

有时需要将符合某一条件的单元格数据以特别的格式突出显示。

举例：在表1-19所示的成绩表中，对小于60分的成绩进行红色加粗特别显示。

表1-19　　学生成绩表

	A	B	C	D	E	F
1	学生成绩表					
2	编号	姓名	会计学	审计学	税法	经济法
3	1	张三	90	90	90	90
4	2	李四	80	80	80	80
5	3	王五	60	55	70	59

操作方法是：

❶在工作表中录入表1-19所示的数据，选择放置成绩的单元格区域C3:F5。

❷单击“开始”选项卡下“样式”命令分组中的“条件格式”命令。

❸在弹出的菜单中选择“突出显示单元格规则”，接着单击“小于”，打开对话框，如图1-56所示。

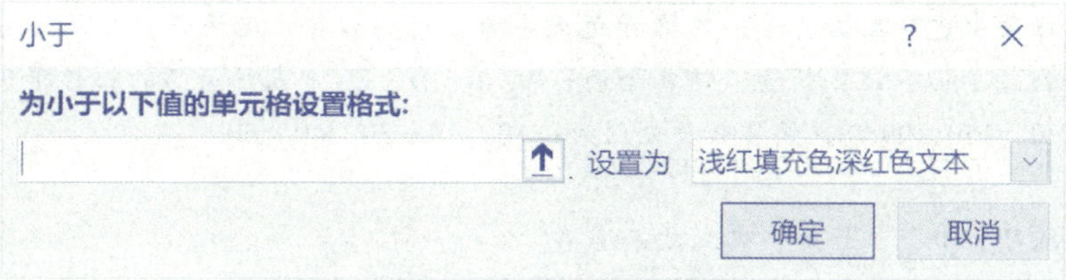

图1-56　“条件格式”对话框

❹在“小于”对话框中输入“60”，单击“确定”按钮，单元格中数字格式将相应变化，数字小于60的呈深红色显示，如图1-57所示。

	A	B	C	D	E	F
1	学生成绩表					
2	编号	姓名	会计学	审计学	税法	经济法
3	1	张三	90	90	90	90
4	2	李四	80	80	80	80
5	3	王五	60	55	70	59

图1-57 条件格式应用结果

同步练习1-3

【练习题1-3-1】（单选题）在Excel中，在打印学生成绩单时，对不及格的成绩用醒目的方式表示，当要处理大量的学生成绩时，利用（　　）命令最为方便。

A.数据筛选　　B.分类汇总　　C.查找　　D.条件格式

【练习题1-3-2】（多选题）字符格式化，就是设置单元格数据的（　　）、下划线、颜色、特殊效果等。

练习题1-3-1至练习题1-3-3

A.字体　　B.字形　　C.字号　　D.底纹

【练习题1-3-3】（多选题）关于合并单元格，正确的说法有（　　）。

A.Excel只把选定区域左上角单元格的数据放入合并后所得到的合并单元格中

B.要把区域中的所有数据都包括到合并后的单元格中，必须将它们复制到区域内的左上角单元格中

C.合并前左上角单元格的格式为合并后单元格的格式

D.合并前左上角单元格的引用为合并后单元格的引用

【练习题1-3-4】（判断题）货币和会计专用格式一般用数值格式即可。（　　）

【练习题1-3-5】（单选题）下列关于改变列宽操作的描述中，不正确的是（　　）。

A.通过拖拽鼠标可以调整列宽

B.选取若干列以后，当调整其中一列的列宽时，选中列有相同的改变

练习题1-3-4至练习题1-3-7

C.列宽不可以调整

D.受保护工作表的列宽不可以改变

【练习题1-3-6】（判断题）在默认情况下，单元格中的文本靠右对齐，数字靠左对齐。（　　）

【练习题1-3-7】（单选题）要把A1单元格的格式复制到B1、C1单元格，正确的操作是（　　）。

A.先用鼠标选中A1单元格，再在键盘上按击“Ctrl+C”，接着用鼠标单击B1、C1单元格，最后在键盘上按击“Ctrl+V”

B.先选中A1单元格，再单击“格式刷”按钮，最后分别单击B1、C1单元格

C.先用鼠标选中A1单元格，再单击“复制”按钮，接着选中B1、C1单元格，最后单击“粘贴”按钮

D.先选中A1单元格，再双击“格式刷”按钮，最后分别单击B1、C1单元格

【练习题1-3-8】（操作题）建立数据清单并设置格式和公式。新建“练习1308”工作簿，在Sheet1工作表中建立数据清单，表格标题文字为：商品销售情况统计；列标题分别为：商品名称、销售单价、销售数量、销售金额；A、B、D、E、F五种商品的销售单价分别为：50、60、70、150、99.98，销售数量分别为：10、20、30、40、50。

练习题1-3-8

操作要求：

（1）新建“练习1308”工作簿，建立数据清单。

（2）设置表格边框。表格表体外边框为细双线，内边框为细实线。

（3）设置表格标题格式。标题占用合并单元格（合并A1、B1、C1、D1），字体、字号、字形分别设置为黑体、16、加粗，对齐方式为居中显示。

（4）设置表格表体文字格式。将表体内容的字体、字号分别设置为宋体、14。

（5）设置行高。所有行高均设为30（50像素）。

（6）设置列宽。按照自动适应文本和数字内容进行设置。

（7）设置列标题内容的格式。将列标题所在单元格的底纹设置为浅绿色，蓝色文字，水平和垂直居中显示。

（8）销售单价和销售金额保留两位小数。

（9）设置表格内容的对齐方式。所有内容垂直居中对齐，商品名称的水平对齐方式为左对齐，销售单价、销售数量和销售金额的水平对齐方式为右对齐。

（10）设置条件格式。对低于1 000元的销售额，自动显示为红色。

（11）设置销售金额的计算公式。

学习总结1-3（见表1-20）

表1-20　“单元格的格式化”学习总结

定义单元格格式	
1	字符格式化
2	对齐以及表格标题设置
3	设置列宽和行高
4	设置边框和图案
5	定义数字格式
6	快速设置格式
7	使用条件格式

学习评估1-3（见表1-21）

表1-21　“单元格的格式化”学习评估表

学习要点		学习效果	
字符格式化	字体，字形，字号，颜色	掌握	
对齐以及表格标题设置	合并单元格，字体设置，对齐设置	掌握	
设置列宽和行高	设置单列和多列的宽度，设置单行和多行的行高	掌握	
设置边框和图案	设置边框，填充图案	掌握	
定义数字格式	设置数字格式，快速定义数字格式	掌握	
快速设置格式	使用格式刷，自动套用格式，使用样式，使用模板	掌握	
使用条件格式	设置突出显示的规则	掌握	

第四节　公式与函数应用

一、公式的应用

（一）公式的概念及构成

公式：以等号开始，用运算符将运算体连接而成的运算表达式。

运算体：能够运算的数据或者数据所在单元格的地址名称、函数等。

运算符的四种类型：算术运算符、比较运算符、文本运算符和引用运算符。

（二）公式的创建、编辑和修改

1.公式的创建

公式的创建方式包括手动输入和移动单击输入。

手动输入公式时应注意左右括号的匹配。

当输入的公式中含有其他单元格的数值时，为了避免重复输入费时甚至出错，可以通过移动鼠标去单击输入数值所在单元格的地址（引用单元格的数值）来创建公式。

2.公式的编辑和修改

公式编辑和修改的方法有以下3种：

❶双击公式所在的单元格，直接在单元格内修改内容。

❷选中公式所在的单元格，按下“F2”键后直接在单元格内修改内容。

❸选中公式所在的单元格后单击公式编辑栏，在编辑栏作相应修改。

【注意】在编辑或者移动单击输入公式时，不能随便移动方向键或者单击公式所在单元格以外的单元格；否则，单元格内光标移动之前的位置将自动输入所移至单元格的地址名称。

（三）公式的运算次序

公式的运算次序见表1-22。

表1-22 Excel的运算符和优先级

运算符	名称	优先级
:（冒号） ,（逗号） 空格	引用运算符	1
%	百分号	2
^	乘幂号	3
* /	乘号 除号	4
+ –	加号 减号	5
&	连字符	6
= > < >= <= <>	比较运算符	7

对于只由一个运算符或者多个优先级次相同的运算符（如既有加号又有减号）构成的公式，Excel将按照从左到右的顺序自动进行智能运算；但对于由多个优先级次不同的运算符构成的公式，Excel则将自动按照公式中运算符的优先级次从高到低进行智能运算。

为了改变运算优先顺序，应将公式中需要最先计算的部分使用一对小圆括号括起来，但不能使用中括号。

公式中左右小圆括号超过一对时，Excel自动按照从内向外的顺序进行计算。

（四）公式运算结果的显示

Excel根据公式自动进行智能运算的结果默认显示在该公式所在的单元格中，编辑栏则相应显示公式表达式的完整内容。该单元格处于编辑状态时，单元格也将显示等号“=”及其运算体和运算符，与所对应编辑栏显示的内容相一致。

1.查看公式中某步骤的运算结果

单元格中默认显示的运算结果是根据完整的公式表达式进行运算的结果，但可通过下述方法查看公式中某步骤的运算结果：

❶选中公式所在的单元格，双击或按“F2”键进入编辑状态。

❷选中单元格公式中需要查看其运算结果的运算体和运算符，按“F9”键后，被选中的内容将转化为运算结果，该运算结果同时处于被选中状态。

在运算结果处于被选中状态下，如果按下确认键或者移动光标键，公式中参与运算的运算体和运算符将不复存在，而被该结果所替代；如果移动鼠标去单击其他单元格，公式所在单元格将由编辑状态切换成数据点状态，公式所在单元格里同时显示被选中单元格的地址或名称。

❸按下“Esc”键或者“Ctrl+Z”组合键（或单击“撤消”按钮），运算结果将恢复为公式表达式的原来内容。

2.公式默认显示方式的改变

为了检查公式整体或者其中某一组成部分的表述是否正确，可以通过下述方法使单元格默认显示完整的公式表达式，实现公式表达式与运算结果之间的便捷切换。

（1）在单元格显示运行结果时，选中单元格，按下“Ctrl+`”组合键，或者单击“显示公式”命令，可切换为显示公式内容，如图1-58所示（详情见后续内容【学习引例1-14】折旧计算函数应用）。

	A	B	C	D
1	固定资产折旧额的计算			
2	原始成本（cost）	960000		
3	净残值（salvage）	30000		
4	预计使用年限（life）	8		
5	折旧年份	平均年限法	月折旧额	年数总和法
6	1	=SLN($B$2,$B$3,$B$4)	=B6/12	=SYD($B$2,$B$3,$B$4,1)
7	2	=SLN($B$2,$B$3,$B$4)	=B7/12	=SYD($B$2,$B$3,$B$4,2)
8	3	=SLN($B$2,$B$3,$B$4)	=B8/12	=SYD($B$2,$B$3,$B$4,3)
9	4	=SLN($B$2,$B$3,$B$4)	=B9/12	=SYD($B$2,$B$3,$B$4,4)
10	5	=SLN($B$2,$B$3,$B$4)	=B10/12	=SYD($B$2,$B$3,$B$4,5)
11	6	=SLN($B$2,$B$3,$B$4)	=B11/12	=SYD($B$2,$B$3,$B$4,6)
12	7	=SLN($B$2,$B$3,$B$4)	=B12/12	=SYD($B$2,$B$3,$B$4,7)
13	8	=SLN($B$2,$B$3,$B$4)	=B13/12	=SYD($B$2,$B$3,$B$4,8)
14	折旧合计	=SUM(B6:B13)	——	=SUM(D6:D13)

图1-58　显示公式

（2）在单元格显示公式内容时，选中单元格，按下“Ctrl+`”组合键，或者单击“显示公式”命令，可切换为显示运行结果。

3.将公式运算结果转换为数值

采用复制粘贴的方法将公式复制后，进行选择性粘贴，但只粘贴数值。

二、单元格的引用

单元格引用是指在不同单元格之间建立链接，以引用来自其他单元格的数据。

引用的作用在于标识工作表上的单元格或单元格区域，并指明公式中所使用的数据的位置。

可以引用的四种情况：❶在同一工作表中引用；❷在同一工作簿的不同工作表中引用；❸在不同工作簿的工作表中引用；❹引用其他应用程序中的数据。

通过引用，可以在公式中使用工作表不同部分的数据，或者在多个公式中使用同一单元格的数值。

（一）单元格引用的类型

单元格引用分为相对引用、绝对引用和混合引用三种方式，见表1-23。

表1-23 单元格引用

引用方式	意义	应用举例
相对引用	相对引用的标志是引用单元格地址的列标和行号前不加任何标示符号。 如果公式使用的是相对引用，则公式记忆源公式所在单元格与源公式引用单元格的相对位置，当复制使用相对引用的公式时，被粘贴公式中的引用将被更新，并指向与当前公式位置相对应的单元格。 Excel默认使用的单元格引用是相对引用	C2=A2+B2 将公式复制到D4单元时，公式变为： D4=B4+C4
绝对引用	绝对引用的标志是在引用单元格地址的行号和列标前分别加标示符号“$”。 如果公式使用的是绝对引用，则公式记忆源公式所在单元格在工作表中的绝对位置，在进行复制或填充等操作时，公式中的绝对引用不会随着公式所在单元格位置的改变而改变。 在复制公式时，如果不希望引用数据源的位置发生改变，则使用绝对引用。 注意：绝对引用针对的是复制公式操作，插入或删除行和列时，公式中的绝对地址会自动随着行与列的变化而变化	C2=$A$2+$B$2 将C2单元格公式复制到D4单元时，公式不发生变化，公式变为： D4=$A$2+$B$2
混合引用	混合引用是指所引用单元格地址的行号与列标中只有一个是相对的，可以发生变动，而另一个是绝对的，属于一种半相对半绝对的引用方式，也就是固定行引用而改变列引用，或者是固定列引用而改变行引用。 在引用单元格地址的行号和列标前，一部分加标示符号“$”，一部分不加标示符号“$”	C2=$A2+B$2 将公式复制到D4单元时，公式变为： D4=$A4+C$2

（二）输入单元格引用

可以直接在公式中输入单元格的地址以引用单元格，也可以使用鼠标或键盘的方向键选择单元格。

单元格地址输入后，通常使用以下两种方法来改变引用的类型：

❶在单元格地址的列标和行号前直接输入“$”符号。

❷输入完单元格地址后，重复按“F4”键选择合适的引用类型。

（三）跨工作表单元格引用

跨工作表单元格引用是指引用同一工作簿里其他工作表中的单元格，又称三维引用。

跨工作表引用的语法格式：工作表名！数据源所在单元格地址

（四）跨工作簿单元格引用

跨工作簿单元格引用是指引用其他工作簿中的单元格，又称外部引用。

跨工作簿引用的语法格式：[工作簿名]工作表名！数据源所在单元格地址

三、函数的应用

在Excel中，利用函数可以快速执行有关计算，函数只有出现在公式中才能发挥作用。

函数的基本格式是：函数名（参数序列）

参数序列是用于限定函数运算的各个参数，除中文字符外，必须使用英文半角字符。

（一）常用函数

1.统计函数

部分统计函数功能与语法格式说明见表1-24。

表1-24 部分统计函数功能与语法格式

函数名	功能	语法
MAX	返回一组数值中的最大值	MAX(number1,number2,……) MAX(数值1,数值2,……)
MIN	返回一组数值中的最小值	MIN(number1,number2,……) MIN(数值1,数值2,……)
SUM	计算单元格区域中所有数值的和	SUM(number1,number2,……) SUM(数值1,数值2,……)
SUMIF	对满足条件的单元格求和	SUMIF(range,criteria,[sum_range]) SUMIF(区域,求和条件,[求和区域]) 忽略sum_range，则对range中的单元格求和
AVERAGE	返回其参数的算术平均值	AVERAGE(number1,number2,……) AVERAGE(数值1,数值2,……) 参数可以是数值、单元格引用或公式
AVERAGEIF	返回给定条件指定的单元格的算术平均值	AVERAGEIF(range,criteria,[average_range]) AVERAGEIF(区域,条件,[求平均值区域])
COUNT	计算区域中包含数字(数值)的单元格的个数	COUNT(value1,value2,……) COUNT(参数值1,参数值2,……) 参数可以为文本、数值、单元格引用或公式
COUNTIF	计算某个区域中满足给定条件的单元格数目	COUNTIF(range,criteria) COUNTIF(区域,条件)

【学习引例1-1】最大值函数MAX应用。

学习引例1-1

函数MAX应用

如图1-59所示，求B3:B8区域中的最大值。

	A	B
1	中兴公司甲产品各年产量	
2	年度	产量（件）
3	2019	5500
4	2020	6000
5	2021	6600
6	2022	7000
7	2023	7400
8	2024	7800
9	最高产量	7800
10	B9=MAX(B3:B8)	

图1-59 MAX函数应用

B9单元格公式：=MAX(B3:B8)

【学习引例1-2】最小值函数MIN应用。

学习引例1-2
函数MIN应用

如图1-60所示，求B3:B8区域中的最小值。

	A	B
1	中兴公司甲产品各年产量	
2	年度	产量（件）
3	2019	5500
4	2020	6000
5	2021	6600
6	2022	7000
7	2023	7400
8	2024	7800
9	最低产量	5500
10	B9=MIN(B3:B8)	

图1-60 MIN函数应用

B9单元格公式：=MIN(B3:B8)

【学习引例1-3】求和函数SUM应用。

学习引例1-3
函数SUM应用

如图1-61所示，计算8年期折旧合计。

	A	B	C	D	E	F	G
1	固定资产折旧额的计算						
2	原始成本cost	980000					
3	预计净残值salvage	80000					
4	预计使用年限life	8					
5	折旧年份	平均年限法	月折旧额	年数总和法	月折旧额	双倍余额递减法	月折旧额
6	1	112500	9375	200000	16667	245000	20417
7	2	112500	9375	175000	14583	183750	15313
8	3	112500	9375	150000	12500	137813	11484
9	4	112500	9375	125000	10417	103359	8613
10	5	112500	9375	100000	8333	77520	6460
11	6	112500	9375	75000	6250	58140	4845
12	7	112500	9375	50000	4167	47209	3934
13	8	112500	9375	25000	2083	47209	3934
14	折旧合计	900000	——	900000	——	900000	——
15	B14=SUM(B6:B13)			D14=SUM(D6:D13)		F14=SUM(F6:F13)	

图1-61 SUM函数应用

B14=SUM(B6:B13)

D14=SUM(D6:D13)

F14=SUM(F6:F13)

快捷键操作求和：单击准备求和的单元格，如B14单元格，按击“Alt+=”快捷键，回车确定即可实现快速求和。

【学习引例 1-4】单条件求和函数 SUMIF 应用。

学习引例 1-4
函数 SUMIF 应用

如图 1-62 所示，对销售流水账内容进行分类统计。

	A	B	C	D	E	F	G	H
1	2024年5月1日销售流水账					2024年5月1日销售统计		
2	商品名称	销售量	销售单价	销售额		商品名称	销售量	销售额
3	A商品	100	90	9000		A商品	300	27000
4	B商品	200	60	12000		B商品	350	21000
5	C商品	10	30	300		C商品	100	3000
6	C商品	10	30	300		合计	750	51000
7	C商品	10	30	300				
8	C商品	10	30	300				
9	C商品	10	30	300		计算公式:		
10	C商品	10	30	300		G3=SUMIF(A:A,"A商品",B:B)		
11	C商品	10	30	300		G4=SUMIF(A:A,"B商品",B:B)		
12	C商品	10	30	300		G5=SUMIF(A:A,"C商品",B:B)		
13	C商品	10	30	300		G6=SUM(G3:G5)		
14	C商品	10	30	300		H3=SUMIF(A:A,"A商品",D:D)		
15	B商品	150	60	9000		H4=SUMIF(A:A,"B商品",D:D) H5=SUMIF(A:A,"C商品",D:D)		
16	A商品	200	90	18000		H6=SUM(H3:H5)		

图1-62　SUMIF函数应用

=SUMIF(A:A,"A 商品",B:B)，其意义是，在 A 列中查找 A 商品（求和条件），将符合求和条件（A 商品）对应的 B 列数据（A 商品对应的销售量）进行汇总。

【注意】公式中的参数除中文字符外需要使用英文半角字符。

【学习引例 1-5】算术平均值函数 AVERAGE 应用。

学习引例 1-5
函数 AVERAGE 应用

如图 1-63 所示，计算平均工资。

	A	B	C	D	E
1	姓名	性别	年龄	职称	薪资
2	陈继	男	47	高级会计师	9800
3	李煜	女	39	高级会计师	8900
4	王翟	男	37	会计师	6800
5	赵熙	男	36	会计师	6700
6	叶雷	男	36	会计师	6700
7	张瑞	女	33	会计师	6500
8	孙倩	女	26	助理会计师	5000
9	赵冰	女	26	助理会计师	4800
10	魏涛	男	25	助理会计师	4800
11	程丽	女	25	助理会计师	4500
12	谢娟	女	25	助理会计师	4500
13	钱颖	女	25	助理会计师	4500
14	平均工资				6125
15	E14=AVERAGE(E2:E13)				

图1-63　AVERAGE函数应用

=AVERAGE(E2:E13)，其意义是对 E2:E13 区域数据求算术平均值。E2:E13 为单元格区域引用。AVERAGE 函数的参数除了引用以外，也可以是数值，还可以是包含数值的名称、数组。

【学习引例1-6】单条件平均值函数AVERAGEIF应用。

学习引例1-6
函数AVERAGEIF应用

如图1-64所示，对职称是会计师的人员，求平均工资。

	A	B	C	D	E
1	姓名	性别	年龄	职称	薪资
2	陈继	男	47	高级会计师	9800
3	李煜	女	39	高级会计师	8900
4	王翟	男	37	会计师	6800
5	赵熙	男	36	会计师	6700
6	叶雷	男	36	会计师	6700
7	张瑞	女	33	会计师	6500
8	孙倩	女	26	助理会计师	5000
9	赵冰	女	26	助理会计师	4800
10	魏涛	男	25	助理会计师	4800
11	程丽	女	25	助理会计师	4500
12	谢娟	女	25	助理会计师	4500
13	钱颖	女	25	助理会计师	4500
14	职称为会计师的人员平均工资				6675
15	E14=AVERAGEIF(D2:D13,"会计师",E2:E13)				

图1-64　AVERAGEIF函数应用

【学习引例1-7】计数函数COUNT应用。

学习引例1-7
函数COUNT应用

如图1-65所示，通过计算含有数值的单元格数来统计人员总数。

	A	B	C	D	E
1	姓名	性别	年龄	职称	薪资
2	陈继	男	47	高级会计师	9800
3	李煜	女	39	高级会计师	8900
4	王翟	男	37	会计师	6800
5	赵熙	男	36	会计师	6700
6	叶雷	男	36	会计师	6700
7	张瑞	女	33	会计师	6500
8	孙倩	女	26	助理会计师	5000
9	赵冰	女	26	助理会计师	4800
10	魏涛	男	25	助理会计师	4800
11	程丽	女	25	助理会计师	4500
12	谢娟	女	25	助理会计师	4500
13	钱颖	女	25	助理会计师	4500
14	总人数统计			12	
15	D14=COUNT(C2:C13)　或者　D14=COUNT(E2:E13)				

图1-65　COUNT函数应用

【学习引例1-8】单条件计数函数COUNTIF应用。

如图1-66所示，统计35岁以上人员的数量。

学习引例1-8

函数COUNTIF应用

	A	B	C	D	E
1	姓名	性别	年龄	职称	薪资
2	陈继	男	47	高级会计师	9800
3	李煜	女	39	高级会计师	8900
4	王翟	男	37	会计师	6800
5	赵熙	男	36	会计师	6700
6	叶雷	男	36	会计师	6700
7	张瑞	女	33	会计师	6500
8	孙倩	女	26	助理会计师	5000
9	赵冰	女	26	助理会计师	4800
10	魏涛	男	25	助理会计师	4800
11	程丽	女	25	助理会计师	4500
12	谢娟	女	25	助理会计师	4500
13	钱颖	女	25	助理会计师	4500
14	35岁以上人员数			5	
15	D14=COUNTIF(C2:C13,">35")				

图1-66　COUNTIF函数应用

2. 文本函数

文本函数的功能与语法格式说明见表1-25。

表1-25　**文本函数的功能与语法格式**

函数名	功能	语法
LEN	返回文本字符串中的字符数	LEN(text) LEN(文本字符串)
RIGHT	从文本字符串右边第一个字符开始向左返回截取指定个数的字符	RIGHT(text,num_chars) RIGHT(字符串,[字符个数])
MID	从文本字符串中间指定位置字符开始向右截取指定个数的字符	MID(text,start_num,num_chars) MID(字符串,开始位置,字符个数)
LEFT	从文本字符串左边第一个字符开始向右截取指定个数的字符	LEFT(text,num_chars) LEFT(字符串,[字符个数])

【学习引例1-9】文本函数LEN、RIGHT、MID、LEFT应用。

如图1-67所示，利用文本函数从身份证号码中提取有关信息。

学习引例1-9

函数LEN、RIGHT、MID、LEFT应用

	A	B	C	D
1	提取身份证号码中的信息			
2	身份证号码	420101196605101314		公式说明
3	身份证号码长度	18		B3=LEN(B2)
4	身份证号码最后四位数	1314		B4=RIGHT(B2,4)
5	从身份证号码中提取出生日期信息	19660510		B5=MID(B2,7,8)
6	身份证号码前两位数	42		B6=LEFT(B2,2)

图1-67　文本函数应用

3.逻辑判断函数IF

IF(logical_test,value_if_true,value_if_false)

IF（逻辑判断，结果为真时的值，结果为假时的值）

判断结果为真（假）时的值可以为文本、数值、单元格地址或公式等。

如果返回的值是文本，那么需要用英文双引号括起来。

通俗解读就是：如果……就……否则……

函数根据给定的逻辑判断结果，自动返回相应的值。当逻辑判断的计算结果为真（true）时，将返回第一个参数值；当判断条件的计算结果为假（false）时，则返回第二个参数值。

如果省略逻辑判断结果为假（false）时的参数值，则在逻辑判断结果为假（false）时，直接返回“false”。

IF函数看似简单，但是它配合其他计算公式或函数演绎出来的作用将非常强大，在日常应用中经常出现它的身影。许多时候，IF函数几乎凭借一己之力，肩负起数据分析的重任。

【学习引例1-10】逻辑函数IF应用。

学习引例1-10 函数IF应用

公式：=IF(B2>=60,"合格","不合格")

意义：如果B2单元格的值大于或等于60，结果就显示“合格”，否则结果就显示为“不合格”。

4.查找与引用函数

查找与引用函数主要用于关联数据查找，部分查找与引用函数的功能与语法格式说明见表1-26。

表1-26 查找与引用函数功能与语法格式

函数名	功能	语法
LOOKUP	查找给定数值所关联对应位置的值：在指定的单行（或列）区域中查找指定的数值，然后返回另一个指定的单行（或列）区域中与该查找到的数值位于相同列（或行）位置的数值	向量形式： LOOKUP(lookup_value,lookup_vector,[result_vector]) LOOKUP（查找值，查找向量，[返回向量]） 查找值——找什么 查找向量——查找范围（行或列） 返回向量——对应的取值范围（行或列） 在单行或单列区域中查找指定的数值，找到后取同行对应列或同列对应行所在位置的值。 数组形式： LOOKUP(lookup_value,array) LOOKUP（查找值，数组） 在数组的第一行或第一列中查找指定的值，并返回数组最后一行或最后一列内同一位置的值
INDEX	根据给定的数据排序位置查找数据	INDEX(array,row_num,[column_num]) INDEX（数组，行序号，[列序数]）
MATCH	查找给定数值在区域中的排序位置	MATCH(lookup_value,lookup_array,[match_type]) MATCH（查找值，查找区域，[匹配类型]） 如果参数match_type设置为0，则为精确匹配

【学习引例1-11】查找与引用函数LOOKUP应用。

学习引例1-11

函数LOOKUP应用

如图1-68所示，利用LOOKUP函数求解最高产量所对应的资金占用量。

	A	B	C
1	中兴公司甲产品资金占用量		
2	年度	产量（件）	资金占用量（万元）
3	2019	5500	336
4	2020	6000	341
5	2021	6600	345
6	2022	7000	350
7	2023	7400	355
8	2024	7300	356
9	最高产量	7400	355
10	B9=MAX(B3:B8)	C9=LOOKUP(B9,B3:C8)	

图1-68　LOOKUP函数应用

【学习引例1-12】查找与引用函数INDEX、MATCH应用。

学习引例1-12

函数INDEX、MATCH应用

如图1-69所示，利用INDEX和MATCH函数联合应用，求解查询信息。

	A	B	C	D	E	F	G	H
1	姓名	性别	年龄	职称	薪资			
2	陈继	男	47	高级会计师	9800		录入查询员工的姓名	赵冰
3	李煋	女	39	高级会计师	8900		查询结果：	
4	王翟	男	37	会计师	6800		性别	女
5	赵熙	男	36	会计师	6700		年龄	26
6	叶雷	男	36	会计师	6700		职称	助理会计师
7	张瑞	女	33	会计师	6500		薪资	4800
8	孙倩	女	26	助理会计师	5000			
9	赵冰	女	26	助理会计师	4800			
10	魏涛	男	25	助理会计师	4800		公式： H4=INDEX(B2:B13,MATCH(H2,A2:A13,0))	
11	程丽	女	25	助理会计师	4500		H5=INDEX(C2:C13,MATCH(H2,A2:A13,0))	
12	谢娟	女	25	助理会计师	4500		H6=INDEX(D2:D13,MATCH(H2,A2:A13,0))	
13	钱颖	女	25	助理会计师	4500		H7=INDEX(E2:E13,MATCH(H2,A2:A13,0))	

图1-69　INDEX和MATCH函数应用

本例中，MATCH函数解决了要查询员工在数据表中的排序位置问题，INDEX函数则根据员工在数据表中的排序位置确定查询结果数据。

5.日期与时间函数

日期与时间函数的功能与语法格式见表1-27。

表1-27　日期与时间函数的功能与语法格式

函数名	功能	语法
YEAR	返回某日期对应的年份	YEAR(serial_number) YEAR(日期序号)
MONTH	返回某日期对应的月份	MONTH(serial_number) MONTH(日期序号)
DAY	返回某日期对应的日期	DAY(serial_number) DAY(日期序号)
NOW	返回当前的日期和时间	NOW()

【学习引例 1-13】日期与时间函数 YEAR、MONTH、DAY、NOW 应用。

学习引例 1-13
函数YEAR、MONTH、DAY、NOW应用

如图 1-70 所示，YEAR、MONTH、DAY 函数分别从给定的日期（2023 年 12 月 9 日）中提取年、月、日信息，NOW 函数显示计算机系统当前日期和时间。B5 单元格显示的结果取决于计算机系统当前的日期和时间，假如当前日期和时间为 2023 年 12 月 9 日 21 时 06 分。

	A	B	C	D
1	日期（年月日）信息	2023/12/9		公式说明
2	从日期中提取年信息	2023		B2=YEAR(B1)
3	从日期中提取月信息	12		B3=MONTH(B1)
4	从日期中提取日信息	9		B4=DAY(B1)
5	显示当前日期和时间	2024/2/1 12:11		B5=NOW()

图1-70 日期和时间函数应用

（二）固定资产折旧计算函数

平均年限法折旧计算函数是SLN，年数总和法折旧计算函数是SYD，双倍余额递减法折旧计算函数是DDB，其功能和语法见表1-28。

表1-28 折旧函数的功能和语法格式

函数	功能	语法
SLN	按平均年限法计算折旧	SLN(cost,salvage,life) SLN（原值，净残值，折旧期限）
SYD	按年数总和法计算折旧	SYD(cost,salvage,life,per) SYD（原值，净残值，折旧期限，折旧期） per必须使用与life相同的单位
DDB	按双倍余额递减法计算折旧	DDB(cost,salvage,life,per,factor) DDB（原值，净残值，折旧期限，折旧期，[余额递减速率]） per必须使用与life相同的单位 factor是可选参数，指余额递减速率 如果factor被省略，则默认为使用双倍余额递减法

【学习引例 1-14】折旧计算函数 SLN、SYD、DDB 应用。

学习引例 1-14
函数SLN、SYD、DDB应用

新建 Excel 工作簿，在工作表中建立如图 1-71 所示的折旧计算模型，录入单元格公式。工作表中的结果通过相应公式自动计算出来。

	A	B	C	D	E	F	G
1	固定资产折旧额的计算						
2	原始成本（cost）	960000					
3	净残值（salvage）	30000					
4	预计使用年限（life）	8					
5	折旧年份	平均年限法	月折旧额	年数总和法	月折旧额	双倍余额递减法	月折旧额
6	1	116250	9688	206667	17222	240000	
7	2	116250	9688	180833	15069	180000	
8	3	116250	9688	155000	12917	135000	
9	4	116250	9688	129167	10764	101250	
10	5	116250	9688	103333	8611	75938	
11	6	116250	9688	77500	6458	56953	
12	7	116250	9688	51667	4306	70430	
13	8	116250	9688	25833	2153	70430	
14	折旧合计	930000		930000		930000	

图1-71 固定资产折旧函数应用

图1-71中的固定资产折旧计算模型中的公式设置见表1-29。

表1-29　　　　固定资产折旧计算模型中的公式设置

平均年限法	
单元	计算公式定义结果或者方法
B6	=SLN($B$2,$B$3,$B$4)
C6	=B6/12
B7:B13	复制B6单元格公式得到
B14	=SUM(B6:B13)
C7:C13	复制C6单元格公式得到
年数总和法	
单元	计算公式定义结果或者方法
D6	=SYD($B$2,$B$3,$B$4,A6)
D7:D13	复制D6单元格公式得到
E6	=D6/12
D14	=SUM(D6:D13)
E7:E13	复制E6单元格公式得到
双倍余额递减法	
单元	计算公式定义结果或者方法
F6	=DDB($B$2,$B$3,$B$4,A6)
F7:F11	复制F6单元格公式得到
F12	=SLN($B$2-SUM($F$6:$F$11),$B$3,2)
F13	=SLN($B$2-SUM($F$6:$F$11),$B$3,2)
G6	=F6/12
F14	=SUM(F6:F13)
G7:G13	复制G6单元格公式得到

按击“Ctrl+`”组合键，或者单击“显示公式”（适用于Excel 2016）命令，可以实现结果和公式显示的切换。

公式录入以等号开始，以上公式中，等号左边的单元名称为公式所在的单元。$B$2即B2单元，$B$2是单元地址的绝对引用（固定引用）方式，B2是单元地址的相对引用方式。

同步练习1-4

【练习题1-4-1】（多选题）在Excel中，不能将字符型的值进行连接的字符运算符有（　　）。

A.#　　　B./　　　C.?　　　D.&

【练习题1-4-2】（判断题）Excel中，除号“/”的运算级次优先于乘方“^”。（　　）

【练习题1-4-3】（判断题）Excel中，加号“+”的运算级次优先于减号“-”。（　　）

【练习题1-4-4】（多选题）下列属于单元格的引用方式的有（　　）。

A.相对引用　　　B.绝对引用　　　C.间接引用　　　D.直接引用

【练习题1-4-5】（单选题）要在当前工作表Sheet1的B2单元格中计算工作表Sheet2中的C2到C9单元格的算术平均值，则在当前工作表的B2单元格中输入的公式应为（　　）。

练习题1-4-1至练习题1-4-5

A.=AVERAGE(C2:C9)　　B.=AVERAGE([Sheet2!]C2:C9)

C.=AVERAGE(Sheet2! C2:Sheet2C9)　　D.=AVERAGE(Sheet2! C2:C9)

【练习题1-4-6】(单选题) 某公式中引用了一组单元格，它们是（A1:A5,B2:D6），该公式引用单元格总数为（　　）。

A.10　　B.24　　C.20　　D.15

练习题1-4-6至练习题1-4-10

【练习题1-4-7】(单选题) 单元格A1=SUM(B1:D1)，将A1复制到A2，则A2单元格的公式是（　　）。

A.=SUM(B1:D1)　　B.=SUM(B2:D2)　　C.0　　D.#REF ()

【练习题1-4-8】(多选题) 下列关于单元格的引用中，表述正确的有（　　）。

A.常用的单元格引用分为相对引用、绝对引用和混合引用

B.混合引用是指所引用单元格地址的行号与列标中有一个是相对引用，另一个是绝对引用

C.可以引用同一工作簿不同工作表的单元格

D.不可以引用不同工作簿的单元格

【练习题1-4-9】(单选题) 在相对引用中，所引用的单元格地址的列标和行号前面（　　）。

A.有&符号　　B.没有任何标示符　　C.有%符号　　D.有$符号

【练习题1-4-10】(单选题) 在Excel建立的工资数据清单中，按人员类别计算实发工资总和，可使用（　　）函数。

A.SUM　　B.COUNT　　C.SUMIF　　D.SLN

【练习题1-4-11】(单选题) 统计E2:E59区域中数字为60以及60以上个数的公式，正确的是（　　）。

A.=COUNT(E2:E59)　　B.=COUNT(">=60")

C.=COUNTIF(E2:E59,">=60")　　D.=COUNTIF(">=60",E2:E59)

练习题1-4-11至练习题1-4-15

【练习题1-4-12】(单选题) 在Excel 2016中，下列方法中，可以进行求和运算的是（　　）。

A.利用函数进行求和

B.利用快捷键进行求和

C.利用功能区里“开始”选项卡下的自动求和按钮

D.利用功能区里“数据”选项卡下的自动求和按钮

【练习题1-4-13】(多选题) 下列各项中，属于统计函数的有（　　）。

A.IF　　B.MID　　C.SUMIF　　D.COUNTIF

【练习题1-4-14】(多选题) 下列属于文本函数的有（　　）。

A.LEFT　　B.RIGHT　　C.MID　　D.LEN

【练习题1-4-15】(单选题) 在Excel表中A1单元格键入85，在B1单元格输入条件函数=IF(A1>=90,"优秀",(IF(A1>=80,"良好","合格")))，则B1单元格的返回值为（　　）。

A.优秀　　B.良好　　C.合格　　D.不合格

【练习题1-4-16】(单选题) 表示返回C2:F8区域中第3行第4列的值的公式中，正确的是（　　）。

A.INDEX(C2:F8,2,2)　　B.INDEX(C2:F8,4,3)

C.INDEX(C2:F8,3,4)　　D.INDEX(F8:C2,3,4)

练习题1-4-16至练习题1-4-19

【练习题1-4-17】(多选题) 下列属于日期与时间函数的有（　　）。

A.YEAR　　B.MONTH　　C.DAY　　D.NOW

【练习题1-4-18】(多选题) 计算固定资产折旧的函数有（　　）。

A.SLN　　B.DDB　　C.DAY　　D.SYD

【练习题1-4-19】(单选题) DDB(cost, salvage, life, period)中，表示资产初始价值的参数是（　　）。

A.cost　　B.salvage　　C.life　　D.period

【练习题1-4-20】(操作题) 定义跨工作表单元格引用。新建“练习1420”工作簿，将Sheet1工作表命名为“数据记录”，新增工作表命名为“数据分析”，在“数据记录”工作表的D2单元格中录入900。设置公式，使“数据分析”工作表B2单元格的数据自动链接自“数据记录”工作表的D2单元格。

练习题1-4-20至练习题1-4-23

【练习题1-4-21】(操作题) MAX函数的应用。新建“练习1421”工作簿，在Sheet1工作表中的A2、B2、C2、D2、E2单元格中分别录入：59、70、80、93、96，在F2单元格中定义公式，利用MAX函数求A2:E2区域中的最大值。

【练习题1-4-22】(操作题) MIN函数的应用。新建“练习1422”工作簿，在Sheet1工作表中的A2、B2、C2、D2、E2单元格中分别录入：71、85、68、90、80，在F2单元格中定义公式，利用MIN函数求A2:E2区域中的最小值。

【练习题1-4-23】(操作题) SUM函数的应用。新建“练习1423”工作簿，在Sheet1工作表中的A2、B2、C2、D2单元格中分别录入：20、30、30、40，在E2单元格中定义公式，利用SUM函数对A2:D2区域进行求和。

【练习题1-4-24】(操作题) SUMIF函数的应用。新建“练习1424”工作簿，在A1、A2、A3、A4、A5、A6单元格中分别录入：商品名称、甲商品、乙商品、丙商品、甲商品、乙商品，在B1、B2、B3、B4、B5、B6单元格中分别录入：数量、100、200、300、500、200，在D2单元格中定义公式，利用SUMIF函数汇总甲商品的数量。

练习题1-4-24至练习题1-4-27

【练习题1-4-25】(操作题) AVERAGE函数的应用。新建“练习1425”工作簿，在Sheet1工作表中的A2、B2、C2、D2、E2单元格中分别录入：55、65、78、90、85，在F2单元格中定义公式，利用AVERAGE函数求A2:E2区域中5个数值的算术平均值。

【练习题1-4-26】(操作题) AVERAGEIF函数的应用。新建“练习1426”工作簿，在Sheet1工作表中的A2、B2、C2、D2、E2单元格中分别录入：55、60、70、90、80，在F2单元格中定义公式，利用AVERAGEIF函数求A2:E2区域中60及60以上数值的算术平均值。

【练习题1-4-27】(操作题) COUNT函数的应用。新建“练习1427”工作簿，在Sheet1工作表中的A2、B2、C2、D2、E2单元格中分别录入：50、60、70、80、90，在F2单元格中定义公式，利用COUNT函数求A2:E2区域中的数值个数。

【练习题1-4-28】(操作题) COUNTIF函数的应用。新建“练习1428”工作簿，在Sheet1工作表中的A2、B2、C2、D2、E2单元格中分别录入：50、70、80、90、95，在F2单元格中定义公式，利用COUNTIF函数求A2:E2区域中60及60以上数值的个数。

练习题1-4-28至练习题1-4-31

【练习题1-4-29】(操作题) LEN函数的应用。新建“练习1429”工作簿，在Sheet1工作表中的A1单元格录入文本格式身份证号码420101197011261637，在A2单元格中定义自动显示该身份证号码字符数个数的公式。

【练习题1-4-30】(操作题) RIGHT函数的应用。新建“练习1430”工作簿，在Sheet1工作表中的A1单元格中录入文本格式身份证号码420101197011261637，在A2单元格中定义自动显示该身份证号码最后4位数字的公式。

【练习题1-4-31】(操作题) MID函数的应用。新建“练习1431”工作簿，在Sheet1工作表中的A1单元格录入文本格式身份证号码420101197011261637，在A2单元格中定义公式以自动显示该身份证号码中所反映的出生日期。

【练习题1-4-32】(操作题) LEFT函数的应用。新建“练习1432”工作簿，在Sheet1工作表中的A1单元格中录入文本格式身份证号码420101197011261637，在A2单元格中定义自动显示该身份证号码所属省份代码（前两位数字）的公式。

【练习题1-4-33】（操作题）IF函数的应用。新建“练习1433”工作簿，在Sheet1工作表的B1、B2、B3、B4、B5单元格中分别录入：50、60、70、80、90，在C1、C2、C3、C4、C5单元格中分别定义包含IF函数的公式，根据B1:B5区域中的数据，自动判断合格情况，60及以上为合格，60以下为不合格。

练习题1-4-32至练习题1-4-35

【练习题1-4-34】（操作题）LOOKUP函数的应用。新建“练习1434”工作簿，在Sheet1工作表的A2、A3、A4、A5、A6、A7、A8单元格中分别录入：年度、2019、2020、2021、2022、2023、2024，在B2、B3、B4、B5、B6、B7、B8单元格中分别录入：产量（吨）、500、600、700、800、900、950，在C2、C3、C4、C5、C6、C7、C8单元格中分别录入：资金占用量（万元）、310、300、350、360、370、380，在B9单元格中录入公式：=MIN(B3:B8)，在C9单元格中定义公式，以自动显示最低产量所对应的资金占用量。

【练习题1-4-35】（操作题）MATCH函数的应用。新建“练习1435”工作簿，在Sheet1工作表的A1、A2、A3、A4、A5单元格中分别录入：员工编号、1001、1002、1003、1004，在B1、B2、B3、B4、B5单元格中分别录入：员工姓名、张三、李四、王五、赵六，在C1、C2、C3、C4、C5单元格中分别录入：工资数额、6000、7000、8000、9000，在D1、D2、D3单元格分别录入：员工编号、员工姓名、员工在表中排序。在E2单元格中定义公式“=LOOKUP(E1,A2:B5)”（该公式的意义是，在E1单元格录入某一员工编号后，E2单元格自动显示其姓名）。要求应用MATCH函数的功能，在E3单元格定义公式，能够根据给定的员工编号，自动显示员工在表中的排序位置。

【练习题1-4-36】（操作题）INDEX函数的应用。新建“练习1436”工作簿，在Sheet1工作表的A1、A2、A3、A4、A5单元格中分别录入：员工编号、1001、1002、1003、1004，在B1、B2、B3、B4、B5单元格中分别录入：员工姓名、张三、李四、王五、赵六，在C1、C2、C3、C4、C5单元格中分别录入：工资数额、6000、7000、8000、9000，在D1、D2、D3、D4单元格中分别录入：员工编号、员工姓名、员工在表中排序、工资查询结果。在E2单元格中定义公式“=LOOKUP(E1,A2:B5)”（该公式的意义是，在E1单元格录入某一员工编号后，E2单元格自动显示其姓名）。在E3单元格录入：=MATCH(E1,A2:A5)（该公式的意义是，根据给定的员工编号，自动显示其在表中的排序位置）。要求应用INDEX函数的功能，定义E4单元格公式，以自动显示员工的工资数额。

练习题1-4-36至练习题1-4-39

【练习题1-4-37】（操作题）NOW函数的应用。新建“练习1437”工作簿，在Sheet1工作表中，利用函数功能，定义自动显示当前日期和时间的公式。

【练习题1-4-38】（操作题）YEAR函数的应用。新建“练习1438”工作簿，在Sheet1工作表中，利用函数功能，定义自动显示当前年份的公式。

【练习题1-4-39】（操作题）MONTH函数的应用。新建“练习1439”工作簿，在Sheet1工作表中，利用函数功能，定义自动显示当前月份信息的公式。

【练习题1-4-40】（操作题）DAY函数的应用。新建“练习1440”工作簿，在Sheet1工作表中，利用函数功能，定义自动显示当前日期的公式。

【练习题1-4-41】（操作题）SLN函数的应用。新建“练习1441”工作簿，利用折旧函数建立计算模型，按照平均年限法计算A设备的每月折旧额。已知A设备的原始价值为90 000元，预计净残值为10 000元，预计使用年限为5年。

练习题1-4-40至练习题1-4-43

【练习题1-4-42】（操作题）DDB函数的应用。新建“练习1442”工作簿，利用折旧函数建立计算模型，按照双倍余额递减法计算B设备的每月折旧额。已知B设备的原始价值为60 000元，预计净残值为10 000元，预计使用年限为5年。

【练习题1-4-43】（操作题）SYD函数的应用。新建“练习1443”工作簿，利用折旧函数建立计算模型，按照年数总和法计算C设备的每月折旧额。已知C设备的原始价值为80 000元，预计净残值为5 000元，预计使用年限为5年。

学习总结1-4

❶运算符的类型。

❷公式的运用。

❸函数的应用。

学习评估1-4（见表1-30）

表1-30　“公式与函数应用”学习评估表

学习要点			学习效果	
公式应用	公式的概念及其构成		熟悉	
	公式的创建		掌握	
	公式的编辑与修改		掌握	
	公式的运算次序		了解	
	公式运算结果的显示		了解	
	单元格引用的类型	相对引用	掌握	
		绝对引用	掌握	
		混合引用	掌握	
	输入单元格引用		掌握	
	跨工作表单元格引用		掌握	
	跨工作簿单元格引用		掌握	
函数应用	函数的格式		熟悉	
	统计函数	MAX	掌握	
		MIN	掌握	
		SUM	掌握	
		SUMIF	掌握	
		AVERAGE	掌握	
		AVERAGEIF	掌握	
		COUNT	掌握	
		COUNTIF	掌握	
	文本函数	LEN	掌握	
		RIGHT	掌握	
		MID	掌握	
		LEFT	掌握	
	逻辑判断函数	IF	掌握	
	查找与引用函数	LOOKUP	了解	
		INDEX	了解	
		MATCH	了解	
	日期与时间函数	YEAR	掌握	
		MONTH	掌握	
		DAY	掌握	
		NOW	掌握	
	折旧函数	SLN	掌握	
		DDB	掌握	
		SYD	掌握	

第五节 数据清单及其管理分析

一、数据清单的构建

（一）数据清单的概念

在Excel中，数据库是通过数据清单或列表来实现的。数据清单是包含一行列标题和多行数据且每行同列数据的类型和格式完全相同的Excel工作表。

数据清单中的列对应数据库中的字段，列标志对应数据库中的字段名称，每一行对应数据库中的一条记录。

（二）构建数据清单的要求

为了使Excel自动将数据清单当作数据库，构建数据清单的要求主要有：

❶列标志位于数据清单的第一行，用以查找和组织数据、创建报告。

❷同一列中各行数据项的类型和格式应当完全相同。

❸避免在数据清单中间放置空白的行或列，但需将数据清单和其他数据隔开时，应在它们之间留出至少一个空白的行或列。

❹尽量在一张工作表上建立一个数据清单。

二、记录单的使用

（一）记录单的概念

记录单又称数据记录单，是快速添加、查找、修改或删除数据清单中相关记录的对话框。

（二）通过记录单处理数据清单的记录

1.通过记录单处理记录的优点

通过记录单处理记录的优点主要有：界面直观，操作简单，减少数据处理时行列位置的来回切换，避免输入错误，特别适用于大型数据清单中记录的核对、添加、查找、修改或删除。

2.“记录单”对话框的打开

在Excel 2003中，打开“记录单”对话框的方法是：输入数据清单的列标志后，选中数据清单的任意一个单元格，单击“数据”菜单中的“记录单”命令。

Excel 2016的数据功能区中尽管没有“记录单”命令，但可通过单击以自定义方式添加到“快速访问工具栏”中的“记录单”按钮来打开。“记录单”对话框打开后，只能通过“记录单”对话框来输入、查询、核对、修改或者删除数据清单中的相关数据，无法直接在工作表的数据清单中进行操作。

3.在“记录单”对话框中输入新记录

在数据录入过程中，如果发现某个文本框中的数据录入有误，可将光标移入该文本框，直接进行修改；如果发现多个文本框中的数据录入有误，不便逐一修改，则可通过单击“还原”按钮放弃本次确认前的所有输入，光标将自动移入第一个空白文本框，等待数据录入。

4.利用“记录单”对话框查找特定单元格

通过“条件”按钮查询，只要在对话框多个列名称后的文本框中同时输入相应的查询条件，符合条件的记录即可分别出现在对话框相应列名称后的文本框中，“记录状态”显示区中相应显示记录的次序数以及数据清单中记录的总条数。这种方法尤其适用于具有多个查询条件的查询。

5.利用“记录单”对话框核对或修改特定记录

查找到待核对或修改的记录后，在对话框相应列后的文本框中逐一核对或修改。在确认修改前，“还原”按钮处于激活状态，可通过单击“还原”按钮放弃本次确认前的所有修改。

6.利用“记录单”对话框删除特定记录

记录删除后无法通过单击“还原”按钮来撤消。

三、数据的管理与分析

在数据清单下，可以执行排序、筛选、分类汇总、插入数据透视表和图表等数据管理和分析功能。

（一）数据的排序

数据的排序是指在数据清单中，针对某些列的数据，通过“数据”菜单（Excel 2003）或功能区中的排序命令（Excel 2016）来重新组织行的顺序。在Excel 2016中，数据“排序”命令位于“数据”选项卡下的“排序和筛选”组中。

排序时，Excel将按指定字段的值和指定的“升序”或“降序”排序次序重新排列行的次序。

对于数值，升序就是从小到大的排列，降序则是从大到小的排列。

对于字符，从A到Z排列是升序，反之则是降序。

如果是汉字，以其汉语拼音字母或笔画排序。

1.快速排序

使用快速排序的操作步骤为：

❶在数据清单中选定需要排序的各行记录；

❷执行工具栏（Excel 2003）或功能区（Excel 2016）中的排序命令。

如果数据清单由单列组成，即使不执行第❶步，只要选定该数据清单的任意单元格，直接执行第❷步，系统也会自动排序。

【注意】如果数据清单由多列组成，应避免不执行第❶步而直接执行第❷步的操作；否则，数据清单中光标所在列的各行数据被自动排序，但每一条记录在其他各列的数据并未随之相应调整，记录将会出现错行。

2.自定义排序

使用自定义排序的操作步骤为：

❶在“数据”菜单或功能区中打开“排序”对话框；

❷在“排序”对话框中选定排序的条件、依据和次序。

（二）数据的筛选

数据的筛选是指利用“数据”菜单中的“筛选”命令对数据清单中的指定数据进行查找和其他操作。数据筛选是将工作表中所有不满足条件的数据行暂时隐藏起来，只显示那些满足条件的数据行，数据并没有丢失。通过筛选工作表中的信息，用户可以快速查找数值。用户不但可以利用筛选功能控制需要显示的内容，而且能够控制需要排除的内容。

Excel提供快速筛选和高级筛选两种方法。在Excel 2016中，数据“筛选”命令位于

“数据”选项卡下的“排序和筛选”组中。

1.快速筛选（自动筛选）

快速筛选是针对简单条件进行的筛选。

【学习引例1-15】快速筛选。

（1）在数据清单中选定任意单元格或需要筛选的列，如图1-72所示。

学习引例1-15

快速筛选

	A	B	C	D	E
1	姓名	性别	年龄	职称	薪资
2	陈继	男	47	高级会计师	9800
3	李煜	女	39	高级会计师	8900
4	王翟	男	37	会计师	6800
5	赵熙	男	36	会计师	6700
6	叶雷	男	36	会计师	6700
7	张瑞	女	33	会计师	6500
8	孙倩	女	26	助理会计师	5000
9	赵冰	女	26	助理会计师	4800
10	魏涛	男	25	助理会计师	4800
11	程丽	女	25	助理会计师	4500
12	谢娟	女	25	助理会计师	4500
13	钱颖	女	25	助理会计师	4500

图1-72 选择数据清单中任一单元格

（2）选中第一行，执行“数据”菜单或功能区中的“筛选”命令，第一行的列标识单元格右下角出现向下的三角图标，如图1-73所示。

	A	B	C	D	E
1	姓名 ▾	性别 ▾	年龄 ▾	职称 ▾	薪资 ▾
2	陈继	男	47	高级会计师	9800
3	李煜	女	39	高级会计师	8900
4	王翟	男	37	会计师	6800
5	赵熙	男	36	会计师	6700
6	叶雷	男	36	会计师	6700
7	张瑞	女	33	会计师	6500
8	孙倩	女	26	助理会计师	5000
9	赵冰	女	26	助理会计师	4800
10	魏涛	男	25	助理会计师	4800
11	程丽	女	25	助理会计师	4500
12	谢娟	女	25	助理会计师	4500
13	钱颖	女	25	助理会计师	4500

图1-73 执行数据筛选后的效果

单击三角图标，在弹出的下拉列表中，取消勾选“全选”，勾选筛选条件，单击“确定”按钮，可筛选出满足条件的记录。

【注意】经过筛选的数据，其所在列标识单元格三角图标会增加漏斗标识，以示区别。

2.高级筛选

高级筛选是针对复杂条件的筛选。高级筛选不但包含了自动筛选的所有功能，而且提供了更加优于自动筛选的功能，可以设置更复杂的筛选条件，可以将筛选的结果放在不同的位置，既可以在原有数据区域显示筛选结果，也可以将筛选结果指定放在其他指定位置，可以筛选出不重复的记录项。

与快速筛选不同，高级筛选要求在数据清单以外的区域单独设置筛选条件，且该条件区域与数据清单之间至少要空出一行或一列。

在高级筛选中，几个条件在同一行上是“与”的关系，在不同行上是“或”的关系。

【学习引例1-16】高级筛选。

学习引例1-16
高级筛选

仍然以图1-72中的数据为例。要想得到如图1-74所示的结果，操作步骤为：

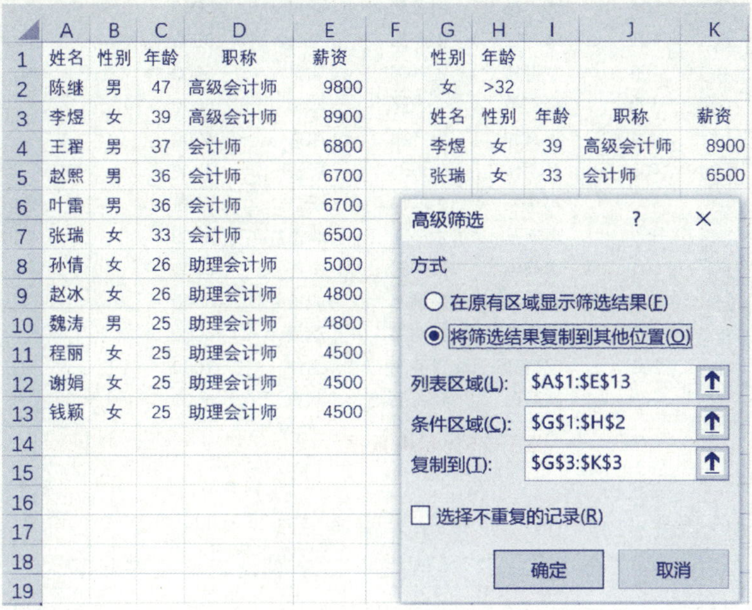

图1-74　高级筛选

(1) 编辑条件区域：在G1:H2区域，定义“性别为女、年龄>32”。

(2) 打开“高级筛选”对话框：单击“数据”选项卡下“排序和筛选”命令分组里的“高级”命令，弹出“高级筛选”对话框。

(3) 在“方式”单选选项下选择“将筛选结果复制到其他位置”，选定或输入“列表区域”为$A$1:$E$13、“条件区域”为$G$1:$H$2，复制到：$G$3单元格（单击G3单元格即可），G3为复制到的起始单元，单击“确定”按钮。

3.清除筛选

对经过筛选后的数据清单进行第二次筛选操作时，之前的筛选将被清除。

（三）数据的分类汇总

数据的分类汇总是指在数据清单中按照不同类别对数据进行汇总统计。分类汇总采用分级显示的方式显示数据，可以收缩或展开工作表的行数据或列数据，实现各种汇总统计。

在Excel 2003中，数据的“分类汇总”命令位于“数据”菜单下。

在Excel 2016中，数据的“分类汇总”命令位于“数据”选项卡下的“分级显示”组中。

【学习引例1-17】数据分类汇总。

学习引例1-17
数据分类汇总

示例数据如图1-75所示，已按照“部门”进行过排序，要求按部门分类汇总基本工资和清除分类汇总。

	A	B	C	D	E
1	编号	姓名	部门	职务	基本工资
2	101	张伟杰	综合部	主任	7000
3	102	李天斌	综合部	职员	5000
4	301	冯喜亮	销售部	主任	6000
5	302	杨丽丽	销售部	职员	5000
6	303	朱盛斌	销售部	职员	5000
7	304	方志民	销售部	职员	5000
8	401	陈冰法	生产部	主任	8000
9	402	罗世伟	生产部	职员	5000
10	403	梅红英	生产部	职员	5000
11	404	王义和	生产部	职员	4000
12	405	孙明伟	生产部	职员	4000
13	406	冯华刚	生产部	职员	35000
14	407	田斯基	生产部	职员	3000
15	501	龚珊珊	采购部	主任	6000
16	502	文化林	采购部	职员	5000
17	503	郭发鹏	采购部	职员	4000
18	201	赵树理	财务部	主任	7000
19	202	孔丽丽	财务部	职员	5000

图1-75 示例数据

（1）按部门分类汇总基本工资。

单击数据清单中的任意一个单元格，执行“数据”选项卡下“分级显示”分组里的“分类汇总”命令，在打开的“分类汇总”对话框中，分别设定分类字段、汇总方式和汇总项，如图1-76所示。

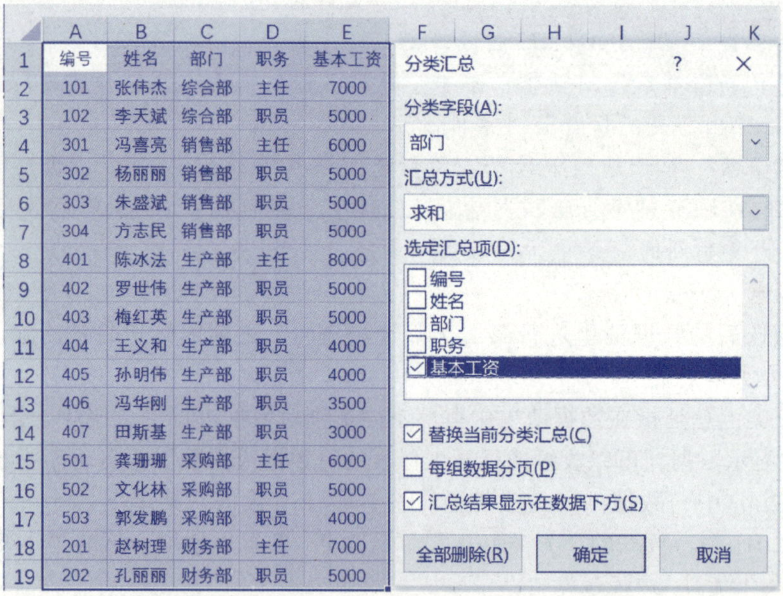

图1-76 在排序后的数据清单上打开“分类汇总”

数据清单将以选定的“汇总方式”按照“分类字段”进行分类统计，通过单击级别序号，可以实现分级查看汇总结果。分类汇总结果如图1-77所示。

	A	B	C	D	E
1	编号	姓名	部门	职务	基本工资
2	101	张伟杰	综合部	主任	7000
3	102	李天斌	综合部	职员	5000
4			综合部 汇总		12000
5	301	冯喜亮	销售部	主任	6000
6	302	杨丽丽	销售部	职员	5000
7	303	朱盛斌	销售部	职员	5000
8	304	方志民	销售部	职员	5000
9			销售部 汇总		21000
10	401	陈冰法	生产部	主任	8000
11	402	罗世伟	生产部	职员	5000
12	403	梅红英	生产部	职员	5000
13	404	王义和	生产部	职员	4000
14	405	孙明伟	生产部	职员	4000
15	406	冯华刚	生产部	职员	3500
16	407	田斯基	生产部	职员	3000
17			生产部 汇总		32500
18	501	龚珊珊	采购部	主任	6000
19	502	文化林	采购部	职员	5000
20	503	郭发鹏	采购部	职员	4000
21			采购部 汇总		15000
22	201	赵树理	财务部	主任	7000
23	202	孔丽丽	财务部	职员	5000
24			财务部 汇总		12000
25			总计		92500

图1-77　分类汇总结果

（2）清除分类汇总。

打开“分类汇总”命令对话框，单击“全部删除”按钮，可取消分类汇总。

（四）数据透视表的插入

在Excel工作表中，实现快速分析和汇总大量数据的最简单方法就是使用数据透视表。数据透视表是对大量数据快速汇总和建立交叉列表的动态工作表，集筛选、排序、分类汇总等多种功能于一身。数据透视表是根据特定数据源生成的，可以动态改变其版面布局的交互式汇总表格。数据透视表不仅能够按照改变后的版面布局自动重新计算数据，而且能够根据更改后的原始数据或数据源来刷新计算结果。

学习引例 1-18

插入数据透视表

“数据透视表”命令位于“插入”选项卡下“表格”分组中。

【学习引例 1-18】插入数据透视表。

（1）在表1-31所示的“销售数据”工作表中，选中A1:E19区域（创建数据透视表的数据范围）。

表1-31　销售数据

	A	B	C	D	E
1	销售地区	销售经理	销售日期	销售订单ID	销售数量
2	华东	林一	2024/1/1	20240101	3 000
3	华北	张二	2024/1/1	20240102	2 000

续表

	A	B	C	D	E
4	东北	李三	2024/1/1	20240103	1 500
5	中南	王四	2024/1/1	20240104	2 000
6	西南	陈五	2024/1/1	20240105	800
7	西北	龚六	2024/1/1	20240106	700
8	华东	林一	2024/1/2	20240107	2 000
9	华北	张二	2024/1/2	20240108	1 500
10	东北	李三	2024/1/2	20240109	1 000
11	中南	王四	2024/1/2	20240110	1 000
12	西南	陈五	2024/1/2	20240111	500
13	西北	龚六	2024/1/2	20240112	500
14	华东	林一	2024/1/3	20240113	5 000
15	华北	张二	2024/1/3	20240114	3 000
16	东北	李三	2024/1/3	20240115	2 000
17	中南	王四	2024/1/3	20240116	2 000
18	西南	陈五	2024/1/3	20240117	1 500
19	西北	龚六	2024/1/3	20240118	1 000

（2）单击“插入”选项卡的页签，单击“数据透视表”按钮，弹出“创建数据透视表”对话框，如图1-78所示。

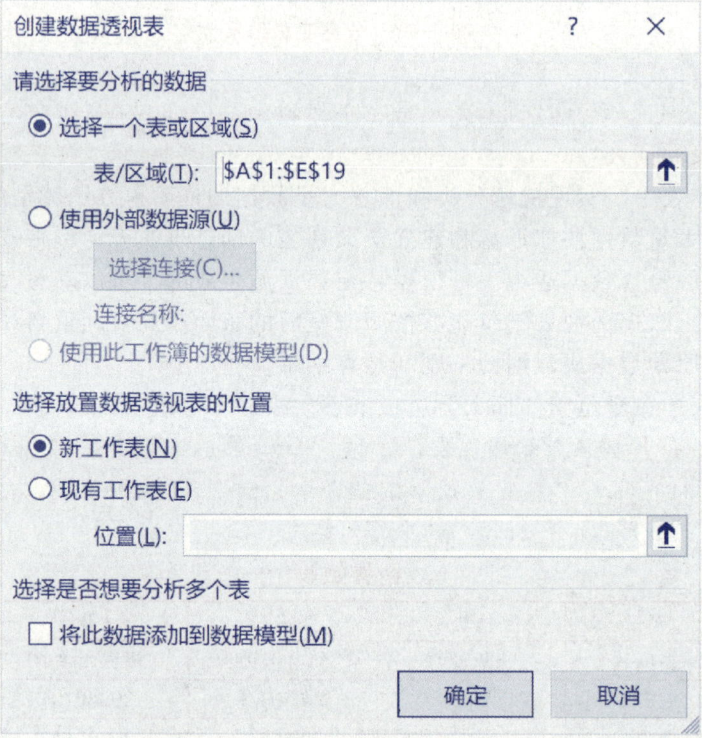

图1-78　“创建数据透视表”对话框

（3）单击“确定”按钮，新增一个工作表，如图1-79所示。此表称作数据透视表，将其重新命名为“分析”工作表。在数据透视表右边的任务窗格“数据透视表字段”中选择要添加到报表中的字段，可进行数据分析。

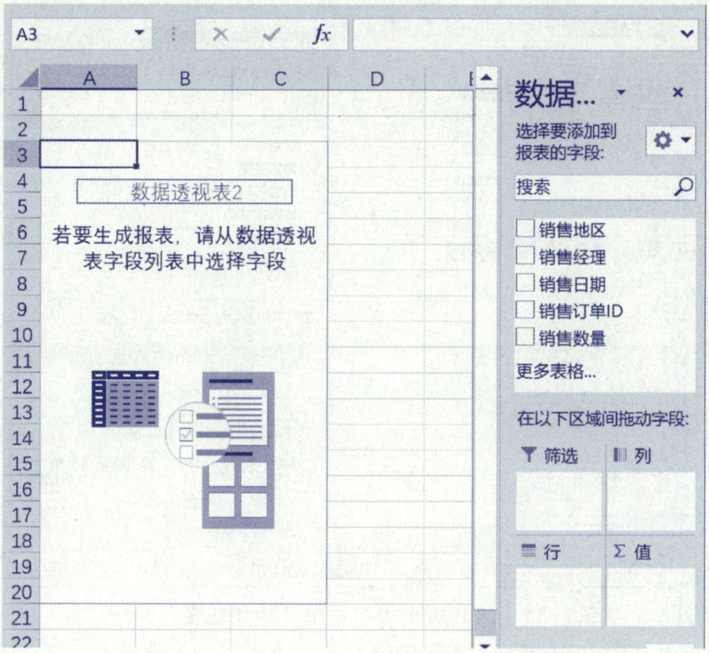

图1-79　空白数据透视表及数据透视表字段列表

（4）在“数据透视表字段”列表中选择“销售经理”字段，“分析”工作表中会自动填入“销售数据”工作表中的销售经理数据（名单），如图1-80所示。

图1-80　向分析报表中添加“销售经理”字段

(5) 向“分析”工作表中添加“销售数量”字段。单击“分析”工作表的数据区域里的某一单元格，以选中数据透视表；在“数据透视表字段”列表中选择“销售数量”字段，数据透视表将自动汇总每名销售经理的销售业绩，如图1-81所示。

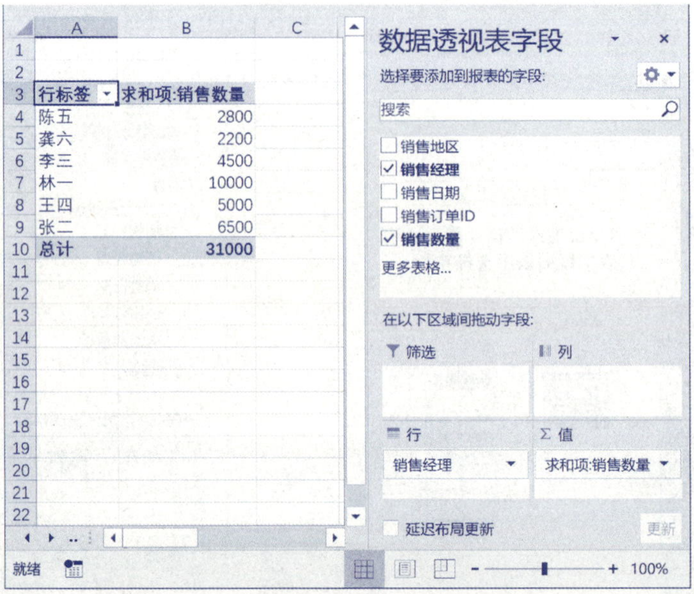

图1-81 向分析报表中添加“销售数量”字段

(6) 向“分析”工作表中添加“销售地区”字段。将“销售地区”字段从“选择要添加到报表的字段”区域中拖放至“筛选”区域，此时，数据透视表工作表为“销售地区”创建一个下拉列表，如图1-82所示。单击数据透视表的“销售地区”下拉列表箭头，选择销售地区，可以查看不同销售地区的销售情况。

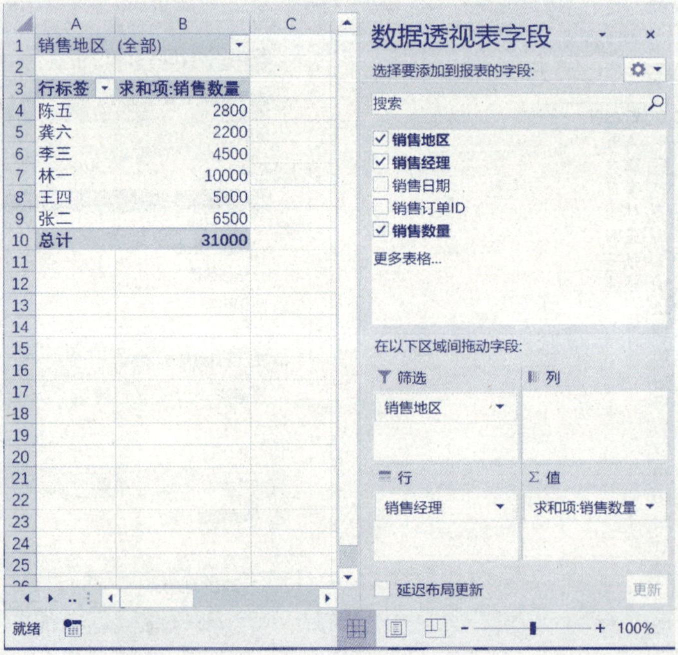

图1-82 向分析报表中添加“销售地区”字段

【提示】如果关闭了“数据透视表字段”列表，再次打开它很容易，先单击数据透视表，再依次单击功能区上方“数据透视表工具”的“分析”选项卡下“显示”分组里的“字段列表”按钮即可，如图1-83所示。

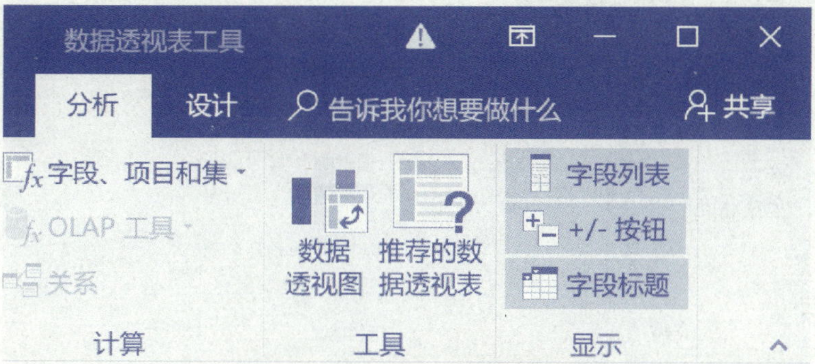

图1-83 显示/隐藏字段列表按钮

(7) 通过“自动排序”功能，可以快速显示业绩排在前几名的销售经理。单击数据透视表工作表的“行标签”字段右侧的下拉按钮（倒三角）。在弹出的快捷菜单中单击“其他排序选项”。在弹出的“排序（销售经理）”对话框中单击“降序排序”单选按钮，并在其下面的列表框中选择“求和项：销售数量”，如图1-84所示。单击“确定”按钮，即可显示出销售业绩排名，结果如图1-85所示。

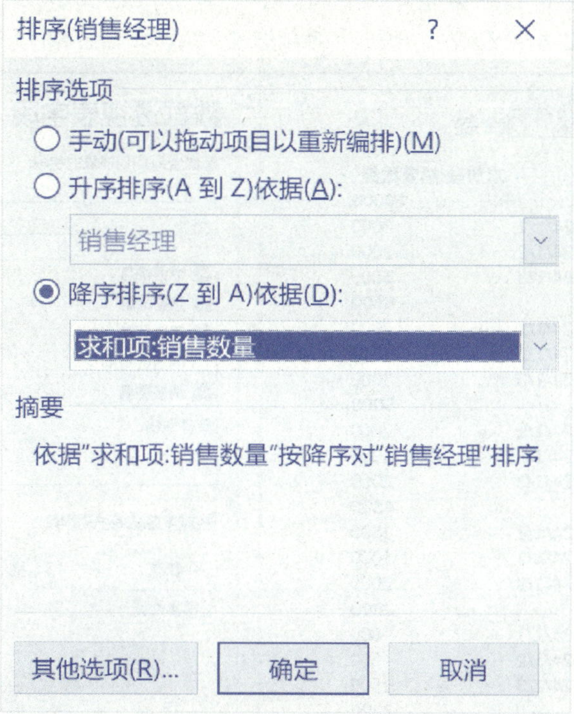

图1-84 销售业绩排序设置

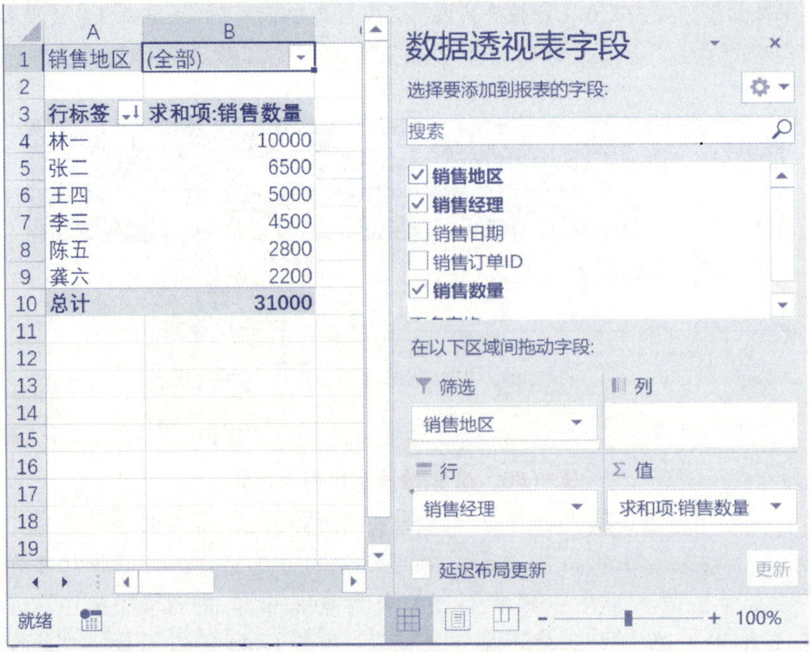

图1-85 销售业绩排序结果

（8）要想了解每位销售经理每日的业绩，在“数据透视表字段”列表中选择“销售日期”字段，立即显示出每位经理按日统计的销售业绩，如图1-86所示。

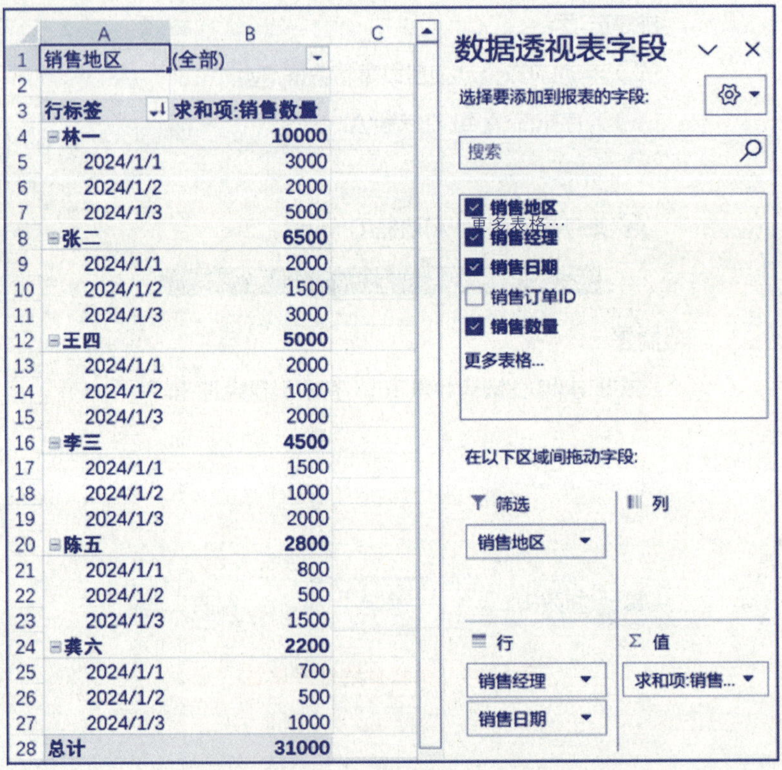

图1-86 显示每位销售经理每日销售的数据透视表

（9）将“销售日期”字段拖至“列标签”区域，可以更加直观地对比每日每位销售经理的业绩，如图1-87所示。

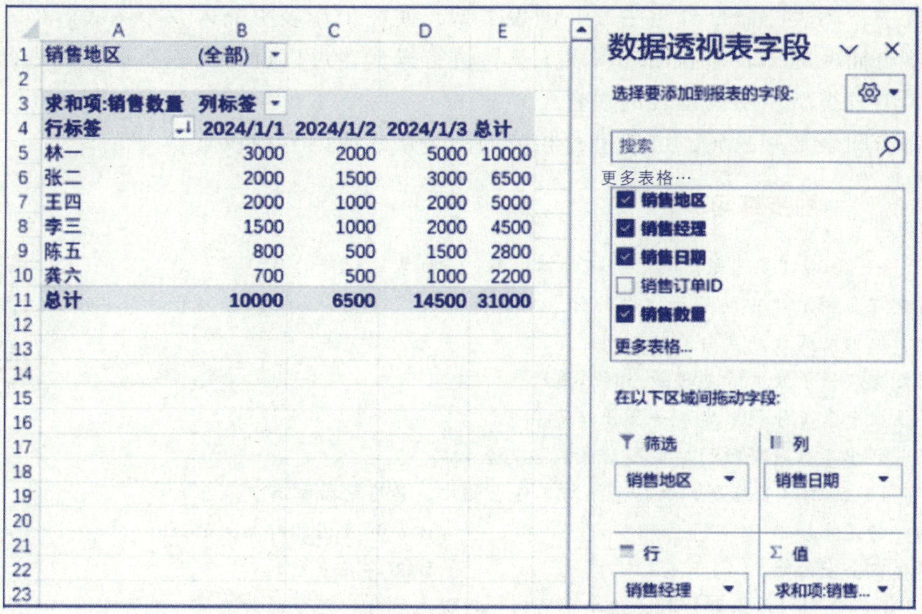

	A	B	C	D	E
1	销售地区	(全部)			
2					
3	求和项:销售数量	列标签			
4	行标签	2024/1/1	2024/1/2	2024/1/3	总计
5	林一	3000	2000	5000	10000
6	张二	2000	1500	3000	6500
7	王四	2000	1000	2000	5000
8	李三	1500	1000	2000	4500
9	陈五	800	500	1500	2800
10	龚六	700	500	1000	2200
11	总计	10000	6500	14500	31000

图1-87　销售经理业绩变化对比的数据透视表

（10）生成数据透视图。选中数据透视表，以显示出“数据透视表工具”选项卡，单击“数据透视表工具”的“分析”选项卡下“工具”分组里的“数据透视图”按钮，弹出“插入图表”对话框，选择“柱形图”中的“簇状柱形图”，单击“确定”按钮，插入以数据透视表为依据的数据透视图，如图1-88所示。

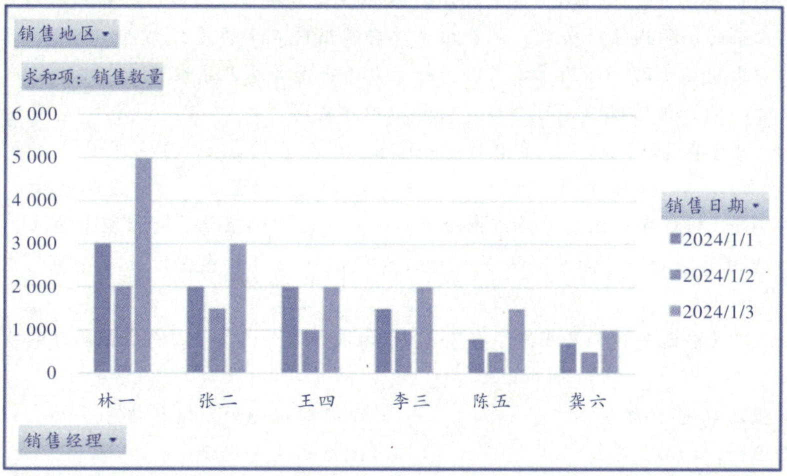

图1-88　数据透视图

（五）图表的插入

用图表表达数据，直观性强，数据的结构、差异和变化趋势一目了然。

在Excel 2016中，“图表”命令按钮位于“插入”选项卡下的“图表”分组。

插入图表的基本操作步骤如下：

❶选择数据区域（需要生成图表的数据）。

❷单击“插入”选项卡。

❸选中“图表”命令分组中某一图表类型，便在工作表中插入一个图表。

❹单击插入的图表，利用“图表工具”进行操作，可以进行图表布局、图表样式、图表数据、图表类型、图表位置的设置。

❺右击图表某一区域，可以进行相应的图表格式或内容的设置。

同步练习1-5

练习题1-5-1至练习题1-5-5

【练习题1-5-1】（多选题）关于构建数据清单，下列表述正确的有（　　）。

A.避免在数据清单中间放置空白的行或列，需将数据清单和其他数据隔开时，也应避免在他们之间放置空白的行或列

B.列标志应位于数据清单的第一行

C.尽量在一张工作表上建立一个数据清单

D.同一列中各行数据项的类型和格式应当完全相同

【练习题1-5-2】（多选题）数据清单与工作表相比，具有的特征有（　　）。

A.第一行是字段名　　B.每列数据具有相同的性质

C.不存在全空的列　　D.不存在全空的行

【练习题1-5-3】（单选题）数据清单中的列、列标志、每一行分别对应（　　）。

A.数据库中的字段、数据库中的字段名称、数据库中的一条记录

B.数据库中的字段名称、数据库中的字段、数据库中的记录

C.数据库中的记录、数据库中的字段、数据库中的字段名称

D.数据库中的字段值、数据库中的字段、数据库中的字段名称

【练习题1-5-4】（单选题）关于记录单的说法中，不正确的是（　　）。

A.记录单对话框左半部分从上到下依次列示数据清单第一行从左到右依次排列的列标志

B.如果当前记录的字段内容是公式，则在记录单内容框中显示的是公式

C.记录单的右上角显示的分母为总记录数，分子表示当前是第几条记录

D.如查找符合一定条件的记录，可通过“条件”按钮实现

【练习题1-5-5】（单选题）在记录单中新建的记录位于列表的（　　）。

A.最前　　B.中间　　C.指定的位置　　D.最后

练习题1-5-6至练习题1-5-10

【练习题1-5-6】（判断题）记录单对话框打开后，能通过“记录单”对话框来输入、查询、核对、修改或者删除数据清单中的相关数据，也可以直接在工作表的数据清单中进行相应的操作。（　　）

【练习题1-5-7】（单选题）如果在排序前只选定了数据清单的部分连续列，则排序的结果是（　　）。

A.对整个数据清单进行排序　　B.只对选定的列进行排序

C.排序没有进行　　D.给出错误提示

【练习题1-5-8】（单选题）在Excel 2003中，退出自动筛选状态的方法是（　　）。

A.选取“数据”菜单中的“筛选”命令，再选取“全部显示”子命令

B.选取“数据”菜单中的“筛选”命令，再选取“撤消筛选”子命令

C.选取“数据”菜单中的“筛选”命令，再选取“自动筛选”子命令

D.单击字段名右下角的下拉箭头按钮，在下拉列表中选择“全部”选项

【练习题1-5-9】（多选题）在数据的高级筛选中，（　　）。

A.同一行表示“或”的关系　　B.同一行表示“与”的关系

C.不同行表示“或”的关系　　D.不同行表示“与”的关系

【练习题1-5-10】（多选题）关于高级筛选，下列说法中正确的是（　　）。

A.筛选条件和表格之间必须有一行或者一列的间隙

B.可以在原有区域显示筛选结果

C.可以将筛选结果复制到其他位置

D.不需要筛选条件

【练习题1-5-11】（多选题）利用记录单可以完成对数据的（　　）。

A.添加　　B.删除　　C.查找　　D.排序

练习题1-5-11至练习题1-5-15

【练习题1-5-12】（多选题）在对数据清单的数据进行排序时，可以按照以下顺序进行（　　）。

A.按关键字升序　　B.按关键字降序

C.按自定义序列排序　　D.相同主关键字时选择次关键字

【练习题1-5-13】（多选题）关于分类汇总，叙述正确的是（　　）。

A.分类汇总前首先应按分类字段的值进行排序　　B.分类汇总只能按一个字段进行分类

C.只能对数值型字段进行分类　　D.汇总方式只能求和

【练习题1-5-14】（判断题）如果要对数据清单进行分类汇总，必须对要分类汇总的字段排序，从而使相同的记录集中在一起。（　　）

【练习题1-5-15】（判断题）单击分类汇总工作表窗口左边的分级显示区中的按钮“1”，实现的功能是显示列表中所有的详细数据。（　　）

【练习题1-5-16】（判断题）数据的分类汇总是指在数据清单中按照相同类别对数据进行汇总统计。（　　）

练习题1-5-16至练习题1-5-19

【练习题1-5-17】（单选题）根据特定数据源生成的、可以动态改变其版面布局的交互式汇总表格是（　　）。

A.数据透视表　　B.数据的筛选　　C.数据的排序　　D.数据的分类汇总

【练习题1-5-18】（多选题）下列属于数据透视表构成要素的有（　　）。

A.页字段　　B.行字段　　C.列字段　　D.数据项

【练习题1-5-19】（多选题）下列各项中，关于Excel制作图表功能的说法中，正确的有（　　）。

A.Excel能够利用图表向导方便、灵活地制作图表

B.Excel提供了柱形图、饼图、条形图、面积图、折线图、散点图等100多类基本图表

C.Excel可以很容易地将同一组数据改变成不同类型的图表，以便直观地展示数据之间的复杂关系

D.Excel不能任意编制图表中的标题、坐标轴、网络线、图例等各种对象

【练习题1-5-20】（多选题）在Excel 2003中，下列对图表对象编辑的说法中，正确的有（　　）。

A.图例可以清除

B.用鼠标拖拽图表四周的控制点，可以实现图表的缩放

C.嵌入式图表与图表工作表不能互相转换

D.对图表区对象的字体改变，将同时改变图表区内所有对象的字体

练习题1-5-20至练习题1-5-23

【练习题1-5-21】（判断题）图表只能和数据源放在同一个工作表中。（　　）

【练习题1-5-22】（单选题）在Excel中，删除工作表中与图表链接的数据时，图表将（　　）。

A.被删除　　B.必须用编辑器删除相应的数据点

C.不会发生变化　　D.自动删除相应的数据点

【练习题1-5-23】（多选题）下列可以作为生成需要图表的数据源的有（　　）。

A.数据清单　　B.列表　　C.数据透视表　　D.记录单

【练习题1-5-24】（**操作题**）打开记录单并输入新记录。复制“练习1308”工作簿，重新命名为“练习1524”。在Sheet1工作表中打开记录单，然后在记录单中输入新记录，内容为：商品名称C，销售单价80，销售数量60。

练习题1-5-24至练习题1-5-27

【练习题1-5-25】（**操作题**）通过记录单删除记录。复制“练习1524”工作簿，重新命名为“练习1525”，在Sheet1工作表中通过记录单删除商品名称为F的该条记录。

【练习题1-5-26】（**操作题**）数据排序。复制“练习1524”工作簿，重新命名为“练习1526”，以数据清单中的“销售单价”为主要关键字，按降序排列。

【练习题1-5-27】（**操作题**）快速筛选。复制“练习1524”工作簿，重新命名为“练习1527”，在数据清单中快速筛选出“销售单价>=80”的记录。

【练习题1-5-28】（**操作题**）高级筛选。复制“练习1524”工作簿，重新命名为“练习1528”，在数据清单中通过高级筛选功能筛选出“销售单价>=80”，且“销售数量>=50”的记录。

【练习题1-5-29】（**操作题**）数据分类汇总。新建“练习1529”工作簿，输入数据清单，如图1-89所示，在该数据清单中按品类字段对销售额进行汇总，汇总方式为求和。

练习题1-5-28至练习题1-5-31

	A	B	C
1	华中区奶制品销售统计表		
2	分公司	品类	销售额
3	A公司	奶酪	100
4	A公司	奶昔	250
5	A公司	牛奶	500
6	B公司	奶酪	200
7	B公司	酸奶	80
8	B公司	奶昔	150
9	B公司	牛奶	400
10	C公司	奶昔	50
11	C公司	牛奶	200
12	C公司	酸奶	60
13	C公司	奶酪	300

图1-89　数据分类汇总前的数据清单

【练习题1-5-30】（**操作题**）插入数据透视表。新建“练习1530”工作簿，在Sheet1工作表中输入数据清单，如图1-90所示，在Sheet2工作表中建立数据透视表，结果要求如图1-91所示。

	A	B	C	D	E	F	G
1	人员编码	人员姓名	性别	人员类别	部门	学历	工资
2	1001	严锦	女	管理人员	总经理办公室	大学	5000
3	1002	习致	男	管理人员	总经理办公室	大学	4800
4	2001	周密	男	管理人员	会计核算中心	大学	4800
5	2002	邹道	女	管理人员	会计核算中心	大专	4600
6	3001	赖新	男	采购人员	采购部	大学	4200
7	3002	柯酷	男	采购人员	采购部	大学	4300
8	3003	金星	女	采购人员	采购部	大专	4500
9	4001	程毅	男	销售人员	总部销售中心	大专	4100
10	4002	薛熙	男	销售人员	总部销售中心	大学	4300
11	5001	靳丽	女	销售人员	华南办事处	大学	4500
12	5002	侯德	女	销售人员	华南办事处	大专	4300
13	6001	沈斯	男	销售人员	华东办事处	大专	4300
14	6002	闵星	男	销售人员	华东办事处	大专	3900
15	6003	陈鑫	男	销售人员	华东办事处	高中	3800

图1-90　数据透视分析前的数据清单

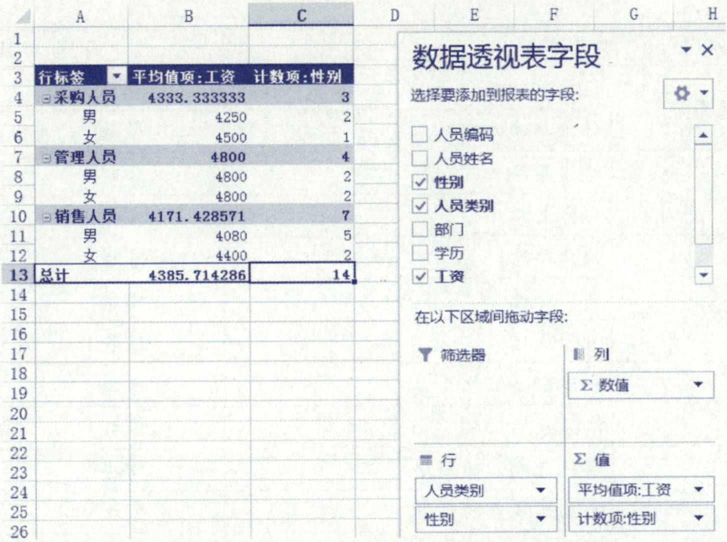

图1-91　数据透视分析结果

【练习题1-5-31】（**操作题**）插入图表。新建"练习1531"工作簿，录入数据清单如图1-92的左半部所示，根据A公司奶制品销售额相关数据制作"A公司奶制品销售额报告"图表，结果如图1-92的右半部所示。

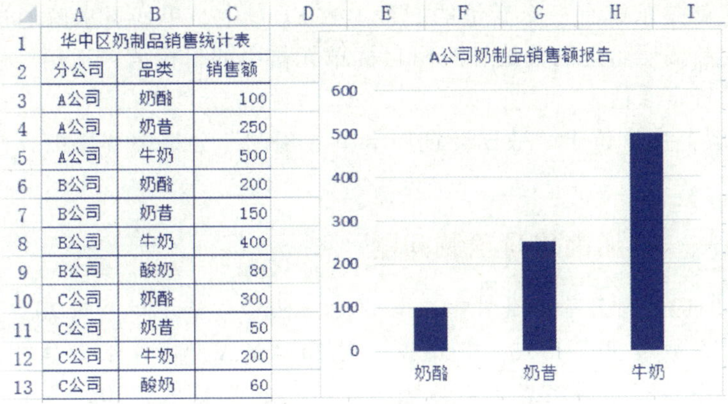

图1-92　插入图表

学习总结1-5

❶数据清单。

❷记录单。

❸数据的管理与分析。

学习评估1-5（见表1-32）

表1-32　"数据清单及其管理分析"学习评估表

学习要点		学习效果	
数据清单的构建	数据清单的概念	熟悉	
	构建数据清单的要求	掌握	

续表

学习要点		学习效果	
记录单的使用	记录单的概念	熟悉	
	记录单的处理	掌握	
数据的排序	快速排序	掌握	
	自定义排序	掌握	
数据的筛选	快速筛选	掌握	
	高级筛选	掌握	
	清除筛选	掌握	
数据的分类汇总	创建分类汇总	掌握	
	清除分类汇总	掌握	
数据透视表的插入	数据透视表的创建	掌握	
	数据透视表的设置	掌握	
图表的插入	插入的图表步骤	掌握	

第六节　单变量求解工具的应用

单变量求解就是求解有一个变量的方程。在Excel中，单变量求解通过调整可变单元格中的数值，使其按照给定的公式计算出目标单元格中的目标值，适用于确定规划目标中某一引用数据的特定取值。

"单变量求解"命令位于"数据"选项卡下"预测"分组中"模拟分析"按钮的弹出菜单中。

一、案例资料——产品销售量预测问题

学习引例 1-19

用单变量求解工具预测销售量

【学习引例 1-19】利用单变量求解工具预测产品销售量。甲公司2023年A产品的量本利有关数据见表1-33。假定该公司2024年A产品的销售单价、单位变动成本、全年负担的固定成本均保持与上年一样。要想在2024年实现利润500 000元，2024年至少要完成多少销售量？

表1-33　A产品的量本利数据

项目	2023年实际	2024年预计
A产品销售量（件）	60 000	?
A产品销售单价（元/件）	38	38
A产品单位变动成本（元/件）	28	28
A产品全年负担的固定成本（元）	200 000	200 000
A产品利润（元）	400 000	500 000

其中，A产品利润的计算公式为：

利润=销售量×销售单价−销售量×单位变动成本−固定成本

二、利用单变量求解工具求解产品销售量

将表1-33中的数据录入到Excel工作表中，如图1-93所示。

	A	B	C
1	项目	2023年实际	2024年预计
2	A产品销售里(件)	60000	70000
3	A产品销售单价(元/件)	38	38
4	A产品单位变动成本(元/件)	28	28
5	A产品全年负担的固定成本(元)	200000	200000
6	A产品利润(元)	400000	500000

图1-93　单变量求解的准备工作

在C6单元格中录入：=C2*$B$3-C2*$B$4-$B$5

选定C6单元格，在“数据”选项卡下，单击“预测”分组中“模拟分析”→“单变量求解”，打开“单变量求解”对话框，Excel自动将“C6”添加到“目标单元格”后的文本框中。

在“单变量求解”对话框的“目标值”文本框中输入数字“500000”，在“可变单元格”中输入2024年销售量所在的单元格“$C$2”（将光标先定位到可变单元格后的文本框，再单击C2单元格），如图1-94所示。

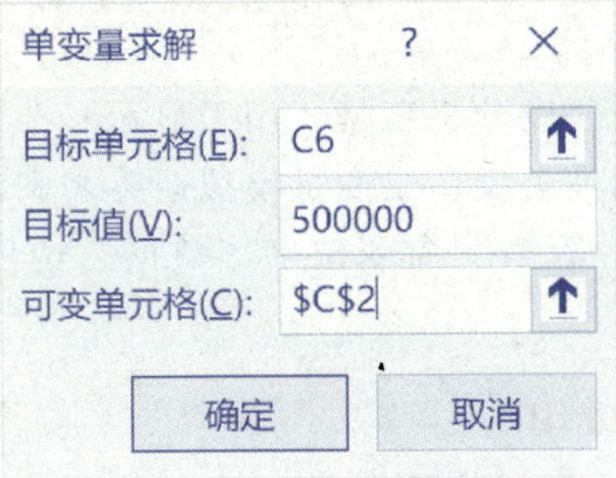

图1-94　“单变量求解”对话框

单击“单变量求解”对话框中的“确定”按钮，弹出如图1-95所示的“单变量求解状态”对话框。

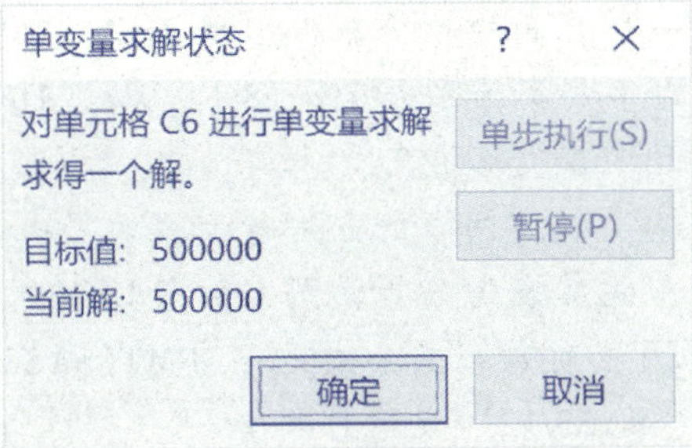

图1-95　“单变量求解状态”对话框

单击“单变量求解状态”对话框中的“确定”按钮，得到单变量求解的结果。利润要

达到500 000元，销售量必须达到70 000件。

单变量求解工具的应用实例在后续章节中讲述。

同步练习1-6

【练习题1-6-1】（简答题）简述“单变量求解”工具的应用价值。

【练习题1-6-2】（简答题）简述“单变量求解”工具的应用方法。

同步练习1-6

学习总结1-6

“单变量求解”命令位于“数据”选项卡下“预测”分组中“模拟分析”按钮的弹出菜单中。求解有一个变量的方程，可以使用Excel的“单变量求解”工具，通过调整可变单元格中的数值，使其按照给定的公式计算出目标单元格中的目标值，确定出规划目标中某一引用数据的特定取值。

学习评估1-6（见表1-34）

表1-34 “单变量求解工具的应用”学习评估表

学习要点	学习效果	
单变量求解分析工具的作用	了解	
单变量求解分析工具的应用方法	了解	

第七节 模拟运算表工具的应用

模拟运算表是一种快捷的假设分析工具，用于显示一个或两个变量的更改对公式计算结果的影响。模拟运算表有两种类型：单变量模拟运算表和双变量模拟运算表。

在Excel 2016中，“模拟运算表”命令位于“数据”选项卡下“预测”分组中“模拟分析”按钮的弹出菜单中。

一、单变量模拟运算表的应用

单变量模拟运算表是基于一个输入变量的模拟运算表，用这个输入变量测试其对公式计算结果的影响。

（一）基于一个公式的单变量模拟运算

【学习引例1-20】基于一个公式的单变量模拟运算应用。贷款300 000元，分5年还清，假定6种不同的年利率分别是7%、8%、9%、10%、11%、12%，那么不同利率水平下的每月还贷额是多少？

学习引例1-20

单公式的单变量模拟运算应用

利用单变量模拟运算表解决这一问题的方法与步骤如下：

（1）在工作表中建立模拟运算表的分析模型，如图1-96所示。

B3单元格的值是贷款的月支付额，其公式是：=PMT($A$3/12,5*12,B1)。

PMT函数的第1个参数“$A$3/12”表示月利率。

PMT函数的第2个参数是支付贷款的总月数。

PMT函数的第3个参数是B1单元格，其值是贷款金额。

	A	B
1	贷款额	300000
2	贷款年利率	每月支付额
3		=PMT($A$3/12,5*12,B1)
4	7.00%	
5	8.00%	
6	9.00%	
7	10.00%	
8	11.00%	
9	12.00%	

图1-96　基于一个公式的单变量模拟运算表分析模型

【注意】单变量模拟运算表中使用的公式必须引用“输入单元格”。A3单元格是“输入单元格”。输入单元格就是模拟运算公式中其值不确定、要用其他单元格的值来代替的单元格。

在单变量模拟运算表中，输入数据的值被安排在一行或一列中，区域A4:A9是不同的贷款年利率。在实际计算时，A3将被A4:A9的值逐一替换。

该分析模型涉及财务函数PMT，其功能与语法格式说明见Excel的联机帮助。

(2) 选择包括公式和需要保存计算结果的单元格区域A3:B9，执行“模拟运算表”命令，弹出“模拟运算表”对话框。

(3) 在“模拟运算表”对话框中，先单击“输入引用列的单元格”文本框，然后单击A3单元格，结果如图1-97所示。

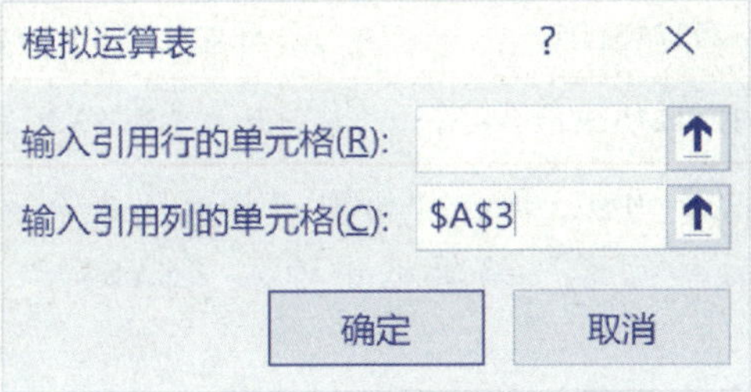

图1-97　“模拟运算表”对话框

(4) 最后再单击“确定”按钮，结果如图1-98所示。

	A	B
1	贷款额	300000
2	贷款年利率	每月支付额
3		¥-5,000.00
4	7.00%	-5940.359562
5	8.00%	-6082.918287
6	9.00%	-6227.506568
7	10.00%	-6374.113413
8	11.00%	-6522.726922
9	12.00%	-6673.334305

图1-98　基于一个公式的单变量模拟运算表分析结果

上述计算过程是，B3=PMT($A$3/12,12*5,B1)，A3没有值，系统用0代替，B3计算的是利率为0的每期还贷金额。当计算B4单元格的值时，Excel将把单元格A4中的值输入到A3中；当计算单元格B5的值时，Excel将把A5的值输入到A3中……直到模拟运算表的所有值都计算出来。

每更改1次利率，将会出现1种新的结果，每更改1次贷款金额（B1单元格数据），将会出现7种新的结果，这为不同方案的对比提供了方便。

（二）基于多个公式的单变量模拟运算

【学习引例1-21】基于多个公式的单变量模拟运算应用。接上例，若要同时查看在同等利息情况下分别贷款300 000元、400 000元、500 000元、600 000元的每月月末支付额（每月还贷金额）是多少，又该怎么计算？

学习引例1-21

多公式的单变量模拟运算应用

操作步骤如下：

（1）建立如图1-99所示的分析模型，录入相关的文字，在B1、C1、D1、E1单元格中分别输入300 000、400 000、500 000、600 000，在A4、A5、A6、A7、A8、A9单元格中分别输入7%、8%、9%、10%、11%、12%。

（2）在B3、C3、D3、E3单元格中分别输入每月月末支付额计算公式，见表1-35。

表1-35 每月末支付额的计算公式

单元格	公式	备注
B3	=PMT($A$3/12,12*5,B1)	通过键盘录入
C3	=PMT($A$3/12,12*5,C1)	通过复制B3单元格公式快速完成
D3	=PMT($A$3/12,12*5,D1)	通过复制B3单元格公式快速完成
E3	=PMT($A$3/12,12*5,E1)	通过复制B3单元格公式快速完成

（3）选中单元格区域A3: E9，执行“模拟运算表”命令，在弹出的“模拟运算表”对话框的“输入引用列的单元格”编辑框中输入“$A$3”（单击A3单元格即可实现输入）。

（4）单击“确定”按钮，运算结果如图1-99所示。

	A	B	C	D	E
1	贷款额	300000	400000	500000	600000
2	贷款年利率	每月支付额	每月支付额	每月支付额	每月支付额
3		¥-5,000.00	¥-6,666.67	¥-8,333.33	¥-10,000.00
4	7.00%	-5940.36	-7920.479	-9900.599	-11880.72
5	8.00%	-6082.918	-8110.558	-10138.2	-12165.84
6	9.00%	-6227.507	-8303.342	-10379.18	-12455.01
7	10.00%	-6374.113	-8498.818	-10623.52	-12748.23
8	11.00%	-6522.727	-8696.969	-10871.21	-13045.45
9	12.00%	-6673.334	-8897.779	-11122.22	-13346.67

图1-99 基于多个公式的单变量模拟运算表分析结果

（5）更改贷款额或利率数据，结果将跟随发生变化，图1-99所示的分析模型比图1-98所示的分析模型能够显示更多的对比方案。

二、双变量模拟运算表的应用

利用单变量模拟运算表，可以快捷地分析一个变量对一个或多个公式计算结果的影响，但要解决两个变量对公式计算结果的影响，就需要借助于双变量模拟运算表。双变量模拟运算表是基于两个输入变量的模拟运算表，用这两个变量测试它们对公式计算结果的影响。

【学习引例1-22】双变量模拟运算表的应用。贷款60万元，贷款利率分别为0%、6%、7%、8%、9%、10%、11%、12%，偿还期限分别为5年、10年、15年、20年时，每月月末应归还的贷款金额分别是多少？

学习引例1-22
双变量模拟运算表的应用

对于这样的问题，借助于双变量模拟运算表，可以轻松地加以解决。

具体操作方法与步骤如下：

（1）在Excel工作表中建立模拟运算表分析模型，如图1-100所示。

	A	B	C	D	E	F
1		贷款额	600000			
2			不同利率不同还款期限的月还贷额			
3		=PMT(A1/12,A2*12,C1)	5	10	15	20
4		0.00%				
5		6.00%				
6		7.00%				
7		8.00%				
8		9.00%				
9		10.00%				
10		11.00%				
11		12.00%				

图1-100　输入双变量模拟运算表的初始数据

（2）定义B3单元格公式：B3=PMT(A1/12,A2*12,C1)。

A1为年利率的变量，它的取值来源于利率所在列的单元格区域B4:B11。

A2为偿还年限的变量，其取值来源于偿还年限所在行的单元格区域C3:F3。

C1为贷款额。

（3）选中区域B3:F11，执行“模拟运算表”命令，弹出“模拟运算表”对话框，在“输入引用行的单元格”编辑框中输入“$A$2”（单击A2单元格即可实现输入），在“输入引用列的单元格”编辑框中输入“$A$1”（单击A1单元格即可实现输入），如图1-101所示。

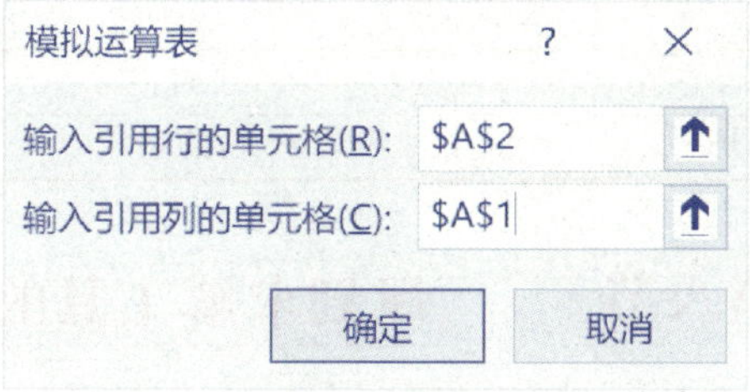

图1-101　设置模拟运算表的双变量

（4）单击“确定”按钮，结果如图1-102所示。

	A	B	C	D	E	F
1		贷款额	600000			
2			不同利率不同还款期限的月还贷额			
3		#NUM!	5	10	15	20
4		0.00%	-10000	-5000	-3333.333333	-2500
5		6.00%	-11599.68092	-6661.230116	-5063.140968	-4298.586351
6		7.00%	-11880.71912	-6966.508753	-5392.969625	-4651.793614
7		8.00%	-12165.83657	-7279.655661	-5733.912506	-5018.640414
8		9.00%	-12455.01314	-7600.546425	-6085.599505	-5398.355735
9		10.00%	-12748.22683	-7929.044213	-6447.630706	-5790.12987
10		11.00%	-13045.45384	-8265.000678	-6819.581607	-6193.130354
11		12.00%	-13346.66861	-8608.256904	-7201.008373	-6606.516801

图1-102 双变量模拟运算表计算结果

（5）更改贷款额、利率或还款期限数据，月还贷额数据将跟随发生相应的变化，图1-102所示的分析模型能够显示三种变量自由组合情形下的对比方案。

模拟运算为不同方案的对比带来了极大的方便，因此，掌握了模拟运算表的应用方法，能够解决会计工作中的许多繁杂问题，不仅可以减轻劳动强度，提高会计工作效率，而且可以极大地提高会计工作的水平。

同步练习1-7

【练习题1-7-1】（简答题）简述“模拟运算表”工具的应用价值。

【练习题1-7-2】（简答题）简述“模拟运算表”工具的基本应用方法。

同步练习1-7

学习总结1-7

在Excel 2016中，模拟运算表命令位于“数据”选项卡下“预测”分组中“模拟分析”按钮的弹出菜单中。模拟运算表是一种快捷的假设分析工具，用于显示一个或两个变量的更改对公式结果的影响。模拟运算表有两种类型：单变量模拟运算表和双变量模拟运算表。利用单变量模拟运算表，可以快捷地分析一个变量对一个或多个公式计算结果的影响；要解决两个变量对公式计算结果的影响，就需要借助于双变量模拟运算表。双变量模拟运算表是基于两个输入变量的模拟运算表，用这两个变量测试它们对公式结果的影响。

学习评估1-7（见表1-36）

表1-36 “模拟运算表工具的应用”学习评估表

学习要点	学习效果	
模拟运算表分析工具的作用和类型	了解	
模拟运算表分析工具的应用方法	了解	

第八节 规划求解工具的应用

单变量求解只能通过一个变量的变化求得一个目标值，对于需要通过许多变量的变化来找到一个目标值，如查找最大值、最小值或某个确定的值，单变量求解就无能为力了。在Excel中，规划求解可以解决这个问题。

适合于规划求解的问题有如下特点：

❶问题有单一的目标，如运输的最佳路线、生产的最低成本、产品的最大盈利等。

❷问题有明确的不等式约束条件，如生产材料不能超过库存、生产周期不能超过10天。

❸问题有直接或间接影响约束条件的一组输入值。

一、规划求解问题的组成

在Excel中，一个规划求解问题由以下3个部分组成：

1.可变单元格

可变单元格是实际问题中有待于解决的未知因素。一个规划问题中可能有一个变量，也可能有多个变量。也就是说，在Excel的规划求解模型中，可能有一个可变单元格，也可能有一组可变单元格。可变单元格也称为决策变量，一组决策变量代表一个规划求解的方案。

2.目标函数

目标函数表示规划求解要达到的最终目标，如求最大利润、最短路径、最小成本、最佳产品搭配等。在Excel中，目标函数与可变单元格有着直接或间接的联系，目标函数是规划求解的关键，它可以是线性函数，也可以是非线性函数。

3.约束条件

约束条件是实现目标的限制条件，规划求解是否有解与约束条件有密切的关系，它对可变单元格中的值起着直接的限制作用。约束条件可以是等式，也可以是不等式。

二、规划求解工具的加载与使用

用户安装Excel时不会自动加载规划求解工具，当用户第一次使用规划求解工具时，需要加载“规划求解”，操作方法是：

❶单击Excel 2016程序窗口左上角的“文件”菜单按钮。

❷在弹出的菜单中单击“选项”按钮。

❸在弹出的“Excel选项”对话框中，单击“加载项”。

❹再单击位于窗口下方的“转到”按钮，弹出“加载宏”对话框，勾选“规划求解加载项”复选框，接着单击“确定”按钮，根据提示进行安装。

❺加载成功后，规划求解工具位于“数据”选项卡下的“分析”组中。

三、规划求解的操作步骤

❶建立规划求解模型。

❷进行规划求解。

❸分析求解结果。

❹编辑规划求解参数。

❺修改约束条件。

❻修改规划求解选项。

四、规划求解的应用

规划求解的应用详见后续章节中的具体实例应用。

同步练习1-8

【练习题1-8-1】（简答题）简述“规划求解”工具的应用价值。

【练习题1-8-2】（简答题）简述Excel中“规划求解”工具的应用方法。

同步练习1-8

学习总结1-8

需要通过多变量的变化来求解一个目标值，如查找最大值、最小值或某个确定的值，需要借助于Excel的规划求解工具来解决。用户第一次使用规划求解工具时，需要加载“规划求解”工具。在Excel中，一个规划求解问题由可变单元格、目标函数、约束条件3个部分组成。

规划求解的操作步骤与方法：❶建立规划求解模型。❷进行规划求解。❸分析求解结果。❹编辑规划求解参数。❺修改约束条件。❻修改规划求解选项。

学习评估1-8（见表1-37）

表1-37 “规划求解工具的应用”学习评估表

学习要点	学习效果	
规划求解分析工具的作用	了解	
规划求解分析工具的应用方法	了解	

第二章

Excel在资金时间价值分析中的应用

学习目标

1. 认识资金时间价值的意义。
2. 掌握PV、NPV、FV、RATE、IRR、MIRR、NPER、PMT以及INDEX函数的应用方法。
3. 能够应用资金时间价值相关财务函数解决会计核算和财务管理中的问题。
4. 养成勤于思考的习惯，做到触类旁通，培养团结协作的精神和解决问题的方法、能力。

内容框架

Excel在资金时间价值分析中的应用

Excel在资金时间价值分析中的应用	Excel在现值分析中的应用	PV函数应用 建立现值分析模型
	Excel在净现值分析中的应用	NPV函数应用 建立净现值分析模型
	Excel在终值分析中的应用	FV函数应用 建立终值分析模型
	Excel在利率分析中的应用	RATE函数应用 建立利率分析模型
	Excel在内含报酬率分析中的应用	IRR函数和MIRR函数应用 建立内含报酬率分析模型
	Excel在投资期或还贷期分析中的应用	NPER函数应用 建立投资期或还贷期分析模型
	Excel在年金分析中的应用	PMT函数应用 建立年金分析模型
	利用Excel分析付款方案	应用多种方法分析付款方案
	利用Excel设计分期还贷查询系统	INDEX和PMT函数应用 控件使用 设计分期还贷查询系统
	利用Excel进行融资保理项目财务分析	IRR函数和NPV函数的应用 建立融资保理项目分析模型

素养提升　　珍惜时间

“时间就是金钱”，资金时间价值的计量自然离不开时间这个因素；“时间就是生命”，人生也有时间价值，人人都知道时间的宝贵，但是，能够做到珍惜时间还是一件比较困难的事情。莎士比亚说过：“抛弃时间的人，时间也抛弃他。”富兰克林说过：“你热爱生命吗？那就别浪费时间，因为时间是组成生命的材料。”

第一节　Excel在现值分析中的应用

一、学习引例

学习引例 2-1
现值分析
(已知终值求现值)

【学习引例 2-1】某企业计划在5年后获得一笔资金1 000 000元，假设年投资报酬率为10%，那么现在应该一次性投入多少资金？

学习引例 2-2
现值分析
(已知年金求现值)

【学习引例 2-2】某基金的购买成本为80 000元，该基金可以在今后20年内于每月月末回报600元，假定投资机会的最低年报酬率为8%，那么投资该项基金是否合算？

二、引例分析

【学习引例 2-1】分析：此例属于现值计算范畴。已知投资报酬率、投资期和终值，求现值。

【学习引例 2-2】分析：此例涉及跨期收支比较，需要换算到相同时间基础上才能进行分析、评价。此例也与现值分析相关，已知投资报酬率、投资期和年金，求现值。

以上问题均可以利用Excel的现值函数PV轻而易举地解决。

三、相关知识

（一）资金时间价值的概念

在财务管理中，资金时间价值是理财活动的第一原则，企业理财活动必须建立在资金时间价值基础之上。资金时间价值又称货币时间价值，是指随着时间的推移，周转使用中的资金所发生的货币增值。资金之所以具有时间价值，是因为资金具有投资机会，资金时间价值的本质是投资报酬。如果不考虑风险和通货膨胀因素的影响，资金时间价值应等于社会平均的投资报酬率。由于资金具有时间价值，一定量的资金存入银行，一定时期后会获得利息，而一直闲置的资金则会遭受损失；在一定的利率水平之下，同样一笔数额的资金在不同时点上的经济价值是不相同的；而两笔数额不等的资金在不同的时点上彼此的经济价值却可能相等。

（二）现值的概念

现值（Present Value）是指一笔资金按规定的折现率，折算成现在或指定起始日期的数值，或者是一系列未来付款的当前值的累积和。

人们经常使用贴现值来计算和表示将来的1元钱和现在的1元钱之间的差异。如果贴现率是10%，则就意味着1年以后的110元相当于现在的100元，或者说，1年以后的100

元只相当于现在的90.91元。

（三）现值函数

Excel中计算现值的函数是PV，其功能与语法见表2-1。

表2-1 PV函数的功能与语法

功能	返回某项投资的一系列将来偿还额的当前总值，或一次性偿还额的现值
语法	PV(rate,nper,pmt,[fv],[type])
	rate为各期利率。 nper为年金的付款期总数。年金是在一段连续期间内的一系列固定的现金付款。 pmt为各期应支付的金额（包括本金和利息），其数值在整个年金期间保持不变。 如果省略pmt，则必须包含fv参数。 fv为未来值，或在最后一次支付后希望得到的现金余额。 如果省略fv，则假设其值为0。如果省略fv，则必须包含pmt参数。 type为数字0或者1。数字0用以指定各期的付款时间发生在期末，数字1用以指定各期的付款时间发生在期初。 注意：PV函数值与pmt参数和fv参数值的正负方向相反

四、实际操作：建立现值计算分析模型

【学习引例2-1】和【学习引例2-2】的操作见表2-2。

表2-2 【学习引例2-1】和【学习引例2-2】的操作

引例	操作步骤
【学习引例2-1】	新建Excel工作簿，在工作表中设计如图2-1所示的模型。 在B5单元格中录入：=PV(B2,B3,,B4) 回车确认，结果显示为-620 921.32元（保留2位小数），表明现在应该一次性投入620 921.32元。 参数解读：投资报酬率、投资期、年金（缺省）、投资终值 注意：B3与B4之间缺省年金参数一定要预留位置，否则函数会将B4单元格中的值当做年金，同时还将终值赋值为0
【学习引例2-2】	新建Excel工作簿，在工作表中设计如图2-2所示的模型。 在B6单元格中录入：=PV(B2/12,B3*12,B4) 在B7单元格中录入：=IF(ABS(B6)>B5,"合算","不合算") B6单元格保留2位小数

IF为逻辑判断函数，ABS为绝对值计算函数，ABS函数的功能说明和语法格式见表2-3。

表2-3 ABS函数的功能与语法

函数	功能与语法
ABS函数	功能：返回数字的绝对值 语法：ABS(number) 参数number为需要计算其绝对值的实数

关于【学习引例2-1】，模型公式定义完毕，自动显示如图2-1所示的结果。

	A	B
1	【学习引例2-1】某企业计划在5年后获得一笔资金1 000 000元，假设年投资报酬率为10%，那么现在应该一次性投入多少资金？	
2	年报酬率	10%
3	投资期（年）	5
4	5年后获得一笔资金（元）	1,000,000
5	现在应一次性投入资金（元）	-620,921.32

图2-1 现值计算分析模型1

	A	B
1	【学习引例2-2】某基金的购买成本为80 000元，该基金可以在今后20年内于每月月末回报600元，假定投资机会的最低年报酬率为8%，那么投资该项基金是否合算？	
2	年报酬率	8%
3	投资期（年）	20
4	每月月末的报酬（元）	600
5	基金卖价（元）	80,000
6	期望报酬率需要的投资额（元）	-71,732.58
7	投资是否合算	不合算

图2-2 现值计算分析模型2

关于【学习引例2-2】，如图2-2所示的结果表明，由于购买基金的成本（80 000元）大于期望的投资额（71 732.58元），所以投资该项基金是不合算的。

建立Excel应用模型的好处是，如果已知数据发生变化，结果将自动跟随发生相应的变化。改变B2、B3、B4、B5单元格的数据，D6、D7单元格的数据会跟随发生相应变化。

同步练习2-1

同步练习题2-1-1

【练习题2-1-1】（操作题）永信公司购买一项资产，约定3年后一次性支付100万元，假若折现率为10%，那么该资产的现价是多少？

【练习题2-1-2】（操作题）华星公司欲租用某厂房，租期15年，年租金15万元，每年年初支付。若年折现率为7%，那么该公司为租用厂房所支付租金的现值是多少？

【练习题2-1-3】（操作题）有一笔5年期分期付款购买设备的业务，每年年初付500 000元，假若贴现率为6%，该项分期付款总额相当于现在一次性支付的价款是多少？

【练习题2-1-4】（思考题）PV函数各个参数的含义是什么？

【练习题2-1-5】（思考题）PV函数在财务管理中有何应用价值？

学习总结2-1

本节主要介绍现值PV函数的应用。

PV的功能是：返回某项投资的一系列将来偿还额的当前总值，或一次性偿还额的现值。

PV的语法是：PV(rate,nper,pmt,[fv],[type])

学习评估2-1（见表2-4）

表2-4　　“Excel在现值分析中的应用”学习评估表

学习要点	学习效果	
PV函数的功能	熟知	
PV函数的语法	熟知	
PV函数的应用	掌握	

第二节　Excel在净现值分析中的应用

一、学习引例

【学习引例2-3】甲公司2024年1月1日从乙公司购买一台设备，该设备已投入使用。合同约定，该设备的总价款为1 000万元，设备款分3年付清，2024年12月31日支付500万元，2025年12月31日支付300万元，2026年12月31日支付200万元，3年期银行借款年利率为6%，该设备的入账价值是多少？

学习引例2-3

净现值分析

二、引例分析

【学习引例2-3】分析：此例属于采用分期付款方式购买固定资产的业务，资产入账价值就是不同阶段付款额的总现值。可以利用PV函数分别将1年后的500万元、2年后的300万元和3年后的200万元折算为现值，然后加总。

由于三次付款的间隔期相同，所以利用Excel的净现值函数NPV来计算该设备的总现值更加方便。

三、相关知识

（一）净现值的概念

净现值（Net Present Value）是指投资方案所产生的现金净流量以资金成本为贴现率折现之后与原始投资额现值的差额，其实质是一系列现金流的总现值。

（二）净现值函数

在Excel工作表中，计算净现值的函数是NPV，其功能与语法格式见表2-5。

表2-5　　NPV函数的功能与语法

功能	基于一系列将来的收支现金流和某一贴现率，返回一项投资的净现值
语法	NPV(rate,value1,[value2],...)
	rate为某一期间的贴现率 value1，value2，...为一系列现金流，在时间上必须具有相等间隔，并且都发生在期末。现金流中，支出用负数表示，收入用正数表示。value1是必需的，后续值是可选的

四、实际操作：建立净现值计算分析模型

此例可以先用上节中的方法进行分析计算，然后再按下列方法操作后进行对比。

设计如图2-3所示的Excel模型。

	A	B
1	【学习引例2-3】甲公司2024年1月1日从乙公司购买一台设备，该设备已投入使用。合同约定，该设备的总价款为1000万元，设备款分3年付清，2024年12月31日支付500万元，2025年12月31日支付300万元，2026年12月31日支付200万元，3年期银行借款年利率为6%，该设备的入账价值是多少？	
2	银行借款年利率	6%
3	2024年12月31日支付设备款（万元）	500
4	2025年12月31日支付设备款（万元）	300
5	2026年12月31日支付设备款（万元）	200
6	设备入账价值（万元）	906.62

图2-3　净现值计算分析模型

在Excel工作表的B6单元格中录入：

=NPV(B2,B3:B5)

回车确认，自动显示结果为906.62万元（保留2位小数）。

【提示】如果已知数据发生变化，只需要更改B2、B3、B4、B5单元格中的数据，B6单元格中的数值将自动跟随发生相应的变化。

入账价值的理解：假设现在一次性付清货款，并且乙公司同意按3年期银行借款年利率6%计算，那么现在交易金额应该是906.62万元，906.62万元即为入账价值。

同步练习2-2

【练习题2-2-1】（操作题）某投资方案，第一年年初投资500 000元，当年年末的净现金流量为60 000元，以后5年的净现金流量均为135 000元，假定折现率为5%，那么该投资方案的净现值是多少？

同步练习2-2

【练习题2-2-2】（操作题）某项目初始投资为206 000元，第1年至第6年的每年年末现金流量分别为50 000元、50 000元、50 000元、50 000元、48 000元、106 000元。如果贴现率要求是12%，计算该项目投资的净现值。

【练习题2-2-3】（思考题）NPV函数参数的含义是什么？

【练习题2-2-4】（思考题）说明NPV函数在财务管理中的应用价值。

【练习题2-2-5】（思考题）用PV函数和NPV函数都可以解决【学习引例2-3】的问题，为什么要选用NPV函数？

学习总结2-2

本节主要介绍净现值函数NPV的应用。

NPV的功能是：基于一系列将来的收支现金流和某一贴现率，返回一项投资的净现值。

NPV的语法是：NPV(rate,value1,[value2],...)

学习评估2-2（见表2-6）

表2-6　　“Excel在净现值分析中的应用”学习评估表

学习要点	学习效果	
NPV函数的功能	熟知	
NPV函数的语法	熟知	
NPV函数的应用	掌握	

第三节　Excel在终值分析中的应用

一、学习引例

学习引例2-4

终值分析（已知现值求单利终值）

【学习引例2-4】存入银行10 000元，存期5年，银行按年利率5%单利计息，5年后可一次性从银行取出多少钱？其中利息是多少？

【学习引例2-5】向银行借款1 000万元，年利率8%，期限5年，到期一次还本付息，5年后应偿还多少？其中有多少利息？

学习引例2-5

终值分析（已知现值求复利终值）

【学习引例2-6】某企业计划从现在起每月月末存入20 000元，如果按月利息率0.353%计算，那么两年以后该账户的存款余额会是多少？

二、引例分析

【学习引例2-4】分析：此例需要计算单利终值及利息。

【学习引例2-5】分析：此例需要计算复利终值及利息。

【学习引例2-6】分析：此例需要计算普通年金终值。

学习引例2-6

终值分析（已知普通年金求终值）

三、相关知识

（一）终值的概念

终值（Future Value）又称将来值或本利和，是指现在一定量的资金在未来某一时点上的价值。

（二）终值函数

Excel中计算终值的函数是FV，其功能与语法格式见表2-7。

表2-7　　FV函数的功能与语法

功能	基于固定利率和等额分期付款方式，返回某项投资的未来值
语法	FV(rate,nper,pmt,[pv],[type])
注意	FV函数值与参数pmt、pv的值，正负方向相反

四、实际操作：建立终值计算分析模型

具体操作见表2-8中的说明。

表 2-8 【学习引例 2-4】、【学习引例 2-5】和【学习引例 2-6】的操作

引例	操作步骤
【学习引例 2-4】	终值计算：在Excel工作表的单元格中录入：=10 000*(1+5%*5) 回车确认，结果为 12 500 元 利息计算：在Excel工作表的单元格中录入：=10 000*5%*5 回车确认，结果显示为 2 500 元
【学习引例 2-5】	设计如图 2-4 所示的模型，在 B5 单元格中录入：=FV(B2,B3,,B4) 回车确认，结果为：-1 469.33 万元 在B6单元格中录入：=B5+B4 回车确认，结果为：-469.33 万元 注：B5、B6 单元格保留 2 位小数
【学习引例 2-6】	设计如图 2-5 所示的模型，在 B5 单元格中录入： =FV(B2,B3*12,B4) 回车确认，结果自动显示为 499 999.50，说明两年以后该账户的存款余额是 499 999.50 元 注：B5 单元格保留 2 位小数

【学习引例 2-5】和【学习引例 2-6】的操作结果分别如图 2-4 和图 2-5 所示。

	A	B
1	【学习引例2-5】向银行借款1 000万元，年利率8%，期限5年，到期一次还本付息，5年后应偿还多少？其中有多少利息？	
2	借款年利率	8%
3	借款期限（年）	5
4	借款金额（万元）	1,000
5	到期还本付息额（万元）	-1,469.33
6	其中：利息（万元）	-469.33

图2-4 终值计算分析模型1

	A	B
1	【学习引例2-6】某企业计划从现在起每月月末存入20 000元，如果按月利息率0.353%计算，那么两年以后该账户的存款余额会是多少？	
2	存款月利率	0.353%
3	存款期限（年）	2
4	每月月末存款金额（元）	-20,000
5	存款到期后的账户余额（元）	499,999.50

图2-5 终值计算分析模型2

【提示】如果已知数据发生变化，只需要更改 B2、B3、B4 单元格中的数据，B5、B6 单元格中的数值将自动跟随发生相应的变化。

同步练习2-3

【练习题2-3-1】（操作题）某企业每年年末从税后利润中提留50万元作为职工培训基金，若银行存款年利率为6%，以复利计息，第5年年末该企业职工培训基金将达到多少万元？

【练习题2-3-2】（操作题）某家庭欲为其子女建立教育基金，决定每月月初存入银行300元，按月利率0.3%进行复利计算，那么18年后，该教育基金的本利和是多少？

同步练习2-3

【练习题2-3-3】（操作题）张先生准备6年后为孩子购买一套价值1 200 000元的住房，现在将700 000元存入银行，此后3年中，每月月末存入银行4 000元，第4年至第6年每月月末存入银行5 000元，假如银行存款月利率为0.3%，按月复利计息，届时张先生能否积累足够的购房款？

【练习题2-3-4】（操作题）某企业计划从现在起，每月月初存入20 000元，如果按月利率0.353%计算，那么2年以后该账户的存款余额会是多少？

【练习题2-3-5】（思考题）FV函数参数的含义是什么？

【练习题2-3-6】（思考题）FV函数在财务管理中有何应用价值？

学习总结2-3

本节主要介绍终值FV函数的应用。

FV的功能是：基于固定利率和等额分期付款方式，返回某项投资的未来值。

FV的语法是：FV(rate,nper,pmt,[pv],[type])

学习评估2-3（见表2-9）

表2-9 “Excel在终值分析中的应用”学习评估表

学习要点	学习效果	
FV函数的功能	熟知	
FV函数的语法	熟知	
FV函数的应用	掌握	

第四节 Excel在利率分析中的应用

一、学习引例

学习引例2-7

利率分析1

【学习引例2-7】如果有一个投资机会，投资金额为30 000元，每年年末收益9 000元，共5年，那么你该如何去决策这笔投资？

学习引例2-8

利率分析2

【学习引例2-8】某公司出售一套设备，协议约定采用分期收款方式，从销售当年年末起，分5年分期收款，每年200万元，合计1 000万元。假定购货方在销售成立日支付货款，付800万元即可，那么采用分期付款购买设备条件下的折现率是多少？

【学习引例2-9】某保险公司开办了一种商业养老保险，具体办法是一次性缴费120 000元，投保期限为20年，每月月末返还1 500元，则该险种的收益率如何？假设同期银行存款年利率为10%，与银行存款相比，投保是否有利？

学习引例2-9

利率分析3

二、引例分析

【学习引例2-7】分析：此例需要测算出利率。如果测算的利率高于其他投资项目的报酬率，就可以接受该建议；反之，则不接受该建议。

【学习引例2-8】分析：此例涉及折现率的计算问题。购货方在销售成立日支付800万元，可以看作是应收金额的公允价值为800万元。要计算每年年末的“未实现融资收益”和“财务费用”数据，就需要计算年金为200万元、期数为5年、现值为800万元的折现率数据。

【学习引例2-9】分析：作为投保人，应该关心保险收益，若保险收益率大于银行存款利率就是合算的。利用RATE函数，可以轻松地解决保险收益率的计算问题。

三、相关知识

在会计工作中，经常要用利率（贴现率）计算有关数据，以进行方案评价与分析。

（一）利率的概念

利率（rate）又称利息率，表示一定时期内利息量与本金的比率，通常用百分比表示。

按计算利率的期限可划分为：年利率、月利率与日利率，分别以%、‰表示。

利率计算公式：

利率=（利息量÷本金÷时间）×100%

利率在另一种情形下又称为贴现率或折现率。贴现率是指将未来支付变为现值所使用的利率，或指持票人以没有到期的票据向银行要求兑现，银行将利息先行扣除所使用的利率。

贴现率是现代经济学中的一个重要概念，它解决了未来经济活动在今天如何评价的问题。贴现率为正值，说明未来一元钱没有现在的一元钱重要。

例如，今天投资100万元的项目，将来若能收回200万元，也不能证明此项投资一定有利。因为如果回收的200万元要等50年之后，今天衡量的价值就远低于100万元。这是因为，如果年利率是3%，将100万元存入银行，38年后利息已经超过100万元。所以，50年后回收200万元的投资，与银行存款利息相比，不值得去做。投资的机会成本就是将这笔钱存入银行所得的收益。正因为如此，我们把对未来评价的折扣称作贴现率。

（二）计算利率的函数

Excel工作表中，计算利率的函数是RATE，其功能与语法格式见表2-10。

表2-10 RATE函数的功能与语法

功能	返回投资或贷款的每期实际利率
语法	RATE(nper,pmt,pv,[fv],[type],[guess])
	guess为预期利率，如果省略，则假设该值为10%
注意	参数pmt与pv，数值的正负方向相反；参数pv与fv，数值的正负方向相反

四、实际操作：建立利率计算分析模型

（一）【学习引例2-7】的操作

设计如图2-6所示的Excel计算模型。

	A	B
1		
2	投资期（年）	5
3	每期期末收益（元）	9,000
4	投资金额（元）	-30,000
5	利率（收益率）	15.24%

图2-6 利率计算分析模型1

在B5单元格中录入：

=RATE(B2,B3,B4)

回车确认，结果自动显示为15.24%（保留2位小数）。

结果表明，如果15.24%高于其他投资项目的报酬率，可以接受该建议；反之，不接受该建议。

【提示】如果已知数据发生变化，只需要更改B2、B3、B4单元格中的数据，B5单元格中的数据将自动跟随发生相应变化。

（二）【学习引例2-8】的操作

设计如图2-7所示的Excel计算模型。

	A	B
1	【学习引例2-8】某公司出售一套设备，协议约定采用分期收款方式，从销售当年末起，分5年分期收款，每年200万元，合计1 000万元。假定购货方在销售成立日支付货款，付800万元即可，那么采用分期付款购买设备条件下的折现率是多少？	
2	付款期（年）	5
3	每期付款额（万元）	200
4	设备现付价款（万元）	-800
5	分期购买设备的折现率	7.93%

图2-7 利率计算分析模型2

在B5单元格中录入：

=RATE(B2,B3,B4)

回车确认，结果显示为7.93%（保留2位小数）。

（三）【学习引例2-9】的操作

建立如图2-8所示的Excel分析模型。

	A	B	C	D	E	F	G	H
1	商业养老保险收益率分析							
2	投保年限	每月返还额	一次性投保额	期初期末参数	guess参数	投保收益率	存款年利率	结论
3	20	1,500	-120,000	0	10%	14.09%	10%	投保有利
4	公式说明： F3=RATE(A3*12,B3,C3,,D3,E3)*12 H3=IF(F3>G3,"投保有利","存款有利")							

图2-8 利率计算分析模型3

具体操作步骤如下：

❶在Excel工作表的A2、B2、C2、D2、E2、F2、G2、H2单元格中分别输入：投保年限、每月返还额、一次性投保额、期初期末参数、guess参数、投保收益率、存款年利率、结论。

❷在A3、B3、C3、D3、E3、G3单元格中分别输入：20、1 500、-120 000、0、10%、10%。

❸在F3单元格中输入公式：

```
=RATE(A3*12,B3,C3,,D3,E3)*12
```

❹回车后即可得出该保险的年收益率为14.09%。

F3单元格格式设置为百分比，保留2位小数。

【提示】公式中的C3参数后面有两个逗号，两个逗号之间的参数缺省为0，说明最后一次付款后账面上的现金余额为零。

❺定义判断公式，自动显示分析结果，在H3单元格中输入：

```
=IF(F3>G3,"投保有利","存款有利")
```

回车即可自动得出结论。

关于IF函数的应用方法，详见联机帮助或者前面的介绍。

【注意】这里的判断存在一定的假定性，即假定银行年利率在投保期间一直稳定在10%的水平，应用到现实中必须考虑利率变化的问题。

【提示】更改已知数据，F3和H3单元格中的数据将自动跟随发生变化。

同步练习2-4

【练习题2-4-1】（操作题）现有100 000元，欲在10年后使其达到原来的5倍，选择投资机会时最低可接受的报酬率为多少？

【练习题2-4-2】（思考题）RATE函数参数的含义是什么？

【练习题2-4-3】（思考题）RATE函数在财务管理中有何应用价值？

同步练习2-4

学习总结2-4

本节主要介绍利率RATE函数的应用。

RATE的功能：返回投资或贷款的每期实际利率。

RATE的语法：RATE（nper,pmt,pv,[fv],[type],[guess]）

学习评估2-4（见表2-11）

表2-11　“Excel在利率分析中的应用”学习评估表

学习要点	学习效果	
RATE函数的功能	熟知	
RATE函数的语法	熟知	
RATE函数的应用	掌握	

第五节 Excel在内含报酬率分析中的应用

一、学习引例

【学习引例2-10】某公司以8%的年利率向银行贷款1 500 000元，然后以所筹资金签约投资某项目，合同约定该项目投资期为5年，每年的净收益分别是投资额的20%、30%、30%、30%、20%。假如每年将净收益用于再投资，再投资报酬率为10%，那么该公司5年后的内含报酬率和修正内含报酬率分别是多少？

学习引例2-10

内含报酬率分析

二、引例分析

【学习引例2-10】分析：此例需要明确两个方面的问题：一方面要明确什么是内含报酬率和修正内含报酬率；另一方面要明确Excel中用于计算内含报酬率和修正内含报酬率的函数及其应用方法。

三、相关知识

（一）内含报酬率的概念

内含报酬率也称内部报酬率，是投资方案净现值为零时的贴现率。净现值为零说明现金流入的现值等于现金流出的现值。

内含报酬率法是根据投资方案本身的内含报酬率来评价方案优劣的一种方法。如果内含报酬率大于资金成本率，则方案可行，且内含报酬率越高，方案越优。

内含报酬率法的优点是能够把项目寿命期内的收益与其投资总额联系起来，揭示这个项目的收益率，通过将它与同行业投资收益率相对比，以确定这个项目是否值得建设。

使用借款进行建设，在利率还不很明确时，内含报酬率法可以避开借款条件，先求得内含报酬率，作为可以接受借款利率的上限。

当然，内含报酬率表现的是比率，不是绝对值。一个内含报酬率较低的方案，可能由于其规模较大而有较大的净现值，更值得投资。所以在优选方案时，必须将内含报酬率与净现值结合起来考虑。

（二）修正内含报酬率的概念

修正内含报酬率是考虑投资成本以及现金再投资利率时一系列现金流的内部报酬率。

（三）内含报酬率函数

Excel工作表中，计算内含报酬率的函数是IRR，其功能与语法格式见表2-12。

表2-12　　IRR函数的功能与语法

功能	返回一系列现金流的内部报酬率。这些现金流不必为均衡的，但作为年金，它们必须按固定的间隔产生。内部收益率为投资的回收利率，其中包含定期支付（负值）和定期收入（正值）
语法	IRR(values,[guess])
	values为数组或单元格的引用，包含用来计算返回的内部收益率的数字。values必须包含至少一个正值和一个负值，以计算返回的内部收益率。 guess为IRR计算结果的估计值。 Excel使用迭代法计算函数IRR。如果IRR经过20次迭代，仍未找到结果，则返回错误值#NUM!。如果省略guess，则假设为10%。如果函数IRR返回错误值#NUM!，或结果没有靠近期望值，可用另一个guess值再试

（四）修正内含报酬率函数

Excel工作表中，计算修正内含报酬率的函数是MIRR，其功能与语法格式见表2-13。

表2-13　　MIRR函数的功能与语法

功能	返回在考虑投资成本以及现金再投资利率下一系列分期现金流的内部报酬率。MIRR函数同时考虑了投资的成本和现金再投资的收益率
语法	MIRR(values,finance_rate,reinvest_rate)
	finance_rate为现金流中使用的资金支付的利率。 reinvest_rate为将现金流再投资的收益率

四、实际操作：建立内含报酬率计算分析模型

利用内含报酬率函数IRR和修正内含报酬率函数MIRR，可以方便地计算出不同投资年份的内含报酬率和修正内含报酬率。

设计如图2-9所示的计算模型，录入【学习引例2-10】中的数据，定义好公式后，结果会自动显示出来。

	A	B
1	【学习引例2-10】某公司以8%的年利率向银行贷款1 500 000元，然后以所筹资金签约投资某项目，合同约定该项目投资期为5年，每年的净收益分别是投资额的20%、30%、30%、30%、20%，假如每年将净收益用于再投资，再投资报酬率为10%，那么该公司5年后的内含报酬率和修正内含报酬率分别是多少？	
2	项　目	数　据
3	投资额（元）	-1,500,000
4	第一年　净收益	300,000
5	第二年　净收益	450,000
6	第三年　净收益	450,000
7	第四年　净收益	450,000
8	第五年　净收益	300,000
9	资金成本率	8%
10	再投资报酬率	10%
11	五年后投资的内含报酬率	9.39%
12	五年后投资的修正内含报酬率	9.65%
13	计算公式： B4=-B3*0.2　B5=-B3*0.3　B6=-B3*0.3　B7=-B3*0.3 B8=-B3*0.2　B11=IRR(B3:B8)　B12=MIRR(B3:B8,B9,B10)	

图2-9　内含报酬率计算分析模型

在图2-9的分析模型中，B9:B12单元格的格式为：百分比，保留2位小数。

【提示】如果已知数据发生变化，结果数据将自动跟随发生相应的变化。

同步练习2-5

【练习题2-5-1】（操作题）某企业计划投资一项目，如果第1年年初投入1 000 000元，第1年可得净收益200 000元，以后3年每年可获净收益400 000元。假如每年折现率为5%，计算该投资项目的净现值和4年后的内含报酬率。

同步练习2-5

【练习题2-5-2】（思考题）IRR函数参数的含义是什么？

【练习题2-5-3】（思考题）MIRR函数参数的含义是什么？

【练习题2-5-4】（思考题）IRR函数和MIRR函数在财务管理中有何应用价值？

学习总结2-5

本节主要介绍内含报酬率IRR函数和修正内含报酬率MIRR函数的应用。

IRR的功能是：返回一系列现金流的内部报酬率。

这些现金流不必为均衡的，但作为年金，它们必须按固定的间隔产生。内部收益率为投资的回收利率，其中包含定期支付（负值）和定期收入（正值）。

RATE的语法：IRR(values,[guess])

MIRR的功能：返回在考虑投资成本以及现金再投资利率下一系列分期现金流的内部报酬率。MIRR函数同时考虑了投资的成本和现金再投资的收益率。

MIRR的语法：MIRR(values,finance_rate,reinvest_rate)

学习评估2-5（见表2-14）

表2-14　“Excel在内含报酬率分析中的应用”学习评估表

学习要点	学习效果	
IRR函数的功能	熟知	
IRR函数的语法	熟知	
IRR函数的应用	掌握	
MIRR函数的功能	熟知	
MIRR函数的语法	熟知	
MIRR函数的应用	掌握	

第六节　Excel在投资期或还贷期分析中的应用

一、学习引例

学习引例2-11

投资期分析

【学习引例2-11】某企业现有资金100 000元，投资机会的年报酬率为8%，多少年后可以使现有资金增加到原有资金的2倍？

学习引例2-12

还贷期分析

【学习引例2-12】以按揭方式购房，首付后欠款600 000元，假设欠款的年利率为7.95%，每月月末还款能力为5 000元，多少年能够还清？

二、引例分析

【学习引例2-11】分析：此例是计算资金积累期，即投资期。

【学习引例2-12】分析：此例是计算还款期。

这两个问题都可以用Excel中的NPER函数加以解决。

三、相关知识

计算投资期或还款期（或贷款期）的函数为NPER，其功能与语法格式见表2-15。

表2-15　NPER函数的功能与语法

功能	基于固定利率和等额分期付款方式，返回某项投资或贷款的期数
语法	NPER(rate,pmt,pv,[fv],[type])
	如果省略fv，则假设其值为零
注意	pmt、pv参数与fv参数，数值的正负方向相反

四、实际操作：建立投资期与还款期计算分析模型

（一）【学习引例2-11】的操作

设计如图2-10所示的Excel分析模型。

	A	B
1	【学习引例2-11】某企业现有资金100 000元，投资机会的年报酬率为8%，多少年后可以使现有资金增加到原有资金的2倍？	
2	【学习引例2-11】的操作	
3	年报酬率	8%
4	投资现值（元）	-100,000
5	期望的投资回报（元）	200,000
6	投资期（年）	9
7	B6=NPER(B3,,B4,B5)	

图2-10　投资期计算分析模型

在B6单元格中录入：

=NPER(B3,,B4,B5)

回车确认，结果自动显示为9年（B6单元格保留整数）。

（二）【学习引例2-12】的操作

设计如图2-11所示的Excel分析模型。

	A	B
1	【学习引例2-12】以按揭方式购房，首付后欠款600 000元，假设欠款的年利率为7.95%，每月月末还款能力为5 000元，多少年能够还清？	
2	【学习引例2-12】的操作	
3	欠款年利率	7.95%
4	月供额（元）	-5,000
5	欠款总额（元）	600,000
6	还款期（年）	20
7	B6=NPER(B3/12,B4,B5)/12	

图2-11　还款期计算分析模型

在B6单元格中录入：

=NPER(B3/12,B4,B5)/12

回车确认，结果显示为20年（B6单元格保留整数）。

【提示】如果已知数据发生变化，结果数据将自动跟随发生相应的变化。

同步练习2-6

【练习题2-6-1】（**操作题**）某人现有50 000元，拟投入报酬率为12%的投资机会，经过多少年才可使现有资金增加1倍？

同步练习2-6

【练习题2-6-2】（**操作题**）某公司计划投资一项目，一次性投入资金30万元，如果要求在10年投资期中使资金达到60万元，则年投资回报率应该不低于多少？假定年投资回报率为20%，在投资资金不发生变化的条件下，该公司的投资回收期为多少年？

【练习题2-6-3】（**操作题**）某企业拟购置一台动力设备，在A、B两种设备中进行选择。A设备比B设备每月可以节约运行费5 000元，但A设备比B设备的价格高出100 100元。假设资金的年报酬率为18%，试测算A设备应至少使用多少年才合算。

【练习题2-6-4】（**思考题**）NPER函数有哪些参数？它们的含义是什么？

【练习题2-6-5】（**思考题**）NPER函数在财务管理中有何应用价值？

学习总结2-6

本节主要介绍投资期或还贷期NPER函数的应用。

NPER的功能：基于固定利率和等额分期付款方式，返回某项投资或贷款的期数。

NPER的语法：NPER(rate,pmt,pv,[fv],[type])

学习评估2-6（见表2-16）

表2-16　“Excel在投资期或者还贷期分析中的应用”学习评估表

学习要点	学习效果	
NPER函数的功能	熟知	
NPER函数的语法	熟知	
NPER函数的应用	掌握	

第七节　Excel在年金分析中的应用

一、学习引例

学习引例2-13

年金分析1

【学习引例2-13】假设以10%的年利率借款200 000元，投资于寿命期为10年的某个项目，每年至少要收回多少资金才有利？

学习引例2-14

年金分析2

【学习引例2-14】按揭购房欠款600 000元，假设25年还清，欠款年利率为8%，每月月底需要支付的还本付息额是多少？如果在每月月初还款，则每月还款额又为多少？

【学习引例2-15】某企业准备为30年后退休的一批员工制订养老金计划，这批员工退休后每月月底可以从银行领取2 500元，连续领取25年。若存款的复利年利率为3%，那么该企业从今年开始，需要为这批员工中的每位员工每年等额存入多少钱到银行？

学习引例2-15

年金分析3

二、引例分析

上述三例均属于年金分析问题。

【学习引例2-13】分析：计算投资回收的年金。

【学习引例2-14】分析：计算按揭方式下等额分期付款额。

【学习引例2-15】分析：养老金存款计划涉及的是年金的计算问题。【学习引例2-15】中的问题看似比较复杂，但静下心仔细分析，就可以通过“分解动作”，追根溯源地加以解决。这里需要思考三个问题，问题❶：30年后需要的那笔资金，对于现在来说是终值是多少。问题❷：30年后需要的那笔资金是多少。问题❸：自现在起每年存入多少资金才能达到这个终值数。有了这些思考，就可以进一步地解决问题。

30年后需要的那笔资金需要从现在开始每年等数额存入，每年等数额存入的资金符合年金的定义，这个年金就是最终要的结果。要求出这个年金，就需要算出30年后需要的那笔资金。30年后需要的那笔资金是要保证30年后的25年每月发放2 500元的资金，这25年里每月发放2 500元资金的总现值就是那笔资金。

三、相关知识

（一）年金的概念

年金是指在一定时期内每隔相同时间就发生等额的系列收付款项。年金具备的条件：等额性、连续性、间隔期相同。

年金有普通年金、预付年金、递延年金和永续年金，其中普通年金最为常用。

普通年金又称后付年金，是指各期期末收付的年金。普通年金现值，是指为在每期期末取得相等金额的款项，现在需要投入的金额。

预付年金是指在每期期初支付的年金。

递延年金是指第一次支付发生在第二期或第二期以后的年金。

无限期定额支付的年金称为永续年金。存本取息可视为永续年金的一个例子。

（二）年金函数

在Excel工作表中，计算年金的函数是PMT，其功能与语法格式见表2-17。

表2-17　PMT函数的功能与语法

功能	计算固定利率下贷款的等额分期偿还额，或者投资的等额分期收款额
语法	PMT(rate,nper,pv,[fv],[type])
注意	PMT函数的值与pv参数数值的正负方向相反

四、实际操作：建立年金计算分析的模型

操作方法见表2-18。

表2-18　【学习引例2-13】、【学习引例2-14】和【学习引例2-15】的操作

引例	操作步骤
【学习引例2-13】	设计如图2-12所示的模型。 在B5单元格中录入：=PMT(B2,B3,B4) 回车确认，结果显示为32 549元（保留整数）
【学习引例2-14】	设计如图2-13所示的模型。 在B5单元格中录入：=PMT(B2/12,B3*12,B4) 回车确认，结果显示为：-4 631元（保留整数） 在B6单元格中录入：=PMT(B2/12,B3*12,B4,,1) 回车确认，结果显示为：-4 600元（保留整数）
【学习引例2-15】	设计如图2-14所示的模型。 在Excel工作表的B6单元格中录入：=PMT(B2,B3,,PV(B2/12,25*12,B5)) 回车确认，结果显示为11 081元（保留整数）

结果分别如图2-12、图2-13、图2-14所示。

	A	B
1	【学习引例2-13】假设以10%的年利率借款200 000元，投资于寿命为10年的某个项目，每年至少要收回多少资金才有利？	
2	年最低报酬率	10%
3	投资期（年）	10
4	投资现值（元）	-200,000
5	期望的投资回报（元）	32,549

图2-12　年金计算分析模型1

	A	B
1	【学习引例2-14】按揭购房欠款600 000元，假设25年还清，欠款年利率为8%，每月月底需要支付的还本付息额是多少？如果在每月月初还款，则每月还款额又为多少？	
2	欠款年利率	8%
3	还款期（年）	25
4	欠款额（元）	600,000
5	每月月末还款额（元）	-4,631
6	每月月初还款额（元）	-4,600
7	B5=PMT(B2/12,B3*12,B4)	B6=PMT(B2/12,B3*12,B4,,1)

图2-13　年金计算分析模型2

	A	B
1	【学习引例2-15】某企业计划为30年后退休的一批员工制订养老金计划，这批员工退休后每月月底可以从银行领取2 500元，连续领取25年。若存款的复利年利率为3%，那么该企业从今年开始，需要为这批员工中的每位员工每年等额存入多少钱到银行？	
2	存款年利率	3%
3	养老金缴费年限	30
4	退休后领取养老金的年限	25
5	每月月末领取养老金（元）	2,500
6	每年需要存入银行的养老金（元）	11,081
7	B6=PMT(B2,B3,,PV(B2/12,25*12,B5))	

图2-14　年金计算分析模型3

对于【学习引例2-15】的操作，由于涉及Excel的函数嵌套问题，公式的理解有一定难度。

【提示】就PMT函数而言，“PV(B2/12,25*12,B5)”属于PMT函数中的fv参数。要明确30年后的终值，才可以算出现在每年要存入多少资金到银行。而30年后需要的资金就是25年期间里每月发放金额的总现值。直接计算是：PV(3%/12,25*12,2500)，模型中即：PV(B2/12,25*12,B5)。

【提示】如果已知数据发生变化，结果将自动跟随发生相应的变化。

同步练习2-7

同步练习2-7

【练习题2-7-1】（操作题）某居民为购买一套私人住房向本市住房公积金管理中心贷款20万元，贷款的年利率为5.36%，每月月初等额还款，还款期限为10年，计算该居民每月月初还款额。

【练习题2-7-2】（操作题）假设以10%的利率借款20 000元，投资于某个寿命期为10年的项目，每年至少要收回多少现金才是有利的？

【练习题2-7-3】（操作题）乙公司为其将在10年后离职的一批员工制订企业负担的商业养老金计划，10年后离职的每位员工在每年年末可以从银行领取36 000元，连续领取20年。假定银行存款的年利率为3.56%，那么该公司从本年开始，每年年末应该为每位员工存款多少元？

【练习题2-7-4】（思考题）PMT函数有哪些参数？它们的含义是什么？

【练习题2-7-5】（思考题）PMT函数在财务管理中有何应用价值？

学习总结2-7

本节主要介绍年金PMT函数的应用。

PMT的功能：计算固定利率下贷款的等额分期偿还额，或者投资的等额分期收款额。

PMT的语法：PMT(rate,nper,pv,[fv],[type])

学习评估2-7（见表2-19）

表2-19　“Excel在年金分析中的应用”学习评估表

学习要点	学习效果	
PMT函数的功能	熟知	
PMT函数的语法	熟知	
PMT函数的应用	掌握	

第八节　利用Excel分析付款方案

一、学习引例

学习引例2-16

付款方案决策

【学习引例2-16】A公司计划租用某营业用房，有两种方案可选：一次性付现1 800万元买断6年使用权，或者在每年年末支付租金350万元。一次性付现需要全部借款，借款的年利率为5.423%，而每年年末支付租金则无需借款。对于A公司来说，哪种方案更划算？不考虑租金和利息所涉及的纳税差异问题。

二、学习引例分析

【学习引例2-16】分析：此例可以使用三种方法中的任意一种方法加以解决。

（一）方法之一：利率对比

当现值为1 800万元、付款期为6年、每年年末支付350万元时，所对应的利率是多少？利用RATE函数测算每年支付租金所对应的利率。将该利率与向银行借款1 800万元的利率5.423%进行对比，若测算出每年支付租金的利率比银行借款的利率小，则每年支付租金的方案划算；否则相反。

（二）方法之二：年金对比

当利率为5.423%、付款期为6年、现值为1 800万元时，所对应的每年偿还额是多少？利用PMT函数测算借款的每年偿还额。将测算出的每年偿还额与每年支付的租金（即两个年金）进行对比，若每年支付的租金额比每年的借款偿还额少，则每年支付租金的方案划算；否则相反。

（三）方法之三：总现值对比

当利率为5.423%、支付期为6年、每年年末支付350万元时，所对应的总现值是多少？利用PV函数测算6年租金的总现值。将此总现值与银行借款1 800万元（一次性投入的现值）进行对比，若6年租金的总现值比1 800万元的银行借款小，则每年支付租金的方案划算；否则相反。

三、相关知识

（一）利率知识及利率函数

见本章第四节中的介绍。

（二）年金知识及年金函数

见本章第七节中的介绍。

（三）现值知识及现值函数、IF函数

见本章第一节中的介绍。

四、实际操作：建立付款方案决策分析模型

将本例中的数据录入到如图2-15所示的Excel工作表中，定义有关公式，决策结果便会自动显示出来。

	A	B	C
1	【学习引例2-16】A公司计划租用某营业用房，有两种方案可选：一次性付现1 800万元买断6年使用权，或者在每年年末支付租金350万元。一次性付现需要全部借款，借款的年利率为5.423%，而每年年末支付租金则无需借款。对于A公司来说，哪种方案更划算？不考虑租金和利息所涉及的纳税差异问题。		
2	付款方案决策		
3	借款额（万元）		1800
4	租金（万元）		-350
5	租赁期限（年）		6
6	借款年利率		5.423%
7	决策方法	方法一：每年支付租金所对应利率测算	4.590%
8		方法二：一次性付现而借款的年偿还额（万元）	-359.44
9		方法三：每年支付租金所对应的总现值（万元）	1752.71
10		方法一自动分析结果	每年付租可行
11		方法二自动分析结果	每年付租可行
12		方法三自动分析结果	每年付租可行
13	公式： C7=RATE(C5,C4,C3) C8=PMT(C6,C5,C3) C9=PV(C6,C5,C4) C10=IF(C7<C6,"每年付租可行","一次性付现可行") C11=IF(ABS(C4)<ABS(C8),"每年付租可行","一次性付现可行") C12=IF(C9<C3,"每年付租可行","一次性付现可行")		

图2-15　付款方案决策模型

观察图2-15中的结果，采用三种方法得出的结论是一致的。

【提示】如果已知数据发生变化，结果将自动跟随发生相应的变化。

同步练习2-8

【练习题2-8-1】（操作题）甲公司计划购买一套新设备，以扩大产能，该设备交易价格为500 000元，供应商对于购买该设备的客户，提供两种收款方式：客户在今后5年内，以6%的年利率按月等额还款；如果客户立即付款，可以享受10%的现金折扣。甲公司可以按8%的年利率从银行取得与该设备同等价款的贷款。甲公司应该选择哪一种付款方式购买该设备？根据资料，在Excel工作表中建立相应的分析模型。

同步练习2-8

【练习题2-8-2】（操作题）某公司拟购置一套设备，目前有A、B两种设备可供选择。A设备的价格比B设备高50 000元，但每年可节约维修保养费10 000元。假设A设备的经济寿命期为6年，利率为7.56%，应选择哪一套设备？根据资料，在Excel工作表中建立相应的分析模型。

【练习题2-8-3】（思考题）与资金时间价值分析相关的Excel函数有哪些？这些函数的参数排列有何规律？

学习总结2-8

本节属于资金时间价值分析的巩固性应用，涉及RATE、PMT、PV函数和逻辑函数IF的应用。

学习评估2-8（见表2-20）

表2-20　“利用Excel分析付款方案”学习评估表

学习要点	学习效果	
PV函数的应用	熟练掌握	
RATE函数的应用	熟练掌握	
PMT函数的应用	熟练掌握	
IF函数的应用	熟练掌握	
同一问题的不同解决方法	熟练掌握	

第九节　利用Excel设计分期还贷查询系统

一、学习引例

由于市场竞争的日益激烈，按揭销售已经成为普遍的商业营销模式。如何让买方根据自身的付款能力方便地选择合适的按揭方案，节约与客户交流的时间，Excel提供了一个很好的选择。

学习引例2-17

【学习引例2-17】在Excel工作表中，建立按揭购车月供查询系统。设计分析模型，目标效果如图2-16所示。该系统的具体功能是，能使顾客通过选择欲购车辆、首付金额、利率和偿还期限后，立即知晓每期需要支付的金额。

设计分期还贷查询系统

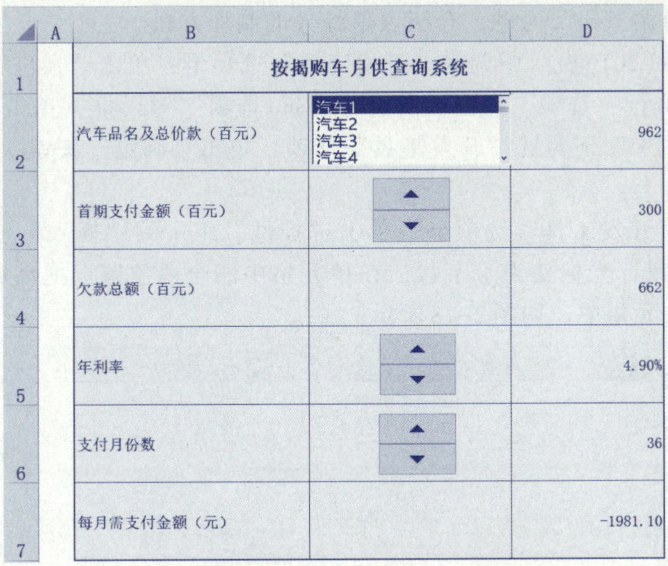

图2-16 按揭购车月供查询系统界面

二、学习引例分析

【学习引例2-17】分析：该查询系统的设计有两个关键点：

❶下拉列表框和数值调节钮的设计。

❷INDEX函数和PMT函数的应用。

三、相关知识

（一）Excel控件

Excel控件是放置于窗体上的一些图形对象，包括命令按钮、组合框、复选框、数值调节钮、列表框、选项按钮、分组框、标签、滚动条、组合列表编辑框、组合下拉编辑框，以及其他一些对象。

在工作表中提供控件的目的是为用户提供灵活多样的选择和便于操作。

Excel 2016有两种控件，即表单控件和ActiveX控件，如图2-17所示。ActiveX控件的功能更加强大。

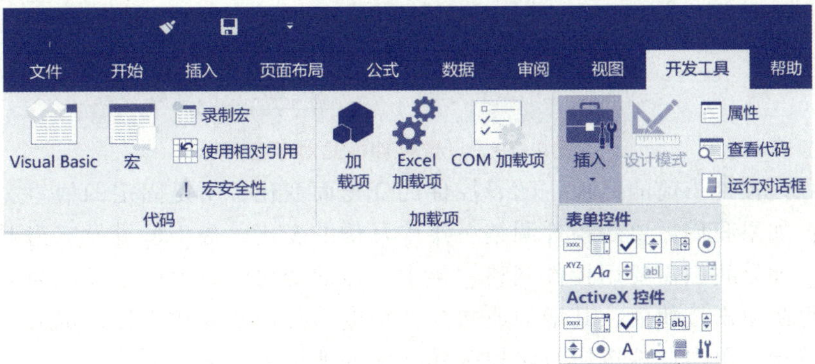

图2-17 Excel 2016窗口中的控件按钮

下面以“数值调节钮”为例，介绍表单控件的制作方法。

首先，在Excel 2016窗口中调出“开发工具”选项卡：单击“文件”菜单命令，在弹出的下拉菜单中执行“选项”命令，打开“Excel选项”对话框，单击“自定义功能区”命令，在“主选项卡”下勾选“开发工具”选项，单击“确定”按钮，“开发工具”选项卡便出现在功能区上。

然后，单击“开发工具”选项卡，单击“控件”组中的“插入”按钮，选择 （数值调节钮），此时鼠标光标变为十字状，在单元格中的合适位置上拖动后松开，一个数值调节钮就出现在单元格中，如图2-18所示。

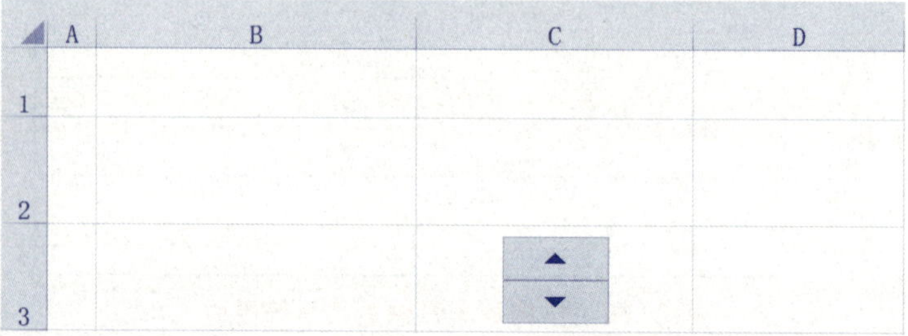

图2-18　在单元格中插入数值调节钮

最后，再用鼠标右击刚刚画出的“数值调节钮”，在打开的快捷菜单中选择“设置控件格式”命令，在弹出的对话框中选择“控制”选项卡，如图2-19所示。

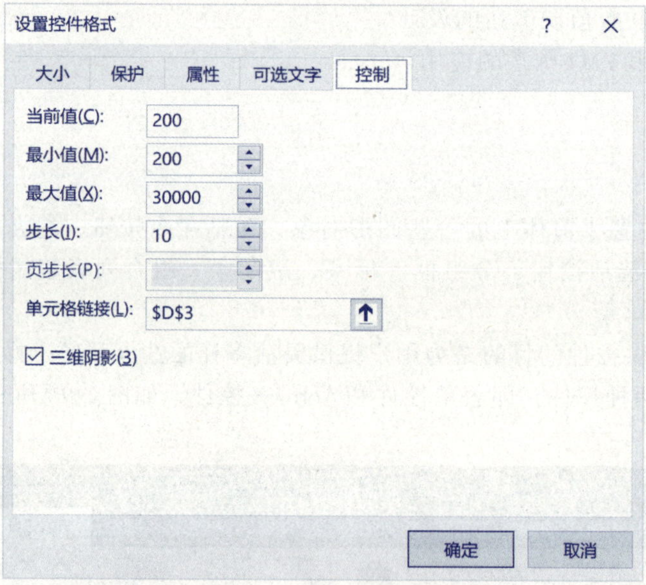

图2-19　设置控件格式对话框

当前值：是控件当前的赋值，随着控件的变化而变化，不是固定的值。

最小值：如果我们需要用控件调整一年中月份的变化，最小值可设定为1。

最大值：如果我们需要用控件调整一年中月份的变化，最大值可设定为12。

步长：每次单击按钮值，其增加或减少的幅度，月份的变化步长设定为1。

单元格链接：单击控件按钮时希望跟随变化的那个单元格。

三维阴影：勾选复选框，控件具有立体阴影效果。

（二）INDEX函数

INDEX函数的功能和语法详见表2-21。

表2-21　　INDEX函数的功能与语法

功能	在给定的单元格区域中，返回特定行列交叉处单元格的值或引用
语法	INDEX(array,row_num,[column_num]) array为单元格区域或数组常量。 row_num为数组中某行的行号，函数从该行返回数值。如果省略row_num，则必须有column_num。 column_num为数组中某列的列标，函数从该列返回数值。如果省略column_num，则必须有row_num。 如果同时使用参数row_num和column_num，函数INDEX返回row_num和column_num交叉处的单元格中的值。 如果将row_num或column_num设置为0，函数INDEX则分别返回整个行或列的数组数值

（三）PMT函数

请参见本章第七节中所作的相应介绍。

四、实际操作：建立分期还贷查询系统

（一）构建查询界面框架

（1）新建一个工作簿，并将Sheet1工作表重命名为查询系统，准备建立目标应用效果如图2-16所示的模型。

（2）在B2、B3、B4、B5、B6、B7单元格中分别输入：汽车品名及总价款（百元）、首期支付金额（百元）、欠款总额（百元）、年利率、支付月份数、每月需支付金额（元）。

（3）选定B2:D7单元区域，单击鼠标右键，执行“设置单元格格式”命令，在打开的“设置单元格格式”对话框中选择“对齐”选项卡，将“垂直对齐”选项设置为“居中”方式，其他按默认设置。

（4）设置D5单元格为百分比格式，保留2位小数。

（5）设置D7单元格为数值格式，保留2位小数。

（6）将B列、D列中字符的字号都设置为9。

（7）将第2、3、4、5、6、7各行的行高设置为45。实际工作中可根据需要进行设置。

（8）A列、B列、C列、D列、E列宽度分别设置为3、20、20、15、3。

（9）在F列、G列中输入表2-22所示的汽车品名和总价款（百元）。

表2-22　　定义查询来源选项

	E	F	G	H	I
1					
2		汽车品名	总价款（百元）		
3		汽车1	962		
4		汽车2	1088		
5		汽车3	1180		
6		汽车4	1380		
7		汽车5	1580		

这里假设有100个品种的汽车，以汽车1、汽车2……代表具体的汽车名称，实际运用时用真实的名称。

（二）设置控件按钮

（1）单击“开发工具”选项卡，单击“控件”组中的“插入”按钮，选择“列表框”窗体控件，此时鼠标光标变为十字状，在如图2-20所示的C2单元格中的合适位置上画一个矩形框。

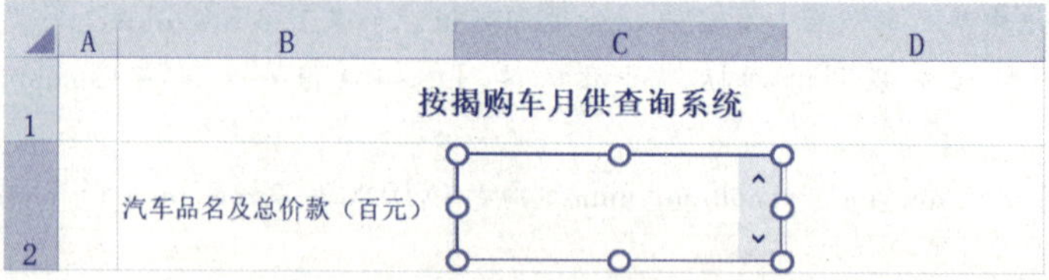

图2-20 在单元格中插入列表框控件

（2）用鼠标右击刚刚画出的列表框，在打开的快捷菜单中选择“设置控件格式”命令，在打开的对话框中选择“控制”选项卡。

（3）在“控制”选项卡中的“数据源区域”的录入框中输入$F$3:$F$102（英文半角状态下）；在“单元格链接”的录入框中输入$H$2，“选定类型”为“单选”，勾选“三维阴影”选项。

（4）单击“控件”组中的“插入”按钮，选择“数值调节钮”，当鼠标光标变为十字状时在C3单元格画一个矩形框，用鼠标右键单击它，在打开的快捷菜单中选择“设置控件格式”命令，再在打开的对话框中选择“控制”选项卡，将最小值定义为200（这里假设首期支付金额起点为200百元，即20 000元），最大值定义为30 000，步长为10，单元格链接栏中录入$D$3，勾选“三维阴影”。

（5）用同样方法在C5单元格中设置“数值调节钮”窗体控件，控件格式参数：最小值为0，最大值为1 200（假设年利率在0～12%波动，后面会有解释），步长为1，单元格链接栏中录入$C$5（按钮调整结果在C5单元格），勾选“三维阴影”。

（6）用同样方法在C6单元格中设置“数值调节钮”，控件格式参数：最小值为1，最大值为36（这里假设最长还款期限为3年），步长为1，单元格链接栏中录入$D$6，勾选“三维阴影”。

（三）定义公式，实现自动计算

（1）在D2单元格中输入公式：=INDEX(G3:G102,H2)。

【提示】G3:G102中的数值引用与H2的值有关，而H2的值又链接到列表框中，与$F$3:$F$102数据源区域中的选择进行对应，其意义是：选择$F$3:$F$102区域中的数据，由H2决定INDEX(G3:G102,H2)给出G3:G102区域中对应数据。

（2）在D4单元格中输入：=D2-D3。

（3）在D5单元格中输入：=C5/10000。

【提示】调整数字在C5单元格中出现，实际利率数据将在D5单元格中出现，这中间需要利用单元格的数据链接来解决，D5单元格公式的意义就在于此。如果C5的值为1，则D5的值则为0.01%；如果C5的值为1 200，则D5的值为12%，说明利率的选择在0.01%～12%。

（4）在D7单元格中输入：=PMT(D5/12,D6,D4)*100。

【提示】这里，D5表示年利率，D5除以12表示将年利率换算成月利率，D6代表偿还的月份数，D4

代表现在的欠款（现值）。乘以100则表示将金额单位由百元转换成以元为单位。

随着公式定义工作的完成，D列中有关数据相应出现。

（四）修饰查询界面

（1）单击F列列标以选定F列，拖动鼠标至H列，选定F列至H列区域后右击，在打开的快捷菜单中选择“隐藏”命令，隐藏所选区域。

（2）单击B2单元格，拖动鼠标至D7单元格，选定B2至D7区域。单击鼠标右键，在弹出的“设置单元格格式”对话框中选择“填充”选项卡，选中“浅绿”。

（3）在“设置单元格格式”对话框中，单击“边框”选项卡，设置合适的边框线。

（4）单击功能区上的“视图”选项卡，在“显示”组中取消“编辑栏”“网格线”“标题”等项目左侧的对号，最终得到如图2-16所示的效果。选择汽车、首期支付金额、年利率和支付月份数，便可立即知晓每期需要支付的金额。

同步练习2-9

【练习题2-9-1】**（操作题）**利用Excel建立按揭购房的分期付款动态查询系统，假设每平方米的房价和住房面积均为可变动数据，首付款、利率和付款期也均为可变动数据，要求计算月供额。

同步练习2-9

学习总结2-9

本节属于资金时间价值分析的巩固性应用和综合应用，涉及PMT函数、INDEX函数和控件工具微调按钮的应用。

学习评估2-9（见表2-23）

表2-23　“利用Excel设计分期还贷查询系统”学习评估表

学习要点	学习效果	
INDEX函数的应用	掌握	
PMT函数的熟练应用	掌握	
控件工具的使用	掌握	

第十节　利用Excel进行融资保理项目财务分析

一、学习引例

【学习引例2-18】A公司和B公司分别为融资保理业务的保理商和应收账款债权人，双方拟就应收账款融资保理业务进行协商。B公司的应收账款转让金额为10 000万元，期限为3年，保理回款情况是：第1年每季度末等额回款900万元，第2年每季度末等额回款920万元，第3年每季度末等额回款940万元。A公司拟于期初收取B公司保证金600万元、手续费612.80万元，保证金于期末一次性退还给B公司。

学习引例2-18

融资保理项目财务分析

二、实际操作：建立融资保理项目财务分析模型

在Excel工作表中建立动态财务分析模型，步骤如下：

（1）建立表2-24所示的分析模型框架。

表2-24 融资保理项目财务分析模型

	A	B	C	D	E	F
1	保理项目方案				分析结果	
2	金额单位：万元				季末	现金流量
3	保理商	A公司			0	-8787.20
4	债权人	B公司			1	900.00
5	期限	36个月			2	900.00
6	应收账款融资	10000.00			3	900.00
7	保证金	期初一次性收取	600.00		4	900.00
8	手续费	期初一次性收取	612.80		5	920.00
9	保理回款	第1年，每季度末等额回款	900.00		6	920.00
10		第2年，每季度末等额回款	920.00		7	920.00
11		第3年，每季度末等额回款	940.00		8	920.00
12	期末退还保证金		600.00		9	940.00
13	方案供参考及决策使用，条款的生效以双方签署的合同为准				10	940.00
14					11	940.00
15					12	340.00
16					IRR（年）	11.48%
17					NPV验证	0.00

（2）利用Excel的单元格数据链接功能，定义现金流量自动取数公式。

在F3单元格中录入：=-(B6-C7-C8)，在F4、F5、F6、F7单元格中均录入：=C9，在F8、F9、F10、F11单元格中均录入：=C10，在F12、F13、F14单元格中均录入：=C11，在F15单元格中录入：=C11-C12。

（3）利用IRR、NPV函数的功能定义计算内含报酬率和净现值的公式。

在F16单元格中录入：=IRR(F3:F15)*4

在F17单元格中录入：=NPV(F16/4,F4:F15)+F3

（4）设置F16单元格格式为百分比，保留两位小数，系统自动显示出IRR结果为11.48%，NPV验证也为0。

同步练习2-10

【练习题2-10-1】（讨论题）讨论函数参数正负问题。

同步练习2-10

学习总结2-10

本节属于资金时间价值分析的巩固性应用，涉及IRR函数和NPV函数的应用。

企业的会计核算和财务管理工作，离不开资金时间价值的计算和分析。熟练地掌握本节所涉及财务

函数的应用方法，不仅能够提高工作效率，而且能为深入学习和应用Excel的其他函数奠定基础。

在操作体验基础上，对资金时间价值分析的相关函数进行归纳总结，有助于加深理解和认识这些函数在实际应用中的价值，有利于正确选择和运用这些财务函数解决实际问题。

学习总结见表2-25、表2-26和表2-27。

表2-25　**资金时间价值函数语法**

函数	语法
PV	PV(rate,nper,pmt,[fv],[type])
NPV	NPV(rate,value1,[value2],...)
FV	FV(rate,nper,pmt,[pv],[type])
RATE	RATE(nper,pmt,pv,[fv],[type],[guess])
IRR	IRR(values,[guess]),values必须包含至少一个正值和一个负值
MIRR	MIRR(values,finance_rate,reinvest_rate)
NPER	NPER(rate,pmt,pv,[fv],[type])
PMT	PMT(rate,nper,pv,[fv],[type])

表2-26　**资金时间价值函数应用说明**

问题	说明
参数问题	rate：利率 nper：期数 pmt：年金（各期支付额） pv：现值 fv：终值 type：用以指定各期的付款时间是在期初还是期末。数字0（可以缺省）说明支付发生在期末，数字1说明支付发生在期初 guess：预期利率，若省略预期利率，则假设该值为10% value1，value2，...：一系列的现金流 finance_rate：现金流中使用的资金支付的利率 reinvest_rate：将现金流再投资的收益率 在操作应用中，要注意领会函数值与参数值的正负问题
中括号内参数	中括号内的参数表示为可选项
参数排列规律	rate，nper，pmt，pv，fv，type，guess
缺省参数处理	缺省参数若处于两个参数之间，必须预留缺省参数的位置。位于诸参数中最右（最后）的缺省参数可以不录入
函数值及参数值问题	注意函数值与参数值之间是同向还是反向，参数与参数之间是同向还是反向，反向关系必设一正一负。现金流入为正数，现金流出则为负数。收入为正数，支出则为负数。终值为正数，现值则为负数

表2-27　**利用Excel解决资金时间价值分析问题的思路与流程**

1	分析要解决的问题是什么，有什么已知条件可以利用
2	思考如何在结果与已知之间建立关联，需要借助Excel的什么工具或功能才能解决问题
3	尝试建立解决问题的模型，经过改进和完善模型，最终实现问题的解决

学习评估2-10（见表2-28）

表2-28　“利用Excel进行融资保理项目财务分析”学习评估表

学习要点	学习效果	
IRR函数的应用	掌握	
NPV函数的应用	掌握	

第三章 Excel在筹资管理中的应用

学习目标

1. 学会利用Excel建立资金需要量预测模型。
2. 学会利用Excel建立资本成本分析模型。
3. 学会利用Excel建立负债经营风险分析模型。
4. 学会利用Excel建立资本结构评价分析模型。
5. 养成勤于思考的习惯，培养团结协作的精神和解决问题的方法、能力。

内容框架

- Excel在筹资管理中的应用
  - Excel在资金需要量预测中的应用
    - 资金需要量分析方法
    - VLOOKUP函数
    - 建立分析模型
  - Excel在资本成本分析中的应用
    - 资金成本知识
    - 单变量求解
    - 规划求解
    - PV函数
    - IRR函数
    - SUMPRODUCT函数
    - 建立分析模型
  - Excel在负债经营风险分析中的应用
    - 负债经营风险分析思路与方法
    - SUMPRODUCT函数
    - SQRT函数
    - 建立分析模型
  - Excel在资本结构评价分析中的应用
    - 资本结构分析理论
    - MATCH函数
    - 建立分析模型

素养提升　　做好筹资管理

资金筹集是企业财务活动的起点，筹资活动是企业生存、发展的基本前提。资金对于企业，犹如血液对于人体。如果企业资金链断裂，企业生产经营活动就会陷入困境乃至面临停产的风险。资金筹集管理工作责任重大，首先要有高度的责任心，同时要具备资金筹集管理能力。一方面要做好资金需要量的预测，为筹集资金提供决策支持；另一方面要开展资本成本分析，为降低资本成本出谋划策。

第一节　Excel在资金需要量预测中的应用

一、学习引例

学习引例3-1
资金需要量预测（高低点法）

【学习引例3-1】中兴公司甲产品产量和资金占用的历史资料见表3-1。如果2025年计划产量为7 800件，根据产量与资金占用量之间的关系，预计2025年的资金需要量。

表3-1　　中兴公司甲产品产量和资金占用的历史资料

年度	产量（件）	资金占用量（万元）
2020	5 000	323
2021	5 500	336
2022	6 000	341
2023	6 600	345
2024	7 000	350

学习引例3-2
资金需要量预测（销售百分比法）

【学习引例3-2】中强公司2024年有关数据为：流动资产3 900万元，非流动资产2 100万元，短期借款180万元，应付票据15万元，应付账款528万元，其他应付款27万元，非流动负债2 430万元，实收资本300万元，资本公积48万元，留存收益2 472万元；2024年度实际销售额9 000万元，销售净利率为4.5%。2025年的预测数据为：年销售额11 000万元，销售净利率预计与上年持平，股利支付率30%。已知该公司流动资产与销售额的关系较为敏感，会因销售额的增长而相应增长，长期资产通过挖掘潜力，可以满足2025年销售增长的需要。短期借款、应付票据、非流动负债维持上年水平，留存收益取决于净收益和股利支付。根据资金需要量与销售额之间的关系，预测2025年需要追加多少资金才能满足正常生产经营需要？除去负债自然增长形成以及留存收益可提供资金，还需从外部融资多少？

二、引例分析

【学习引例3-1】分析：可以利用高低点法进行资金需要量的预测。如果对高低点法比较熟悉，就可以按照后面的指引进行操作；如果对高低点法比较陌生，还需要先学习“相关知识”部分。

【学习引例3-2】分析：可以利用销售百分比法进行资金需要量的预测。如果比较熟悉销售百分比法，就可以按照后面的操作指引进行练习；如果对销售百分比法比较陌生，还需要先学习“相关知识”部分。

三、相关知识

企业发展的财务意义是资金增长，科学地预测企业资金需要量是企业发展的重要保证。资金预测主要是对未来一定时期生产经营活动所需资金的预计。资金需要量预测的最常用方法有资金习性法、销售百分比法。

（一）资金习性法

资金习性法是根据资金同业务量之间的依存关系来预测未来资金需要量的一种方法。采用这种方法，首先要将企业的总资金划分为随业务量成正比例变动的变动资金和不受业务量变动影响而保持固定不变的固定资金两部分。资金习性法具体包括高低点法、回归分析法和散布图法。

高低点法应用的原理是：在业务量与资金变动的历史数据中，找出业务量最高和最低的两点及其所对应的资金占用，根据这两组数据求出直线方程，作为预测资金需要量的模型。

资金需要量与业务量存在一元线性关系：

$$y = a + bx$$

其中，因变量y代表资金需要量；a为直线的截距，代表固定资金；b为直线的斜率，代表单位变动资金；自变量x代表业务量。

a和b的计算公式为：

$$b=\frac{\text{最高点资金占用量}-\text{最低点资金占用量}}{\text{最高点业务量}-\text{最低点业务量}}$$

$$a=\text{最高点资金占用量}-b\times\text{最高点业务量}$$

或 $$=\text{最低点资金占用量}-b\times\text{最低点业务量}$$

（二）销售百分比法

销售收入增长往往会带来资金需求的增长，销售百分比法假设资产负债表中的敏感项目与销售收入存在稳定的百分比关系，从而预测未来需要追加的资金量。货币资金、应收账款、存货等与销售额的关系较为敏感，往往称为敏感性项目，一般都会因销售额的增长而相应地增长。固定资产是否需要增加，则要看固定资产的利用程度。如果其生产能力尚未得到充分利用，则可通过挖掘潜力来提高产销量；如果其生产能力已经饱和，增加产销量就需要扩大固定资产的投资额。无形资产为不敏感项目，在一定范围内一般不随销售额的增长而增加。在负债类项目中，短期借款、应付账款、应付票据、应付费用等短期负债与销售额存在着较为密切的关系，负债的增长可以减少企业外部融资的数额。非流动负债往往是非敏感性项目。当然，不同企业销售额变动所引起资产、负债变化的项目是不同的，需要根据历史数据逐项研究确定。在所有者权益项目中，留存收益属于内部融资来源，这部分资金的多少取决于净收益的多少和股利支付率的高低。

根据预计资产总量，减去已有的资金来源、负债的自然增长和内部提供的资金来源，便可预测出外部融资的需要量。

1.根据销售总额确定融资需求

(1)确定资产负债表中各项目与销售额的百分比(基期数据)

资产(负债)项目销售百分比=资产(负债)项目的金额÷销售额

(2)预计资产

预计某资产=预计销售额×该项目的销售百分比

(3)预计负债

预计某负债=预计销售额×该项目的销售百分比

(4)预计所有者权益

预计所有者权益=预计实收资本+预计资本公积+预计留存收益

预计留存收益=基期留存收益+留存收益增加

留存收益增加=预计净收益-预计支付股利=预计销售额×销售净利率×(1-股利支付率)

(5)预计资金追加量

预计资金追加量=增加的资产=预计总资产-基期总资产

(6)预计外部融资需求量

预计外部融资需求量=预计总资产-预计总负债-预计所有者权益

2.根据销售增加额确定融资需求

(1)预计资金追加量

预计资金追加量=增加的资产=预计总资产-基期总资产

(2)自然增加的负债

自然增加的负债=基期负债销售百分比×新增销售额

(3)留存收益增加

留存收益增加=预计净收益-支付的股利=基期销售净利润率×预计销售额×(1-股利支付率)

(4)外部融资的需求量

预计融资需求量=预计资金增加总量-自然增加的负债-留存收益增加

=基期资产销售百分比×新增销售额-基期负债销售百分比×新增销售额-基期销售净利润率×预计销售额×(1-股利支付率)

3.根据销售增长率确定融资需求

销售增长率=(预计销售额-基期销售额)÷基期销售额

预计融资需求量=基期资产销售百分比×新增销售额-基期负债销售百分比×新增销售额-基期销售净利润率×预计销售额×(1-股利支付率)

=基期资产销售百分比×基期销售额×销售增长率-基期负债销售百分比×基期销售额×销售增长率-基期销售净利润率×基期销售额×(1+销售增长率)×(1-股利支付率)

=基期销售额×[基期资产销售百分比×销售增长率-基期负债销售百分比×销售增长率-基期销售净利润率×(1+销售增长率)×(1-股利支付率)]

四、实际操作:建立资金需要量预测分析模型

(一)【学习引例3-1】的操作(建立基于高低点法的资金需要量预测模型)

创建Excel工作表模型,如图3-1所示。

	A	B	C
1	中兴公司甲产品资金需要量预测		
2	年度	产量 x（件）	资金占用量 y（万元）
3	2020	5000	323
4	2021	5500	336
5	2022	6000	341
6	2023	6600	345
7	2024	7000	350
8	单位变动资金 b	0.0135	
9	固定资金 a	255.5	
10	2025年计划产量 x	7800	
11	预计资金需要量 y	360.8	
12	公式定义说明		
13	B8=(VLOOKUP(MAX(B3:B7),B3:C7,2,FALSE)-VLOOKUP(MIN(B3:B7),B3:C7,2,FALSE))/(MAX(B3:B7)-MIN(B3:B7))		
14	B9=VLOOKUP(MAX(B3:B7),B3:C7,2,FALSE)-B8*MAX(B3:B7)		
15	B11=B9+B8*B10		

图3-1 基于高低点法预测资金需要量的模型

在B10单元录入计划产量数据，B11单元格自动显示预测数据。

模型中VLOOKUP函数的功能和语法见表3-2。

表3-2 VLOOKUP函数的功能和语法

功能	在表格或数值数组的首列查找指定的数值，并由此返回表格或数组当前行中指定列处的数值
语法	VLOOKUP(lookup_value,table_array,col_index_num,range_lookup) 参数lookup_value：需要在数据表第一列中查找的数值，可以是数值、引用或文字串。 参数table_array：为需要在其中查找数据的数据表。可以使用对区域或区域名称的引用，如果range_lookup为TRUE，则table_array第一列中的数值必须按升序排列：…，-2，-1，0，1，2，…，FALSE，TRUE；否则，函数VLOOKUP不能返回正确的数值。如果range_lookup为FALSE，则table_array不必进行排序。table_array第一列中的数值可以为文本、数字或逻辑值，不区分文本的大小写。 参数col_index_num：table_array中待返回的匹配值的列序号。col_index_num为1时，返回table_array第一列中的数值；col_index_num为2时，返回table_array第二列中的数值，以此类推。如果col_index_num小于1，函数VLOOKUP返回错误值#VALUE!；如果col_index_num大于table_array的列数，函数VLOOKUP返回错误值#REF!。 参数range_lookup：为一逻辑值，指明函数VLOOKUP返回时是精确匹配还是近似匹配。如果为TRUE或省略，则返回近似匹配值。也就是说，如果找不到精确匹配值，则返回小于lookup_value的最大数值；如果range_value为FALSE，函数VLOOKUP将返回精确匹配值。如果找不到，则返回错误值#N/A。 如果函数VLOOKUP找不到lookup_value，且range_lookup为TRUE，则使用小于等于lookup_value的最大值。如果lookup_value小于table_array第一列中的最小数值，则函数VLOOKUP返回错误值#N/A。如果函数VLOOKUP找不到lookup_value且range_lookup为FALSE时，则函数VLOOKUP返回错误值#N/A

（二）【学习引例3-2】的操作（建立基于销售百分比法的资金需要量预测模型）

在Excel工作表中建立如图3-2所示的预测模型表样。

	A	B	C	D	E
1	中强公司2025年资金需要量预测表			金额单位：万元	
2	项　目	2024年资产负债表数据	销售百分比	2025年预计	增加额
3	流动资产	3,900			
4	非流动资产	2,100			
5	资产合计	6,000			
6	短期借款	180			
7	应付票据	15			
8	应付账款	528			
9	其他应付款	27			
10	非流动负债	2,430			
11	负债合计	3,180			
12	实收资本	300			
13	资本公积	48			
14	留存收益	2,472			
15	所有者权益合计	2,820			
16	2024年实际销售额		9000		
17	2025年预计销售额		11000		
18	销售增长率				
19	2024年销售净利率（适用于2025年）		4.50%		
20	预计2025年股利支付率		30%		
21	预计2025年资金追加量				
22	预计2025年外部融资需求量				

图3-2　基于销售百分比法的资金需要量预测模型表样

方法1：根据销售总额确定融资需求

（1）确定资产负债表中各项目与销售额的百分比（基期数据）

C3=B3/C16

C8=B8/C16

C9=B9/C16

百分比格式通过工具按钮操作完成，后面数据格式进行相应设定，不再赘述。

（2）预计资产

D3=C17*C3

D4=B4

D5=D3+D4

（3）预计负债

D6=B6

D7=B7

D8=C17*C8

D9=C17*C9

D10=B10

D11=SUM(D6:D10)

（4）预计所有者权益

D12=B12

D13=B13

D14=C17*C19*(1-C20)+B14

D15=SUM(D12:D14)

（5）预计资金追加量

C21=D5-B5

（6）预计外部融资需求量

C22=D5-D11-D15

方法2：根据销售增加额确定融资需求

（1）资金追加量

E5=D5-B5

C21=E5

（2）自然增加的负债

E11=D11-B11

（3）所有者权益增加

E15=D15-B15

（4）预计外部融资需求量

C22=C21-E11-E15

或者：

C22=C3*（C17-C16）-（C8+C9）*（C17-C16）-C19*C17*（1-C20）

方法3：根据销售增长率确定融资需求

C18=（C17-C16）/C16

C22=C16*（C3*C18-（C8+C9）*C18-C19*（1+C18）*（1-C20））

不论采用哪种方法，分析结果是一致的。如图3-3所示。

	A	B	C	D	E
1	中强公司2025年资金需要量预测表			金额单位：万元	
2	项目	2024年资产负债表数据	销售百分比	2025年预计	增加额
3	流动资产	3,900	43.33%	4,767	
4	非流动资产	2,100	N	2,100	
5	资产合计	6,000		6,867	867
6	短期借款	180	N	180	
7	应付票据	15	N	15	
8	应付账款	528	5.87%	645	
9	其他应付款	27	0.30%	33	
10	非流动负债	2,430	N	2,430	
11	负债合计	3,180		3,303	123
12	实收资本	300	N	300	
13	资本公积	48	N	48	
14	留存收益	2,472		2,819	
15	所有者权益合计	2,820		3,167	347
16	2024年实际销售额				9000
17	2025年预计销售额				11000
18	销售增长率				22.22%
19	2024年销售净利率（适用于2025年）				4.50%
20	预计2025年的股利支付率				30%
21	预计2025年资金追加量				867
22	预计2025年外部融资需求量				397

图3-3　用销售百分比法预测的中兴公司2025年资金需要量

结果显示，中强公司2025年要完成11 000万元的销售额，需要追加资金867万元来支持，除去负债自然增长形成以及留存收益可提供资金，还需从外部融资397万元。

同步练习3-1

【练习题3-1-1】（**操作题**）甲公司资产负债表见表3-3。2023年的销售收入为1 000 000元，现在还有剩余生产能力，即增加收入不需要进行固定资产方面的投资。假定甲公司近几年的销售净利率保持在10%的水平，2024年的销售收入提高到1 200 000元，股利分配率为70%。根据资料，用销售百分比法预测甲公司2024年的资金需要量。

同步练习3-1

表3-3　　甲公司资产负债表资料

编制单位：甲公司　　2023年12月31日　　单位：元

资产	金额	负债和所有者权益	金额
货币资金	80 000	短期借款	150 000
应收账款	120 000	应付账款	50 000
存货	550 000	其他应付款	50 000
固定资产	150 000	长期借款	100 000
		所有者权益	550 000
资产总计	900 000	负债和所有者权益总计	900 000

【练习题3-1-2】（**操作题**）乙公司2020—2024年有关资料见表3-4。

表3-4　　乙公司收入与资金占用资料

年度	销售收入（元）	资金占用量（元）
2020	2 000 000	110 000
2021	2 400 000	130 000
2022	2 600 000	140 000
2023	2 800 000	150 000
2024	3 000 000	

采用高低点法，预测乙公司2024年的资金需要量。

【练习题3-1-3】（**思考题**）企业销售增长与资金需求之间存在着什么关系？

【练习题3-1-4】（**思考题**）企业资金需要量预测的方法主要有哪些？

学习总结3-1

本节主要培养读者学会利用Excel建立资金需要量预测分析模型。

学习内容：资金需要量预测的方法，VLOOKUP函数的应用。

学习重点：资金需要量预测的方法，建立分析模型的思路。

学习难点：VLOOKUP函数的应用。

学习评估3-1（见表3-5）

表3-5 “Excel在资金需要量预测中的应用”学习评估表

学习要点	学习效果	
资金需要量预测的方法	熟知	
VLOOKUP函数的应用	掌握	
资金需要量预测建模思路	掌握	

第二节 Excel在资本成本分析中的应用

一、学习引例

学习引例3-3
资本成本分析
（长期借款资本成本）

【学习引例3-3】航宇公司取得6年期长期借款1 500万元，年利率为8%，每年付息一次，到期一次还本，筹资费率为0.5%，所得税税率为25%。如果不考虑资金的时间价值，该公司长期借款的资金成本是多少？如果考虑资金的时间价值，该公司长期借款的资本成本又是多少？

学习引例3-4
资本成本分析
（债券资本成本）

【学习引例3-4】航宇公司发行面值为1 000万元的7年期债券，资料见表3-6，分析该公司发行债券的资本成本。

表3-6 债券资本成本计算资料

发行总额	总面值	票面利率	期限	筹资费率	所得税税率	筹资净额
1 100	1 000	13%	7	3%	25%	1 067
税后利息支出和还本						
第1年	第2年	第3年	第4年	第5年	第6年	第7年
97.5	97.5	97.5	97.5	97.5	97.5	1 097.5

学习引例3-5
资本成本分析
（权益资本成本）

【学习引例3-5】航宇公司拟筹资4 000万元，其中，公司留存收益有500万元；发行优先股500万元，年股利率为12%，筹资费率为2%；发行普通股3 000万元，预计第1年股利率为13%，以后每年增长1%，筹资费率为3%。计算各项资本的资本成本。

学习引例3-6
资本成本分析
（综合资本成本）

【学习引例3-6】根据【学习引例3-3】、【学习引例3-4】和【学习引例3-5】，在Excel工作表中建立相应的计算模型，计算航宇公司的综合资本成本。

二、引例分析

资本成本是财务管理中的重要概念，是企业筹资决策和投资决策的基础。利用Excel计算资本成本，精确度和准确度高。如果基本数据发生变化，只需改变Excel工作表中的来源数据，计算机将自动按照预设公式完成对资本成本的计算，既可以减轻劳动强度，又能够提高工作质量。

【学习引例3-3】分析：如果不考虑资金的时间价值，那么本例计算较为简单，具体方法见相关知识介绍。如果考虑资金的时间价值，则可以考虑采用单变量求解方法、IRR函数计算方法和规划求解方法。

【学习引例3-4】分析：债券溢价发行时，债券筹资额为债券的实际发行价格，利息则按票面利率和票面价格计算，以此为依据计算资本成本。

【学习引例3-5】分析：需要熟知个别资本成本计算的方法。

【学习引例3-6】分析：需要熟知综合资本成本计算的方法。

三、相关知识

企业筹集和使用资金都要付出代价，这个代价被称为资金成本（或资本成本）。

对于筹资，企业力求选择资本成本最低的筹资方式，资本成本成为衡量筹资方案的重要依据。在比较各种单一筹资方式时，需要对比个别资本成本；在进行多渠道筹资时，要对资本结构进行评价，需要借助于综合资本成本来进行衡量。

资本成本作为投资资本的机会成本，又是衡量企业投资收益的最低极限标准，只有投资项目的收益率高于对应筹资的资本成本时才是可以接受的。资本成本还可以用作衡量企业经营成果的尺度，经营利润率应高于资本成本。

（一）债务资本成本

债务资本成本主要是利息和筹资费用，因利息计入税前成本费用而起到了抵税作用，因此企业实际负担的利息为：利息×（1-所得税税率）。

1.长期借款资本成本

不考虑资金的时间价值。

$$长期借款资本成本=\frac{借款年利息\times(1-所得税税率)}{借款本金\times(1-借款筹资费率)}=\frac{借款利率\times(1-所得税税率)}{1-借款筹资费率}$$

2.债券资本成本

当债券按平价（票面价）发行时，债券资本成本的计算与长期借款资本成本的计算方法是相同的。当债券溢价或折价发行时，债券筹资额为债券的实际发行价格，利息则按票面利率和票面价格计算，以此为依据计算资本成本。

（二）权益资本成本

1.优先股资本成本

优先股资本成本包括支付的股利（股息）和筹资费用。发行优先股筹集资金需支付发行费用，而且优先股股利通常是固定的，类似于债券，但优先股的股利只能从税后利润中支付，不像债券利息那样具有抵税作用。

$$优先股成本=\frac{优先股年股利}{按发行价确定的优先股筹资额\times(1-优先股筹资费率)}$$

2.普通股资本成本

普通股资本成本包括筹资费和使用费两部分，使用费即股份公司支付给股东的股利。普通股资本成本可以看作投资者购买某一风险水平的普通股所要求得到的最低收益率。

$$\text{普通股资本成本}=\frac{\text{第1年的股利}}{\text{普通股筹资额}\times(1-\text{普通股筹资费率})}+\text{普通股股利年增长率}$$

3.留存收益资本成本

留存收益在资本成本分析中是作为机会成本对待的，因为股东愿意将留存收益用于公司，而不作为股利投资于别处，至少要求与普通股有等价的报酬。如果企业将留存收益用于再投资所获得的收益率低于股东自己进行另一项风险相似投资的收益率，企业就不应该保留留存收益而应将其分派给股东。与普通股资本成本相比，留存收益没有筹资费用。

留存收益成本=预期年股利率+普通股股利年增长率

（三）综合资本成本

由于受多种因素的制约，企业不可能只使用单一的筹资方式，往往需要通过多种方式筹集所需资金，这就需要测算企业全部长期资金的综合资本成本。综合资本成本通常是以各种资本占全部资本的比重为权数，对个别资本成本进行加权平均后确定，因此，综合资本成本又称为加权平均资本成本。

$$\text{综合资本成本}=\sum_{m=1}^{n}\text{第m种个别资本成本}\times\text{第m种个别资本成本占全部资本的比重}$$

四、实际操作：建立资本成本计算分析模型

（一）【学习引例3-3】的操作：建立长期借款资本成本计算模型

1.不考虑资金的时间价值

设计如图3-4所示的Excel计算模型。

B7　fx　=B3*(1-B6)/(1-B5)

	A	B
1	长期借款资本成本的计算（不考虑资金的时间价值）	
2	长期借款额	1500
3	年利率	8%
4	借款期限	6
5	筹资费率	0.50%
6	所得税税率	25%
7	资本成本	6.03%

图3-4　不考虑资金的时间价值计算的长期借款的资本成本

定义B7单元格公式：

=B3*(1-B6)/(1-B5)

公式定义完毕，立即显示结果，资本成本为6.03%。

2.考虑资金的时间价值

（1）利用单变量求解的方法。

设计如图3-5所示的Excel计算模型。

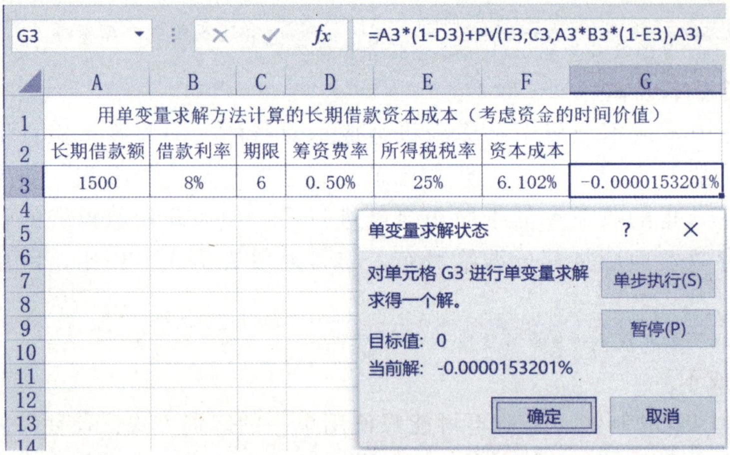

	A	B	C	D	E	F	G
1	用单变量求解方法计算的长期借款资本成本（考虑资金的时间价值）						
2	长期借款额	借款利率	期限	筹资费率	所得税税率	资本成本	
3	1500	8%	6	0.50%	25%	6.102%	-0.0000153201%

图3-5　用单变量求解的方法计算的长期借款的资本成本

在G3单元格中录入目标函数的计算公式：

=A3*(1-D3)+PV(F3,C3,A3*B3*(1-E3),A3)

其中，A3*(1-D3)计算资本的流入量，PV(F3,C3,A3*B3*(1-E3),A3)计算资本的流出量。流入量为正值，流出量为负值，两者合计即为净流量，函数自动计算结果。

执行“单变量求解”命令，在出现的“单变量求解”对话框中，“目标单元格”确定为$G$3，“目标值”定义为0，“可变单元格”定义为$F$3，单击“确定”按钮，出现“单变量求解状态”的对话框，如图3-5所示，再单击“确定”按钮，求解得到长期借款的资本成本为6.102%。

（2）利用IRR函数的方法。

设计如图3-6所示的Excel计算模型。

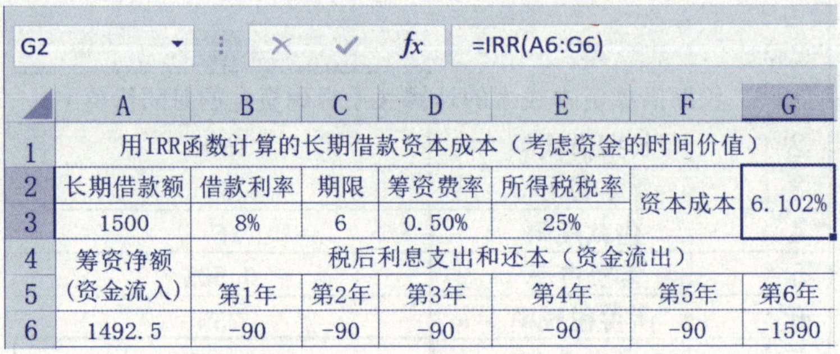

	A	B	C	D	E	F	G
1	用IRR函数计算的长期借款资本成本（考虑资金的时间价值）						
2	长期借款额	借款利率	期限	筹资费率	所得税税率	资本成本	6.102%
3	1500	8%	6	0.50%	25%		
4	筹资净额（资金流入）	税后利息支出和还本（资金流出）					
5		第1年	第2年	第3年	第4年	第5年	第6年
6	1492.5	-90	-90	-90	-90	-90	-1590

图3-6　用函数IRR计算长期借款的资本成本

单元格A6为筹资净额（资本流入），公式为：=A3*(1-D3)

单元格B6到G6分别是各年的税后利息支出额和还本额，即资本的流出量。

第1～5年为各年支出的税后利息，第6年除了税后利息支出外，还包括一次性还本额。

F6=E6=D6=C6=B6=-$A$3*$B$3*（1-$E$3）

G6=-$A$3*$B$3*（1-$E$3）-A3

G2为长期借款资本成本计算单元格，公式为：=IRR(A6:G6)

公式定义完毕，G2单元格立即显示结果。

IRR函数的功能是返回由数值代表的一组现金流的内部收益率。内部收益率为投资的回收利率，其中包含定期支付（负值）和定期收入（正值）。

（3）利用规划求解的方法。

设计如图3-7所示的Excel计算模型。

	A	B	C	D	E	F	G
1	用规划求解方法计算的长期借款资本成本（考虑资金的时间价值）						
2	长期借款额	借款利率	期限	筹资费率	所得税税率	资本成本	
3	1500	8%	6	0.50%	25%	6.102%	0

图3-7 用规划求解方法计算的长期借款的资本成本

首先，在F3单元格设置一个不为0的初始值10%。

然后，在G3单元格中录入目标函数的公式：

=A3*(1-D3)+PV(F3,C3,A3*B3*(1-E3),A3)

接着，执行"规划求解"命令。

【说明】"规划求解"命令位于Excel 2016功能区"数据"选项卡下的"分析"组中。如果"规划求解"没有出现，说明Excel没有加载"规划求解"命令项。请按照"文件"→"选项"→"加载项"→"转到"→"确定"→勾选"加载宏"下的"规划求解加载项"→"确定"的操作顺序进行加载即可。

在出现的"规划求解参数"对话框中，"设置目标单元格"确定为$G$3，"值为"确定为0，"可变单元格"选F3，单击"求解"按钮，在F3单元格中立即显示出结果，在出现的"规划求解结果"对话框中单击"确定"按钮，结果如图3-7所示。这与用单变量求解方法和内含报酬率IRR函数的方法所得到的结果一致。

（二）【学习引例3-4】操作：建立债券资本成本计算模型

设计如图3-8所示的计算模型，其中的单元格公式为：

A6=A3*(1-E3)

B6=-$B$3*$C$3*（1-$F$3)

C6、D6、E6、F6、G6单元格的公式与B6单元格的公式相同。

H6=-$B$3*$C$3*(1-$F$3)-B3

H2=IRR(A6:H6)

公式定义完毕，立即显示结果，如图3-8所示。

	A	B	C	D	E	F	G	H
1	利用IRR函数计算的债券资本成本							
2	发行总额	总面值	票面利率	期限	筹资费率	所得税税率	资本成本	8.444%
3	1100	1000	13%	7	3.00%	25%		
4	筹资净额（资金流入）		税后利息支出和还本（资金流出）					
5		第1年	第2年	第3年	第4年	第5年	第6年	第7年
6	1067	-97.5	-97.5	-97.5	-97.5	-97.5	-97.5	-1097.5

图3-8 债券资本成本的计算

（三）【学习引例3-5】的操作：建立权益资本成本计算模型

设计如图3-9所示的Excel计算模型，定义公式：

B7=B5+B6

C7=C5/(1-C4)

D7=D5/(1-D4)+D6

公式定义完毕，立即显示结果，如图3-9所示。

	A	B	C	D
1	权益资本成本的计算			
2	筹资方式	留存收益	优先股	普通股
3	筹资金额	500	500	3000
4	筹资费率	—	2%	3%
5	年股利率	13%	12%	13%
6	股利年增长率	1%	—	1%
7	个别资本成本	14.000%	12.245%	14.402%

图3-9　权益资本成本的计算

（四）【学习引例3-6】的操作：建立综合资本成本计算模型

设计如图3-10所示的Excel计算模型，B3:F4为已知数据区域，假设已按照前面所描述的方法计算好各种筹资方式的个别资本成本。

	A	B	C	D	E	F	G
1	综合资本成本（加权平均资本成本）						
2	筹资方式	留存收益	优先股	普通股	长期借款	长期债券	合计
3	筹资金额	500	500	3000	1500	1100	6600
4	个别资本成本	14.000%	12.245%	14.402%	6.102%	8.444%	—
5	筹资比重	7.576%	7.576%	45.455%	22.727%	16.667%	100%
6	综合资本成本	11.329%					

图3-10　综合资本成本的计算

设计如下公式：

G3=SUM(B3:F3)

B5=B3/G3

C5=C3/G3

D5=D3/G3

E5=E3/G3

F5=F3/G3

G5=SUM(B5:F5)

B6=SUMPRODUCT(B4:F4,B5:F5)

录入完公式，计算结果自动显示。

SUMPRODUCT函数的功能是：在给定的几组数组中，将数组间对应的元素相乘，并返回乘积之和。

SUMPRODUCT函数的语法是：SUMPRODUCT（array1，array2，...）

array1，array2，...为数组，其相应元素需要进行相乘并求和。数组参数必须具有相同的维数，否则，函数SUMPRODUCT将返回错误值#VALUE!。

SUMPRODUCT(B4:F4,B5:F5)的效果等同于：

B4*B5+C4*C5+D4*D5+E4*E5+F4*F5

对于计算较多单元格的乘积之和，前者显然要优于后者。

如果企业有多种筹资方式，同时又有多个不同资本结构的筹资方案，就可以综合资本成本分析为基础进行决策，以综合资本成本最低的方案为最优方案。

同步练习3-2

【练习题3-2-1】（**操作题**）某公司发行普通股股票1 000万元，筹资费率为5%，第1年年末股利率为9%，预计股利年增长率为3%，所得税税率为25%，计算该公司普通股的资本成本。

同步练习3-2

【练习题3-2-2】（**操作题**）某公司平价发行优先股股票1 000万元，筹资费率为4%，年股利率为10%，所得税税率为25%，计算该公司优先股的资本成本。

【练习题3-2-3】（**操作题**）某公司留存收益为200万元，上一年年末普通股股利率为11%，预计股利年增长率为3%，所得税税率为25%，计算该公司留存收益的资本成本。

【练习题3-2-4】（**操作题**）某公司向银行借入一笔长期借款，借款年利率为6%，借款的筹资费率为0.1%，所得税税率为25%，计算该公司银行借款的资本成本。

【练习题3-2-5】（**操作题**）某企业拟平价发行6年期公司债券，债券面值为800万元，票面年利率为10%，每年年末付息一次，所得税税率为25%，计算该公司债券的资本成本。

学习总结3-2

本节主要培养读者学会利用Excel建立资本成本计算模型。

学习内容：资本成本计算的方法，资金的时间价值，单变量求解工具的应用，规划求解工具的应用，PV函数的应用，IRR函数的应用，SUMPRODUCT函数的应用。

学习重点：资本成本计算的方法，建立分析模型的思路。

学习难点：单变量求解工具的应用，规划求解工具的应用，SUMPRODUCT函数的应用。

学习评估3-2（见表3-7）

表3-7　　“Excel在资本成本分析中的应用”学习评估表

学习要点	学习效果	
资本成本知识	熟知	
单变量求解工具的应用	掌握	
规划求解工具的应用	掌握	
PV函数的应用	掌握	
IRR函数的应用	掌握	
SUMPRODUCT函数的应用	掌握	
资本成本分析建模思路	掌握	

第三节 Excel在负债经营风险分析中的应用

一、学习引例

学习引例3-7

负债经营风险分析

【学习引例3-7】某企业的总资产为800万元，有以下3种资本结构方案：方案1：没有负债；方案2：负债300万元；方案3：负债500万元。所得税税率为25%，平均债务利率为8%。可能的经营情况和息税前利润见表3-8，请分析3种不同资本结构下的负债经营风险。

表3-8 某企业资本结构方案 金额单位：万元

资产总额	800	可能情况		
		经营情况	息税前利润	概率
债务利率	8%	好	120	0.35
		一般	90	0.5
所得税税率	25%	差	60	0.15

二、引例分析

在学习领会负债经营风险分析的相关理论基础上，进行Excel财务建模。

三、相关知识

在企业总资产收益率大于债务利率的情况下，通过财务杠杆的作用，利用负债经营，可以为股东带来更多的利益，与此同时，企业的财务风险也增大了。

财务风险的测定主要是通过对净资产收益率变动程度的计算来进行确定。

$$净资产收益率=\frac{净利润}{平均净资产}\times 100\%$$

$$=\left[总资产报酬率+\frac{债务资本}{权益资本}\times(总资产报酬率-债务利率)\right]\times(1-所得税税率)\times 100\%$$

$$总资产报酬率=\frac{利润总额+利息支出}{资产平均总额}\times 100\%=\frac{息税前利润}{资产平均总额}\times 100\%$$

在企业负债经营的情况下，当总资产收益率大于债务利率时，股东期望获得的净资产收益率的高低主要取决于企业愿意承担的财务风险的大小，也就是利用财务杠杆的程度。股东期望的净资产收益率越高，企业就必须利用越多的债务资金，并承担较高的风险。企业负债经营的财务风险衡量一般用净资产收益率分布的期望值、标准差以及标准离差率进行表示。

$$期望值=\sum 某种情况的可能值\times 该种情况发生的概率$$

$$标准差=\sqrt{(某种情况的可能值-期望值)^2\times 该种情况发生的概率}$$

$$标准离差率=\frac{标准差}{期望值}$$

概率用来表示随机事件发生的可能性大小，必然发生事件的概率为1，不可能发生的事件的概率为0，一般随机事件的概率介于0和1之间。期望值是反映随机变量取值的平均化指标。标准差反映概率分布中各种可能结果对期望的偏离程度。在期望值相同的情况下，标准差越大，意味着风险越大；而对于期望值不同的方案，需运用标准离差率来评价。

四、实际操作：建立负债经营风险分析模型

创建Excel工作簿，在Excel工作表中设计如图3-11所示的模型，将案例中的数据录入到相应的单元格中，并定义好公式。

	A	B	C	D	E	F	G
1	基本资料						
2	资产总额	800		可能情况			
3				经营情况		息税前利润	概率
4	债务利率	8%		好		120	0.35
5				一般		90	0.5
6	所得税税率	25%		差		60	0.15
7	负债经营风险分析						
8	方案1（对比方案，无负债）						
9	经营情况	债务资本	权益资本	利息	净利润	总资产报酬率	净资产报酬率
10	好		800	0	90	15.00%	11.25%
11	一般		800	0	67.5	11.25%	8.44%
12	差		800	0	45	7.50%	5.63%
13	期望值					12.00%	9.00%
14	标准差					2.54%	1.91%
15	标准离差率					21.19%	21.19%
16	方案2（负债率37.5%）						
17	经营情况	债务资本	权益资本	利息	净利润	总资产报酬率	净资产报酬率
18	好	300	500	24	72	15.00%	14.40%
19	一般	300	500	24	49.5	11.25%	9.90%
20	差	300	500	24	27	7.50%	5.40%
21	期望值					12.00%	10.80%
22	标准差					2.54%	3.05%
23	标准离差率					21.19%	28.26%
24	方案3（负债率62.5%）						
25	经营情况	债务资本	权益资本	利息	净利润	总资产报酬率	净资产报酬率
26	好	500	300	40	60	15.00%	20.00%
27	一般	500	300	40	37.5	11.25%	12.50%
28	差	500	300	40	15	7.50%	5.00%
29	期望值					12.00%	14.00%
30	标准差					2.54%	5.09%
31	标准离差率					21.19%	36.33%

图3-11 负债经营风险分析模型

公式定义完毕，结果便自动显示出来。

D10=B10*$B$4

利用Excel的智能填充技术，拖动D10单元格右下角的填充柄到D12单元格，接着将D10单元格公式复制到D18、D19、D20、D26、D27、D28单元格。

E10=(F4-D10)*(1-$B$6)

利用智能填充技术定义E11、E12单元格公式。

E18=(F4-D18)*(1-$B$6)

利用智能填充技术定义E19、E20单元格公式。

E26=(F4-D26)*(1-$B$6)

利用智能填充技术定义E27、E28单元格公式。

F10=F4/$B$2

利用智能填充技术定义F11、F12单元格公式。

F18=F4/$B$2

利用智能填充技术定义F19、F20单元格公式。

F26=F4/$B$2

利用智能填充技术定义F27、F28单元格公式。

G10=E10/C10

利用智能填充技术定义G11、G12、G18、G19、G20、G26、G27、G28单元格公式。

F13=SUMPRODUCT(F10:F12,$G$4:$G$6)

利用智能填充技术定义F21、F29单元格公式。

F14=SQRT(SUMPRODUCT((F10:F12-F13)^2,$G$4:$G$6))

SQRT函数的功能是：返回数值的平方根，其语法格式是：SQRT(number)，其中number为要计算平方根的数。

SUMPRODUCT函数的功能和语法，详见联机帮助说明。

利用智能填充技术定义F22、F30单元格公式。

F15=F14/F13

利用智能填充技术定义F23、F31单元格公式。

G13=SUMPRODUCT(G10:G12,$G$4:$G$6)

利用智能填充技术定义G21、G29单元格公式。

G14=SQRT(SUMPRODUCT((G10:G12-G13)^2,$G$4:$G$6))

利用智能填充技术定义G22、G30单元格公式。

G15=G14/G13

利用智能填充技术定义G23、G31单元格公式。

三种方案的总资产收益率期望值均为12%，标准差都是2.54%，这说明总资产收益率不受资本结构的影响。但随着负债比重的升高，企业净资产收益率期望值逐渐增大，净资产收益率的标准差和标准离差率也在增大，这说明财务风险也正在逐渐地增大。

同步练习3-3

【练习题3-3-1】(思考题) 简述负债经营风险分析的思路与方法。

同步练习3-3

学习总结3-3

本节培养读者学会利用Excel建立负债经营风险分析模型。

学习内容：负债经营风险分析的基本思路，净资产收益率，总资产收益率，期望值，标准差，标准离差率，SUMPRODUCT函数应用，SQRT函数应用，建立负债经营风险分析模型。

学习重点：建立负债经营风险分析模型。

学习难点：负债经营风险分析的建模思路。

学习评估3-3（见表3-9）

表3-9　　“Excel在负债经营风险分析中的应用”学习评估表

学习要点	学习效果	
负债经营风险分析思路	熟知	
SUMPRODUCT函数应用	掌握	
SQRT函数应用	掌握	
建立负债经营风险分析模型	掌握	

第四节　Excel在资本结构评价分析中的应用

一、学习引例

【学习引例3-8】某公司准备筹集3 000万元资金，有甲、乙两个备选筹资方案。甲方案筹资结构安排是：长期借款1 200万元，发行优先股股票500万元，发行普通股股票1 300万元。乙方案筹资结构安排是：发行长期债券1 000万元，发行普通股股票2 000万元。长期借款年利息率为4%，长期债券年利息率为5.6%，甲方案优先股资金成本为12%，甲方案普通股资金成本为13.5%，乙方案普通股资金成本为14%。按资本成本比较分析法评价筹资方案。

学习引例3-8
资本结构分析
(资本成本比较分析法)

【学习引例3-9】某公司原有资本800万元，其中，长期借款资本200万元，年利息率为8%；优先股资本100万元，股息率为13%；发行普通股10万股，每股面值50元。因扩大业务的需要，需追加筹资300万元，其筹资方式有两种：一是全部发行普通股，每股面值50元，发行6万股；二是全部筹措长期债务，债务利率仍为8%。变动成本率为60%，固定成本为180万元，假设所得税税率为25%。按每股收益分析法进行筹资结构评价分析。

学习引例3-9
资本结构分析
(每股收益分析法)

【学习引例3-10】某公司年息税前收益为500万元，资金全部由普通股资本组成，股票账面价值2 000万元，假设所得税税率为25%。该公司认为目前的资本结构不够合理，准备用发行债券购回部分股票的办法予以调整，财务人员收集并整理的有关资料见表3-10。按公司总价值分析法进行资本结构评价，分析不同债务规模下的最佳资本结构。

学习引例3-10
资本结构分析
(公司总价值分析法)

表3-10　　资本结构评价分析资料

方案	股票β值	无风险报酬率	平均风险股票必要报酬率	债务资本成本
1	1.20	10%	14%	0
2	1.25	10%	14%	10%
3	1.30	10%	14%	10%
4	1.40	10%	14%	12%
5	1.55	10%	14%	14%
6	2.10	10%	14%	16%

二、引例分析

短期资金的需要量和筹集是经常变化的，不列入资本结构的管理范围，而作为营运资金管理，因此，通常情况下企业的资本结构由长期债务资本和权益资本构成。资本结构也就是长期债务资本和权益资本的比例关系。

建立在资本结构理论基础上的简单的量化方法主要有资本成本比较分析法、每股收益分析法和总价值分析法。

三、相关知识

（一）资本成本比较分析法

运用资本成本分析法进行筹资决策时，首先应计算出各个备选方案的综合资本成本（加权平均资本成本），然后进行比较，以综合资本成本最低的方案作为最优方案。

（二）每股收益分析法

每股收益分析法就是以每股收益的变化来衡量和判断资本结构是否合理，能提高每股收益的资本结构是合理的，反之则不够合理。

每股收益的高低不仅受资本结构的影响，还受到销售水平的影响。每股收益分析是利用每股收益的无差别点进行的。所谓每股收益的无差别点，是指每股收益不受融资方式影响的销售水平。

根据每股收益无差别点，可以分析判断在什么样的销售水平下应采用何种资本结构。每股收益无差别点通过以下计算逐步得出：

每股收益的计算公式为：

$$EPS=\frac{(S-VC-F-I)(1-T)-D_P}{N}$$

式中：S——销售额；VC——变动成本；F——固定成本；I——债务成本；T——所得税税率；D_P——优先股股息；N——普通股股数。

在每股收益无差别点上，无论是采用负债融资，还是采用权益融资，每股收益都是相等的。若以EPS_1代表负债融资，EPS_2代表权益融资，则有：$EPS_1=EPS_2$，即：

$$\frac{(S_1-VC_1-F_1-I_1)(1-T)-D_P}{N_1}=\frac{(S_2-VC_2-F_2-I_2)(1-T)-D_P}{N_2}$$

在每股收益无差别点上，$S_1=S_2$，则：

$$\frac{(S-VC_1-F_1-I_1)(1-T)-D_P}{N_1}=\frac{(S-VC_2-F_2-I_2)(1-T)-D_P}{N_2}$$

能使得上述等式成立的销售额（S）为每股无差别点销售额。

（三）公司总价值分析法

每股收益分析法是以每股收益的高低作为衡量标准对筹资方案进行选择，其缺陷是没有考虑风险因素。

财务管理的目标在于追求公司价值最大化或股价最大化，然而只有在风险不变的情况下每股收益的增长才会直接导致股价的上升，实际上随着每股收益的增长，风险也往往在加大。如果每股收益的增长不足以补偿风险增加所需的报酬，尽管每股收益增加，股价仍然会下降。因此，公司的最佳资本结构应该是可以使公司总价值最高，而不一定是使每股收益最大。

在公司总价值最大的资本结构下，公司的资本成本也是最低的，同时考虑企业总价值、资本结构和风险的资本结构决策方法就是总价值分析法。

公司总价值等于其股票价值加上债券价值，为简化起见，假设债券的市场价值等于其面值。股票的市场价值的计算公式为：

$$股票价值=\frac{(年息税前收益-年利息额)\times(1-所得税税率)}{权益资本成本}$$

股票的资本成本计算公式为：

权益资本成本=无风险报酬率+股票的β系数×（平均风险股票必要报酬率-无风险报酬率）

四、实际操作：建立资本结构评价分析模型

（一）【学习引例3-8】的操作：按资本成本比较分析法评价筹资方案

根据【学习引例3-8】的资料，建立Excel分析模型，如图3-12所示。

	A	B	C	D	E	F	G
1	Excel在资本结构评价分析中的应用（资本成本比较分析法）						
2	筹资方式	甲方案			乙方案		
3		金额（万元）	资本结构	资本成本	金额（万元）	资本结构	资本成本
4	长期借款	1200	40%	4.00%		0%	
5	长期债券		0%		1000	33%	5.60%
6	优先股	500	17%	12.00%		0%	
7	普通股	1300	43%	13.50%	2000	67%	14.00%
8	合计	3000	100%	9.45%	3000	100%	11.20%
9	决策结果	选择甲方案					

图3-12　资本成本比较分析工作表

模型中的有关公式定义如下：

B8=SUM(B4:B7)

C4=B4/$B$8

拖动C4单元格右下角的填充柄，利用Excel的自动填充技术完成C5、C6、C7、C8这四个单元格公式的定义。

E8=SUM(E4:E7)

F4=E4/$E$8

拖动F4单元格右下角的填充柄，自动完成F5、F6、F7、F8这四个单元格公式的定义。

D8=SUMPRODUCT(C4:C7,D4:D7)

G8=SUMPRODUCT(F4:F7,G4:G7)

上面两个公式的意义是计算各种筹资方式的资本成本与其对应资本结构比例的乘积和，即加权平均资本成本。

B9=IF(D8<G8,"选择甲方案","选择乙方案")，其意义为：如果D8单元格的值（甲方案的加权平均资本成本）小于G8单元格的值（乙方案的加权平均资本成本），则返回值为选择甲方案（决策结果），否则为选择乙方案。

一旦定义完毕相应公式，决策结果就自动显示出来。

如果情况变化，只需要改变方案的来源数据，决策结果将自动实时更新。

（二）【学习引例3-9】的操作：按每股收益分析法进行筹资结构评价分析

根据【学习引例3-9】的资料，在Excel工作表中建立每股收益分析模型，如图3-13所示。

	A	B	C	D	E
1	现有资本构成及成本、税率情况				
2	资本种类		金额（万元）	年利率或股息率	股数（万股）
3	长期借款		200	8%	——
4	优先股		100	13%	——
5	普通股		500	——	10
6	合计		800	——	——
7	变动成本率	60%			
8	固定成本（万元）	180			
9	所得税税率	25%			
10	追加筹资的备选方案				
11	方案	资本种类	金额（万元）	利率或股息率	股价（元/股）
12	方案1	普通股	300	——	50
13	方案2	长期借款	300	8%	——
14	每股收益与销售额的关系				
15	销售额（万元）	500	600	700	800
16	不同销售额下方案1的每股收益	-0.625	1.250	3.125	5.000
17	不同销售额下方案2的每股收益	-2.800	0.200	3.200	6.200
18	两种方案的每股收益的无差别点（销售额，万元）			693.3333333	0

图3-13　每股收益分析工作表

模型中有关公式定义如下：

```
B16=((B15-B15*$B$7-$B$8-$C$3*$D$3)*(1-$B$9)-$C$4*$D$4)/($E$5+$C$12/$E$12)
```

利用Excel的自动填充技术智能定义C16、D16、E16这三个单元格的公式。

```
B17=((B15-B15*$B$7-$B$8-$C$3*$D$3-$C$13*$D$13)*(1-$B$9)-$C$4*$D$4)/$E$5
```

利用Excel的自动填充技术智能定义C17、D17、E17这三个单元格的公式。

在B15:E15的四个单元格中分别录入：500、600、700、800。

```
E18=（（D18-D18*B7-B8-C3*D3）*（1-B9）-C4*D4)/(E5+C12/E12）-（（D18-D18*B7-B8-C3*D3-C13*D13)*(1-B9)-C4*D4)/E5
```

接着，执行“单变量求解”命令，在打开的单变量求解对话框中，目标单元格定义为E18，目标值确定为0，可变单元格定义为D18，然后连续单击“确定”按钮，对D18单元格进行求解，结果如图3-13所示。

通过观察可以发现，两种增资方案的每股收益无差别点（销售额）约为693万元。当销售额低于693万元时，发行普通股比较有利；当销售额超过693万元时，通过长期借款筹资比较有利。

上述每股收益分析，绘制图表也能直观地说明问题。具体操作方法为：选择单元格区域B15:E17，单击“插入”选项卡下的“图表”分组右下角的对话框按钮（查看所有图表），在“插入图表”对话框中选中“所有图表”选项卡，选中“XY（散点图）”，用鼠标双击第二种格式“带平滑线和数据标记的散点图”，接着设置图表标题为“每股收益与销售额的关系"，通过添加图表元素，设置纵轴标题为"每股收益"，设置横轴标题为"销售额"，结果如图3-14所示。

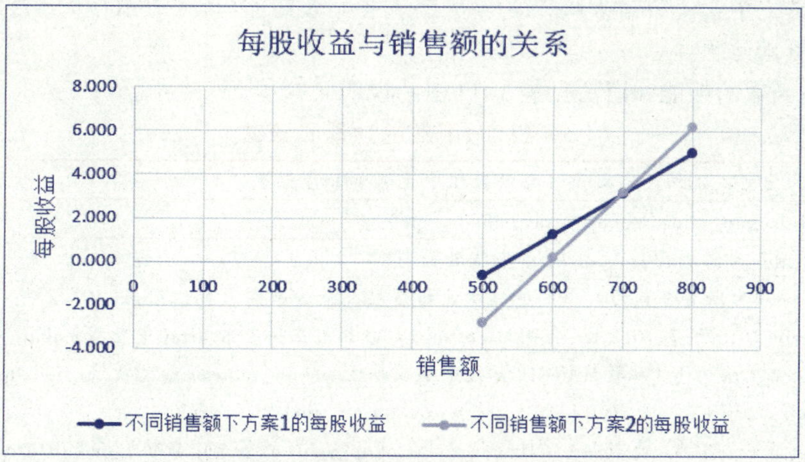

图3-14　每股收益与销售额关系分析图

（三）【学习引例3-10】的操作：按公司总价值分析法进行资本结构评价分析

在Excel工作表中建立分析模型，假设有6种债务方案，如图3-15所示。

	A	B	C	D	E	F	G	H	I	J	K
1	债务规模不同时的公司总价值和加权平均资本成本（金额单位：万元）										
2	方案	股票β值	无风险报酬率	平均风险股票必要报酬率	权益资本成本	息税前收益	债务资本成本	债券价值	股票价值	公司总价值	加权平均资本成本
3	1	1.20	10%	14%	14.8%	500	0	0	2533.78	2533.78	14.80%
4	2	1.25	10%	14%	15.0%	500	10%	200	2400.00	2600.00	14.42%
5	3	1.30	10%	14%	15.2%	500	10%	400	2269.74	2669.74	14.05%
6	4	1.40	10%	14%	15.6%	500	12%	600	2057.69	2657.69	14.11%
7	5	1.55	10%	14%	16.2%	500	14%	800	1796.30	2596.30	14.44%
8	6	2.10	10%	14%	18.4%	500	16%	1000	1385.87	2385.87	15.72%
9	最大公司价值				2669.74		对应方案			3	
10	最小加权平均资本成本				14.05%		对应方案			3	

图3-15　公司总价值分析工作表

根据前面所述，以及加权平均资本成本计算原理，模型中的公式设置如下：

E3=C3+B3*(D3-C3)

利用Excel的自动填充技术，快速定义E4:E8区域中各单元格公式。

I3=(F3-G3*H3)*(1-25%)/E3

利用Excel的自动填充技术，快速定义I4:I8区域中各单元格公式。

J3=H3+I3

利用Excel的自动填充技术，快速定义J4:J8区域中各单元格公式。

K3=G3*H3/J3*(1-25%)+E3*I3/J3

利用Excel的自动填充技术，快速定义K4:K8区域中各单元格公式。

E9=MAX(J3:J8)

J9=MATCH(E9,J3:J8,0)

E10=MIN（K3：K8）

J10=MATCH（E10，K3：K8，0）

公式定义完毕，决策结果随即自动显示出来。方案3（债务为400万元时的资本结构）为公司最佳资本结构。

MATCH函数的功能和语法见表3-11中的说明。

表3-11　　MATCH函数的功能和语法

功能	返回在指定方式下与指定数值匹配的数组中元素的相应位置
语法	MATCH(lookup_value,lookup_array,match_type)
	lookup_value为需要在look_array中查找的数值。 lookup_array为所要查找的数值的连续单元格区域，应为数组或数组引用。 match_type为数字-1、0或1，指明Microsoft Excel如何在lookup_array中查找lookup_value。 如果match_type为1，函数MATCH查找小于或等于lookup_value的最大数值。lookup_array必须按升序排列：…、-2、-1、0、1、2、…、A-Z、false、true。 如果match_type为0，函数MATCH查找等于lookup_value的第一个数值。lookup_array可以按任何顺序排列。 如果match_type为-1，函数MATCH查找大于或等于lookup_value的最小数值。lookup_array必须按降序排列：true、false、Z-A、…、2、1、0、-1、-2、…。 如果省略match_type，则假设为1

从图3-15中可以观察到，在没有债务的情况下，公司总价值就是其原有股票的价值。当公司用债务资本部分地替换权益资本时，一开始，公司总价值上升，加权平均资本成本下降；当债务达到400万元时，公司总价值最高，加权平均资本成本最低；当债务超过400万元后，公司总价值又开始下降，加权平均资本成本也开始上升。因此，债务为400万元时的资本结构就是该公司的最佳资本结构。

资本成本比较分析法只考虑资本成本，以平均加权资本成本（综合资本成本）最低者作为资本结构决策的依据。

每股收益分析法只以每股收益的高低作为衡量标准对筹资方案进行选择。

公司总价值分析法则同时考虑企业总价值、资本结构和风险问题，以资本成本最低和企业价值最大作为资本成本决策的依据。

当然，最终确定资本结构，还应该考虑企业价值和资本成本以外的各种影响资本结构的因素，如企业的举债能力、企业的经营风险、企业的控制权、企业的信用等级与债权人的态度、企业的成长率、企业的盈利能力等，以克服量化模型的局限。

同步练习3-4

【练习题3-4-1】**（思考题）**资本结构评价的简单量化方法有哪些？

同步练习3-4

学习总结3-4

本节培养读者学会利用Excel建立资本结构评价分析模型。

学习内容：建立在资本结构理论基础上的简单的量化方法主要有资本成本比较分析法、每股收益分析法和公司总价值分析法，MATCH函数应用。

学习重点：建立资本结构评价分析模型。

学习难点：建立资本结构评价分析模型的方法。

学习评估3-4（见表3-12）

表3-12　　“Excel在资本结构评价分析中的应用”学习评估表

学习要点	学习效果	
资本结构分析理论	熟知	
资本成本比较分析法	熟知	
每股收益分析法	熟知	
总价值分析法	熟知	
MATCH函数应用	掌握	
建立资本结构评价分析模型	掌握	

第四章 Excel在流动资产管理中的应用

学习目标

1. 了解流动资产管理的内容。
2. 熟悉最佳现金持有量分析的方法。
3. 熟悉工作表之间数据链接的方法。
4. 掌握 MATCH、SQRT、POWER、SUMIF、IF 函数应用的方法。
5. 掌握条件格式应用的方法。
6. 学会在Excel工作表中建立最佳现金持有量分析模型。
7. 学会在Excel工作表中建立商品进销存自动统计模型。
8. 学会利用Excel进行应收账款信用策略分析。
9. 掌握Excel在存货经济订货批量决策分析中的应用。
10. 养成勤于思考的习惯，培养团结协作的精神和解决问题的方法、能力。

内容框架

Excel在流动资产管理中的应用

- Excel在最佳现金持有量分析中的应用
  - 最佳现金持有量分析模式
  - MATCH、SQRT、POWER函数
  - 建立分析模型
- Excel在商品进销存自动统计分析中的应用
  - 工作表数据链接
  - SUMIF函数
  - 建立统计分析模型
- Excel在应收账款信用策略分析中的应用
  - 应收账款信用策略分析方法
  - IF函数
  - 建立分析模型
- Excel在存货经济订货批量决策分析中的应用
  - 经济订货批量决策分析方法
  - SQRT函数
  - 规划求解工具应用
  - 建立分析模型

素养提升　　平凡之中显身手

“家底有千万，不如勤周转”，流动资产管理水平往往代表着企业管理水平的高低，流动资产管理工作繁琐、细碎，需要耐心、细心和责任心。财务工作既是一项管理工作，也是一项服务工作，财务管理部门要增强合作意识，为业务部门做好决策支持服务，实现业财融合、协同管理，在平凡的工作岗位上发挥出重要作用。

第一节　Excel在最佳现金持有量分析中的应用

一、学习引例

学习引例 4-1

最佳现金持有量分析

【学习引例 4-1】根据最佳现金持有量分析理论，利用Excel进行最佳现金持有量分析。

二、引例分析

现金是流动性最强的资产，作为交换媒介，具有普遍的可接受性。企业持有现金主要是为了满足交易性、预防性和投机性需要，可能会面临现金不足和现金过量两方面的问题。现金持有量过少，不能应付日常业务开支，会使企业遭受一定损失；现金持有量过多，不能取得应得利益，而使企业蒙受另一种损失。因此，现金的管理不仅仅是日常收支管理，还应控制好现金的持有规模。根据最佳现金持有量控制分析理论，利用Excel建立最佳现金持有量分析模型，可以高效地解决现金的持有量控制分析问题。

三、相关知识

最佳现金持有量分析模式有三种：成本分析模式、存货模式、随机模式。

（一）成本分析模式

成本分析模式就是将总成本最低时的现金持有量作为最佳现金持有量。企业持有现金的成本主要包括机会成本（资本成本）、管理成本和短缺成本三种。现金的占用费就是它的机会成本，与现金持有量成正比例变化。企业持有现金时发生的工资、安全措施等管理费用是现金的管理成本，它是一种固定成本，不随现金持有量的变化而变化。现金的短缺成本是现金不能应付业务开支而使企业损失的利益或为此付出的代价，它与现金持有量成反比例关系。

（二）存货模式

现金持有量的存货模式又称威廉·鲍曼（William Baumol）模型。如果企业平时只持有较少的现金，在需要现金时，通过出售有价证券换回现金，或从银行借入现金，就能满足现金的需要，既避免发生短缺成本，又能减少机会成本。因此，适当的现金与有价证券之间的转换是企业提高资金使用效率的有效途径。但是，如果每次任意量地进行有价证券与现金的转换，还是会加大企业的成本。如何解决现金的最佳存量和一定时期内有价证券的最佳变现次数问题，需要应用现金持有量的存货模式，这个模式将现金的持有成本同有价证券买卖的交易成本进行权衡。

存货模式假设：企业在一定时期内对现金的需求为已知常数，单位时间的现金使用量是一个稳定值，企业需要现金时可以出售有价证券。

一定时期内的现金需求量用T表示，最佳现金持有量用C表示，一次出售有价证券以补充现金所需交易成本用F表示，持有现金的机会成本（有价证券的利率）用K表示，则：

一定时期内出售有价证券的交易成本=（T/C）×F

一定时期内持有现金的机会成本=（C/2）×K

总成本=交易成本+机会成本=（T/C）×F+（C/2）×K

总成本最低时的持有量就是最佳现金持有量。

$$C = \sqrt{(2T \times F)/K}$$

（三）随机模式

随机模式是在现金需求量难以准确预知的情况下进行现金持有量控制的方法。其做法是，根据历史经验和现实需要，测算出现金持有量的上限和下限，制定出现金持有量的控制范围。当现金持有量达到控制上限时，用现金购入有价证券，使现金持有量下降；当现金持有量降到控制下限时，则用有价证券换回现金，使现金持有量回升；现金持有量在控制的上下限之内，便不必进行现金与有价证券的转换。这种对现金持有量的控制，反映在图表上如图4-1所示。

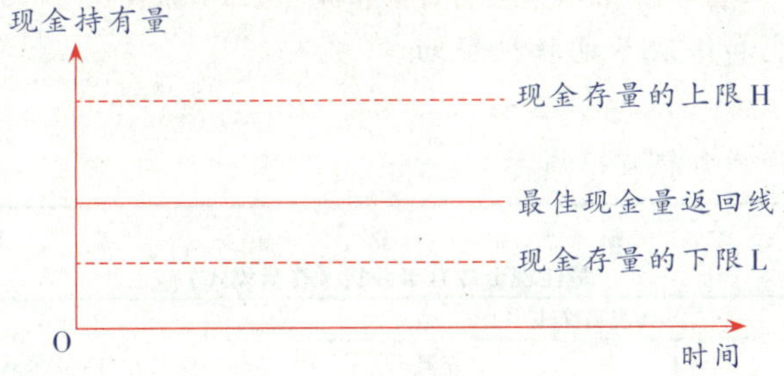

图4-1　现金存量波动示意图

L的确定受企业每日最低现金需要、管理人员的风险承受倾向等因素的影响。H和R按下列公式计算：

$$R = \sqrt[3]{\frac{3b\delta^2}{4i}} + L$$

$$H = 3R - 2L$$

式中：

b为每次有价证券的固定转换成本；

i为有价证券的日利息率；

δ代表根据历史资料测算的预期每日现金余额变化的标准差。

随机模式建立在企业的现金未来需求量和收支不可预测的前提下，计算出来的现金持有量比较保守。

四、实际操作：建立最佳现金持有量分析模型

（一）成本分析模式

建立如图4-2所示的分析模型，比较现金持有量各个方案的总成本，总成本最低的方案就是最优方案。

	A	B	C	D	E
1	最佳现金持有量分析（成本分析模式）				
2	项　目	方　案			
3		1	2	3	4
4	资本成本	15%	15%	15%	15%
5	现金持有量（元）	250000	350000	450000	600000
6	机会成本（元）	37500	52500	67500	90000
7	管理成本（元）	45000	45000	45000	45000
8	短缺成本（元）	50000	30000	20000	0
9	总成本（元）	132500	127500	132500	135000
10	最佳成本（元）	127500			
11	最佳现金持有量（方案）	2			
12	公式说明： B9=B6+B7+B8　C9=C6+C7+C8　D9=D6+D7+D8 E9=E6+E7+E8　B10=MIN(B9:E9)　B11=MATCH(B10,B9:E9,0)				

图4-2　最佳现金持有量分析之成本分析模式

MATCH函数的功能和语法参见联机帮助。

（二）存货模式

存货模式的Excel分析如图4-3所示。

	A	B	C	D	E	F
1	最佳现金持有量分析（存货模式）					
2	列表测算法					公式说明
3	项　目	方案				
4		1	2	3	4	
5	现金总需求（元）	2000000	2000000	2000000	2000000	B10=B9*B6
6	有价证券利率	9%	9%	9%	9%	C10=C9*C6
7	每次交易成本（元）	2000	2000	2000	2000	D10=D9*D6
8	初始现金持有量（元）	600000	500000	400000	300000	E10=E9*E6
9	平均现金持有量（元）	300000	250000	200000	150000	B11=B5/B8*B7
10	机会成本（元）	27000	22500	18000	13500	C11=C5/C8*C7
11	交易成本（元）	6667	8000	10000	13333	D11=D5/D8*D7
12	总成本（元）	33667	30500	28000	26833	E11=E5/E8*E7
13	最佳成本（元）				26833	B12=B10+B11
14	最佳现金持有量（方案）				4	C12=C10+C11
15	公式计算法					D12=D10+D11
16	现金总需求（元）				2000000	E12=E10+E11
17	有价证券利率				9%	B13=MIN(B12:E12)
18	每次交易成本（元）				2000	B14=MATCH(B13,B12:E12,0)
19	最佳现金持有量（元）				298142	B19=SQRT(2*B16*B18/B17)
20	总成本（元）				26833	B20=(B19/2)*B17+(B16/B19)*B18

图4-3　最佳现金持有量分析之存货模式

SQRT函数的功能是返回数值的平方根，其语法格式是：SQRT（number），其中number为要计算平方根的数。

结果显示，按列表测算法，4种方案中初始现金持有量为300 000元是最佳方案；按公式计算法，最佳（初始）现金持有量为298 142元，与列表测算法得出的结果基本一致。

（三）随机模式

随机模式的最佳现金持有量的Excel分析如图4-4所示。

	A	B
1	最佳现金持有量分析（随机模式）	
2	项　目	数 据
3	有价证券的年利率	9%
4	有价证券的日利率（i）	0.0250%
5	每次有价证券的固定转换成本（b）	150
6	现金存量的下限（L）	15000
7	现金余额波动的标准差（δ）	2500
8	现金返回线（R）	29116
9	现金存量的上限（H）	57347
10	公式说明： B8=POWER((3*B5*POWER(B7,2))/(4*B4),1/3)+B6 B9=3*B8-2*B6	

图4-4　最佳现金持有量分析之随机模式

POWER函数的功能是：返回某数的乘幂。

POWER函数的语法是：POWER(number,power)。其中，number为底数，可以为任意实数；power为指数，底数按该指数次幂乘方。

结果表明，当企业的现金余额达到57 347元时，应以28 231元（57 347-29 116）的现金投资于有价证券，使现金持有量回落到29 116元；当企业的现金余额降到15 000元时，则应转让14 116元（29 116-15 000）的有价证券，使现金持有量回升到29 116元。

同步练习4-1

同步练习4-1

【练习题4-1-1】（操作题）某企业有三种现金持有方案，见表4-1。

表4-1　某企业现金持有的三种备选方案

内容	方案1	方案2	方案3
现金持有量（元）	150 000	200 000	300 000
管理成本（元）	20 000	20 000	20 000
机会成本率	9%	9%	9%
短缺成本（元）	45 000	30 000	0

根据资料，确定该企业的最佳现金持有量。

【练习题4-1-2】（思考题）最佳现金持有量分析模式有哪些？

学习总结4-1

本节是培养读者学会利用Excel建立最佳现金持有量分析模型。

学习要点：最佳现金持有量分析模式及其方法，MATCH函数应用，POWER函数应用，SQRT函数应用。

学习重点：最佳现金持有量分析模式与函数应用的对应结合。

学习难点：最佳现金持有量分析建模思路。

学习评估4-1（见表4-2）

表4-2　“Excel在最佳现金持有量分析中的应用”学习评估表

学习要点	学习效果	
最佳现金持有量分析模式及其方法	熟知	
MATCH函数应用	掌握	
SQRT函数应用	掌握	
POWER函数应用	掌握	
建立最佳现金持有量分析模型	掌握	

第二节　Excel在商品进销存自动统计分析中的应用

一、学习引例

【学习引例4-2】利用Excel处理数据时的动态链接功能，根据商品购进和销售数据，进行商品进销存的自动统计，加强存货管理。

学习引例4-2

商品进销存自动统计分析

二、引例分析

在库存管理或者商品进销存统计工作中，存在着大量的数据查找、登记、计算和汇总工作。用手工解决，是费时费力又劳神的事情；靠自己开发软件来解决这些问题，并不是每个会计人员都能办得到；而利用通用的商品化专业软件来解决，又需要额外的开支。随着Excel电子表格的广泛使用，利用其强大的功能去解决这些问题其实是一件十分方便和轻松的事情。对于经营品种比较单一的企业，可以利用Excel快速建立简易的商品进销存自动统计系统。

首先，在一个工作簿中分别制作一个“进货”工作表、一个“销售”工作表和一个“进销存自动统计”工作表。每当发生进货或销售业务而在“进货”工作表或在“销售”工作表中输入进货或销售数据时，“进销存自动统计”工作表中便自动统计出每一种商品的当前总进货量、当前总销售量和当前库存量。当库存量超过或低于规定的“报警线”时，能够以某种显眼的字符突出显示，以示报警。

三、相关知识

商品进销存自动统计系统的建模关键是要把握Excel表格的制作、SUMIF函数的运用，以及条件格式的运用。同时还要注意，Excel公式中的所有字符，除汉字外都必须在英文

（En）状态下输入。

（一）SUMIF函数的功能与语法

SUMIF函数的功能与语法格式见联机帮助说明。

（二）条件格式

关于条件格式的应用方法，详见第一章第三节中的“七、使用条件格式”。

四、实际操作：建立进销存自动统计分析系统

（一）新建工作簿

建立进销存自动统计系统工作簿。

（二）定义工作表名称及数据

（1）双击“Sheet1”工作表标签，输入“进货”后按回车键。双击“Sheet2”工作表标签，输入“销售”后按回车键。双击“Sheet3”工作表标签，输入“进销存自动统计”后按回车键。

（2）选择“进货”工作表，输入标题（进货日期、商品名称、进货数量）和相应数据。仅为说明问题，这里假设只有甲、乙、丙三种商品，如图4-5所示。

（3）选择“销售”工作表，输入标题（销售日期、销售去向、商品名称、销售数量）和相应数据，如图4-6所示。

（4）选择“进销存自动统计”工作表，在第一行中分别输入标题内容：商品名称、当前总进货量、当前总销售量、当前库存量，如图4-7所示。

	A	B	C
1	进货记录		
2	进货日期	商品名称	进货数量
3	2025/6/1	甲	1800
4	2025/6/1	乙	600
5	2025/6/2	丙	300
6	2025/6/3	甲	200
7			
8			
9			
10			

图4-5　“进货”工作表

	A	B	C	D
1	销售记录			
2	销售日期	销售去向	商品名称	销售数量
3	2025/6/1	A公司	甲	100
4	2025/6/2	个人	甲	200
5	2025/6/3	B单位	甲	200
6	2025/6/2	个人	乙	510
7	2025/6/3	个人	丙	300
8				
9				
10				
11				

图4-6　“销售”工作表

	A	B	C	D
1	进销存自动统计			
2	商品名称	当前总进货量	当前总销售量	当前库存量
3	甲			
4	乙			
5	丙			

图4-7 “进销存自动统计”工作表

（三）定义“进销存自动统计”工作表中的计算公式

1.定义当前总进货量的统计计算公式

在“进销存自动统计”工作表的B3单元格中输入：

=SUMIF(进货！B:B,"甲",进货！C:C)

拖动B3单元格的填充柄至B5单元格，完成公式的复制。

【说明】定义公式时借助于鼠标的操作，更为便捷。具体方法是，当在“进销存自动统计”工作表的B3单元格中输入“=SUMIF（”后，用鼠标单击“进货”工作表标签，再用鼠标选中B3：B5，这时将会出现“=SUMIF(进货！B3:B5）”这样的结果，去掉3和5即可。

选择B4单元格，按F2键，修改公式中的“甲”为“乙”。

选择B5单元格，按F2键，修改公式中的“甲”为“丙”。

从公式定义可以看出，这里的单元格相加求和的条件依据是具体的商品名称。

2.定义当前总销售量的统计计算公式

在“进销存自动统计”工作表的C3单元格中输入：

=SUMIF(销售！C:C,"甲",销售！D:D)

拖动C3单元格的填充柄至C5单元格，完成公式的复制。

选择C4单元格，按F2键，修改公式中的“甲”为“乙”。

选择C5单元格，按F2键，修改公式中的“甲”为“丙”。

3.定义当前库存量的计算公式

在D3单元格中输入：=B3-C3

拖动D3单元格的填充柄至D5单元格，完成公式复制工作。

（四）“进销存自动统计”工作表中的库存报警设置

（1）单击D列列标，单击“条件格式”按钮（位于“开始”选项卡下“样式”组中），鼠标指向“突出显示单元格规则”，接着再单击“大于”，弹出对话框，如图4-8所示。在对话框中，输入数值“1000”，设置为“自定义格式”，单击“确定”按钮，进入“设置单元格格式”对话框，设置字体为红色并加粗，完成最高库存量报警设置。

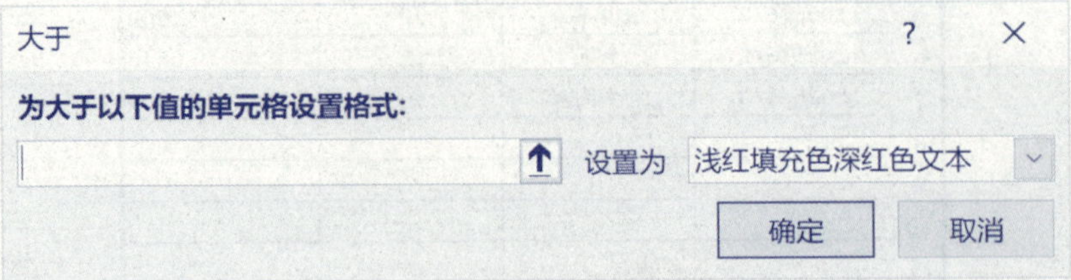

图4-8 条件格式设置

（2）单击D列列标，单击“条件格式”按钮，鼠标指向“突出显示单元格规则”，接着再单击“小于”，弹出对话框。在对话框中，将数值小于100的单元格格式设置为“绿色”“加粗”显示，完成最低库存量报警设置。

（五）日常应用

（1）平时，每次只要在“进货”工作表和“销售”工作表中输入实际发生的进货或销售数据，“进销存自动统计”工作表中便会自动得到当前总进货量、当前总销售量以及当前库存量。

当库存量超过或低于报警线数字时，就会以红色或绿色并加粗字符突出显示。

（2）如果购入了“进货”工作表中没有的新货，需要按照上面所述方法在“进货”工作表和“进销存自动统计”工作表中增设相应的商品数据资料及其取数公式。

【提示】本例只是提供了利用Excel实现商品进销存自动统计的一种基本思路和基本做法，重点是公式的运用。至于商品进销存业务中的商品编号、业务摘要以及销售单价、金额、备注等，可以根据各自需要在工作表中进行相应设置，并在此基础上进行公式的相应设置，工作表函数公式中单元格相加求和的条件依据可由“商品名称”变为“商品编号”。总之，应根据实际情况进行灵活设置。

同步练习4-2

同步练习4-2

【练习题4-2-1】（**操作题**）结合实际调研，设计商品进销存自动统计系统。

【练习题4-2-2】（**思考题**）描述SUMIF函数的功能和语法格式。

学习总结4-2

本节是培养读者学会建立商品进销存自动统计分析模型。

学习要点：理解单元格数据链接的方法，掌握SUMIF函数应用。

学习重点：认识单元格数据链接方法，公式设置，SUMIF函数应用。

学习难点：SUMIF函数应用。

学习评估4-2（见表4-3）

表4-3　“Excel在商品进销存自动统计中的应用”学习评估表

学习要点	学习效果	
不同工作表之间单元格数据链接的方法	熟知	
SUMIF函数应用	掌握	

第三节　Excel在应收账款信用策略分析中的应用

一、学习引例

学习引例4-3

【学习引例4-3】汉江公司目前的应收账款信用策略及相关经营情况见表4-4。

应收账款信用策略分析

表4-4　汉江公司目前的应收账款信用策略及相关经营情况

项目	数据
目前信用政策下的销售额	200 000元
销售利润率	18%
平均坏账损失率	7%
信用条件	20天付清
平均收账期	20天
现金折扣政策	无现金折扣
应收账款的机会成本	12%

假设汉江公司要改变应收账款信用策略，提出甲、乙两个方案，见表4-5。

表4-5　汉江公司应收账款信用策略及相关经营情况变化数据

甲方案	乙方案
增加销售额60 000元	增加销售额40 000元
增加销售额的坏账损失率为9%	增加销售额的坏账损失率为8%
现金折扣条件：45天内付清，无现金折扣	现金折扣条件：3/10，2/20，n/30
有现金折扣的销售额占总销售额的百分比为0	有现金折扣的销售额占总销售额的百分比为40%
平均收账期为40天	平均收账期为18天

根据上述资料，在Excel工作表中建立应收账款信用策略分析模型。

二、引例分析

根据应收账款信用策略分析方法，结合本例情况，在Excel工作表中建立分析模型。

三、相关知识

（一）应收账款信用策略问题

随着市场经济的发展，商业竞争越来越激烈，除了产品质量、价格、服务、广告宣传等手段外，企业赊销行为也是招揽顾客、扩大销售的重要手段，企业赊销形成的应收账款数额明显增多，商业信用成为一种普遍的经济现象。

企业采取应收账款方式销售商品，目的是扩大销售，增强竞争力，进而求得一定的利润。

应收账款也是企业的一项资金投放，是为了扩大销售和盈利而进行的投资，而投资肯定要发生成本。进行应收账款投资的成本主要有机会成本、管理成本和坏账成本。应收账款的机会成本是指资金投放在应收账款而丧失的其他收入。应收账款的管理成本是指调查客户信用状况的费用、收账费用等。应收账款的坏账成本是指因应收账款无法收回而发生的损失。应收账款的管理成本和坏账成本随着应收账款的增加而增加。

应收账款的存在，在为企业扩大销售的同时，也会导致相关成本费用和坏账损失的增加，并给企业带来一定的财务风险，所以就必然存在应收账款的信用策略问题。

应收账款信用策略就是在充分发挥应收账款功能的基础上，在应收账款信用策略所增加的盈利和相应的应收账款成本之间进行权衡。

只有当赊销所增加的盈利超过所增加的成本时才应当实施相应的应收账款信用策略。如果放宽信用策略有着良好的盈利前景，就应当积极地采取相应的应收账款信用策略。

（二）应收账款信用策略的内容

应收账款信用策略一般应考虑信用标准、信用期间和现金折扣这三个基本因素。

信用标准是指客户获得企业的交易信用所应具备的条件。如果顾客达不到信用标准，便不能享受企业的信用优惠，或者只能享受较低的信用优惠。企业在确定某顾客的信用标准时，往往要先评估其赖账的可能性，主要从品质、能力、资本、抵押和条件这五方面进行系统评估。

信用期间是指企业允许客户从购货到付款之间的期限，也就是企业给顾客限定的付款期间。信用期太短，不足以吸引顾客，缺乏竞争优势；信用期太长，固然可以增加销售，但销售增长的同时也势必会增加收账费用、资金成本，甚至导致坏账损失，所得收益可能会被增长的费用抵销。因此，信用期的确定主要应考虑改变现行信用期对收入和成本的影响，企业必须全面权衡利弊和得失，确定出合理的信用期。

现金折扣是企业为鼓励客户及早付款而对顾客在商品价格上所作扣减的一种信用策略。这种信用条件的表达形式如“3/10，2/20，n/30”，即10日内付款可以享受3%的优惠，10日以后20日以内付款可以享受2%的优惠，20日以后付款没有优惠，最后付款期限为30日。企业采用现金折扣政策，要与信用期间结合起来考虑。不论是信用期间还是现金折扣，都可能给企业带来收益，同时也会增加成本。给予多大折扣能吸引顾客在多少天内付款？应当考虑所带来的收益与成本孰高孰低，权衡利弊后做出抉择。

（三）应收账款信用策略分析的方法

应收账款信用策略中每一种因素的变化都会影响企业利益的变化，探讨不同的应收账款信用策略方案可能会产生的财务效果，应首先考虑每种因素的变化与经济效益变化之间的关系，然后将各种相关因素给予一定程度的放宽或收紧，最后测定收入与成本的相应变化。

分析公式如下：

$$\text{信用标准变化引起利润的变化}=\text{新方案销售额增减量}\times\text{销售利润率}$$

$$\begin{matrix}\text{信用期间变化引起应收}\\ \text{账款机会成本的变化}\end{matrix}=\left(\frac{\text{平均收账期增量}}{360}\times\begin{matrix}\text{原方案}\\ \text{销售额}\end{matrix}+\frac{\text{平均收账期}}{360}\times\begin{matrix}\text{新方案}\\ \text{销售额增量}\end{matrix}\right)\times\begin{matrix}\text{应收账款}\\ \text{机会成本}\end{matrix}$$

$$\text{信用条件变化引起现金折扣的变化}=\left(\begin{matrix}\text{原方案}\\ \text{销售额}\end{matrix}+\begin{matrix}\text{新方案}\\ \text{销售额增量}\end{matrix}\right)\times\begin{matrix}\text{有现金折扣的销售额}\\ \text{占总销售额的百分比}\end{matrix}\times\begin{matrix}\text{现金}\\ \text{折扣率}\end{matrix}$$

$$\text{信用标准变化引起坏账损失的变化}=\text{销售额增量}\times\text{增加销售额的坏账损失率}$$

$$\begin{matrix}\text{应收账款信用策略变化}\\ \text{带来的净损益变化}\end{matrix}=\begin{matrix}\text{信用标准}\\ \text{变化引起}\\ \text{利润的变化}\end{matrix}-\begin{matrix}\text{信用期间变化}\\ \text{引起应收账款}\\ \text{机会成本的变化}\end{matrix}-\begin{matrix}\text{信用条件变化}\\ \text{引起现金}\\ \text{折扣的变化}\end{matrix}-\begin{matrix}\text{信用标准变化}\\ \text{引起坏账}\\ \text{损失的变化}\end{matrix}$$

若应收账款信用策略变化带来的净损益大于零，方案可行；否则，方案不可行。

四、实际操作：建立应收账款信用策略分析模型

根据上述资料建立应收账款信用策略分析模型，如图4-9所示。

	A	B	C	D
1	应收账款信用策略分析模型			
2	基本数据			
3	原方案的销售额（元）			200000
4	销售利润率			18%
5	应收账款的机会成本			12%
6	项　目	原方案	甲方案	乙方案
7	销售额增量（元）	0	60000	40000
8	平均收账期（天）	20	40	18
9	增加销售额的坏账损失率	7%	9%	8%
10	有现金折扣的销售额占总销售额的百分比	0%	0%	40%
11	现金折扣率	0%	0%	2%
12	分析结果			
13	项目		甲方案	乙方案
14	利润变化（元）		10800	7200
15	应收账款机会成本变化（元）		2133.33	106.67
16	现金折扣变化（元）		0	1920
17	坏账损失变化（元）		5400	3200
18	应收账款信用策略变化带来的净损益变化(元)		3266.67	1973.33
19	方案选择		甲方案	

图4-9　应收账款信用策略分析表

表中甲方案的计算公式设计如下：

C14=C7*$D$4

C15=((C8-$B$8)/360*$D$3+C8/360*C7)*$D$5

C16=($D$3+C7)*C10*C11

C17=C7*C9

C18=C14-C15-C16-C17

每种方案中，各指标的计算公式具有相同特点，一旦建立好一个方案的计算公式，就可以利用Excel的智能复制技术快速建立其他方案的计算公式。

对于乙方案，公式复制方法是：

用鼠标拖动C14单元格右下角的填充柄（十字形）到D14单元格，即可完成D14单元格公式的定义。用同样方法快速完成D15、D16、D17、D18单元格公式的定义。

D14=D7*$D$4

D15=((D8-$B$8)/360*$D$3+D8/360*D7)*$D$5

D16=($D$3+D7)*D10*D11

D17=D7*D9

D18=D14-D15-D16-D17

最后，设计最优方案自动显示公式，在C19单元格中录入：

=IF(C18>D18,"甲方案","乙方案")

关于IF函数的应用方法，详见联机帮助说明。

建立应收账款信用策略分析模型是为了测算信用条件变化对利润和各种成本的影响。从图4-9中的分析结果可以看出，甲、乙两个方案中，甲方案为最优方案。

当应收账款信用策略分析模型建立后，财务管理人员就可以根据情况在基本数据区输入相应数据，形成不同的方案，分析结果区中自动显示出方案选择结果。财务管理人员还可以根据实际变化需要改变应收账款信用策略中的每一个因素，基本数据的改变将引起分析结果区域中相应数据的自动变化，并自动显示出最优方案。

同步练习4-3

【练习题4-3-1】**（操作题）**实地调研一个企业，利用Excel为其设计一个应收账款信用策略分析模型。

同步练习4-3

学习总结4-3

本节是培养读者学会利用Excel建立应收账款信用策略分析模型。

学习要点：熟知应收账款信用策略分析的方法，掌握IF函数应用和条件格式应用。

学习评估4-3（见表4-6）

表4-6　“Excel在应收账款信用策略分析中的应用”学习评估表

学习要点	学习效果	
应收账款信用策略分析的方法	熟知	
IF函数应用	掌握	
建立应收账款信用策略分析模型	掌握	

第四节　Excel在存货经济订货批量决策分析中的应用

一、学习引例

学习引例4-4

存货经济订货批量决策分析1

【学习引例4-4】某企业全年需要某种材料287 500千克，每千克材料每年的储存成本为1.44元，每次订货成本为650元。建立Excel模型，自动计算该材料的经济订货批量、全年最佳订货次数。

学习引例4-5

存货经济订货批量决策分析2

【学习引例4-5】某企业全年需要某种零件3 600件，每日供应量为30件，每日需用量为10件，每次订货成本为25元，每件零件的年储存成本为2元。建立Excel模型，自动计算该零件的经济订货批量、全年最佳订货次数。

学习引例4-6

存货经济订货批量决策分析3

【学习引例4-6】某企业全年需要某种材料3 600件，每日供应量为30件，每日需用量为10件，单位材料购买成本为10元，每次订货成本为25元，每件材料的年储存成本为2元。供应商规定，凡每次订货量在300件以上，可享受2%的折扣优惠；每次订货量在400件以上，可享受3%的优惠；每次订货量在500件以上，可享受5%的折扣优惠。建立Excel模型，分析该企业应该如何订货。

二、引例分析

根据存货经济订货批量决策的基本原理，结合已知情况，判断应采取哪一种决策模型。

对于【学习引例4-4】，采用“存货经济订货批量的基本决策模型”进行分析。

对于【学习引例4-5】，采用“存货陆续供应和耗用且不允许缺货情况下的经济订货批量决策模型”进行分析。

对于【学习引例4-6】，采用“有批量折扣且不允许缺货情况下的经济订货批量决策模型”进行分析。

三、相关知识

存货是指企业在生产经营过程中为销售或者耗用而储备的材料、燃料、低值易耗品、在产品、半成品、产成品、商品等物资。企业为了保证生产或销售的正常进行，需要一定量的存货；为了获得价格优惠所进行的大批量购买也会形成一定量的存货。存货管理在企业流动资产管理中处于十分重要的地位。存货管理的目标就是在满足企业经营的条件下使存货成本水平最低，而存货成本水平又与存货的订货批量紧密相关，存货的经济订货批量决策问题就成为存货管理的一个重要问题。靠传统的手工解决经济订货批量问题，较为烦琐，影响了存货管理工作的开展；如果借助于Excel，则可以轻而易举地动态解决，给存货管理工作带来极大的便利。

（一）存货成本

存货的经济订货批量就是使存货的总成本最低的每次订货批量，因此，与存货的经济订货批量决策相关的问题主要是存货成本问题。

1.订货成本

订货成本是指为采购存货所花费的各项进货费用，包括采购人员的办公费和差旅费，存货的运输费用、保险费用、检验费用等。订货成本分为订货的固定成本和订货的变动成本。订货的固定成本与订货次数无关，如常设采购机构的基本开支；订货的变动成本与订货次数有关，如差旅费、邮资等。订货成本与一定时期的订货次数成正比，与一次订货量成反比。

2.采购成本

采购成本是指购买存货所支付的价款，是存货本身的价值。一定时期内，在存货的需求量和采购量一定的情况下，若供应商没有按订货数量多少给予价格上的折扣，则采购成本是确定的。

3.储存成本

储存成本是指存货在仓库中储存和保管所花费的各项费用，包括存货占用资金的机会成本，仓库人员的工资及办公费，库房的折旧费、维修费、保险费及存货的合理损耗等。储存费用也有固定成本和变动成本之分。固定成本与存货数量的多少无关，如仓库折旧、仓库职工的固定工资；变动成本与存货的数量有关，如存货资金的应计利息、存货的损耗、存货的保险费用等。一般地，储存费用与一定时期的存货量成正比。

4.缺货成本

缺货成本是指由于存货供应中断而造成的损失，包括材料供应中断造成的停工损失、产成品库存缺货造成的拖欠发货损失和丧失销售机会的损失；如果生产企业以紧急代用材料解决库存材料中断之需要，则缺货成本表现为紧急额外购入支出大于正常采购支出的部分。

（二）存货经济订货批量的基本决策模型

影响存货总成本的变量因素有很多，为了解决比较复杂的问题，有必要进行适当简化，先解决简单的问题，然后再扩展到复杂的问题。

基本的经济订货批量模型建立在以下假设条件下：所需存货市场供应充足，企业能够瞬时补充存货，即需要订货时便可立即取得存货；集中一次入库，而不是陆续到货；不允许缺货，即不存在缺货成本，这是因为良好的存货管理本来就不应该出现缺货成本；一定时期的存货总需求量确定，日需求量稳定；存货的购进单价保持不变，即不考虑批量折扣。

如果用F_1表示订货的固定成本，用K表示订货的变动成本，订货次数等于存货全年订货量D与每次订货量Q之商，则订货成本的计算公式为：

$$订货成本 = F_1 + \frac{D}{Q}K$$

如果全年订货量用D表示，购进单价用U表示，则：

采购总成本=DU

如果用F_2表示固定储存成本，用K_C表示单位年储存费用，用Q表示每次进货量，则储存成本的计算公式为：

$$储存成本 = F_2 + K_C\frac{Q}{2}$$

存货总成本的计算公式为：

$$TC = F_1 + \frac{D}{Q}K + DU + F_2 + K_C\frac{Q}{2}$$

当F_1、K、D、U、F_2、K_C为常数时，TC的大小取决于Q。为了求出TC的极小值，对其进行求导运算，可得出经济订货批量的计算公式：

$$Q^* = \sqrt{\frac{2KD}{K_C}}$$

即：$$经济订货批量 = \sqrt{\frac{2 \times 每次订货费用 \times 全年订货量}{单位年储存费用}}$$

这个公式称为经济订货批量基本模型，求出的每次订货批量，可使TC达到最小值。

在此基础上，还可以计算出每年的最佳订货次数、经济订货批量下的存货总成本、经济订货量平均占用资金等。

$$每年最佳订货次数 = \frac{全年订货量}{经济订货批量} = \frac{D}{Q^*}$$

$$存货总成本 = \sqrt{2 \times 每次订货费用 \times 全年订货量 \times 单位年储存费用} = \sqrt{2KDK_C}$$

$$经济订货批量平均占用资金 = \frac{经济订货批量}{2} \times 单价 = \frac{Q^*}{2}U$$

经济订货批量的基本模型是在特定的假设条件下建立的，现实中能够满足这些假设条件的情况很少。为接近实际，使模型具有较高的可用性，需要放宽假设条件，对模型进行进一步改进。

（三）存货陆续供应和耗用且不允许缺货情况下的经济订货批量决策模型

实际工作中，较多的情况是：存货不是一次到达，而是陆续入库。在这种情况下，需要对基本模型进行下述修改：

设每批存货的订货量为Q，每日供应量为p，每日需用量为d，则该批存货送货期为$\frac{Q}{P}$，送货期内的全部需用量为$\frac{Q}{p}d$。由于存货边送边用，所以每批供应完时，最高存量为

$Q-\frac{Q}{p}d$，平均存量为（$Q-\frac{Q}{p}d$）/2。用D表示一定时期（全年）的订货总量，用K表示每次订货成本，用K_C表示单位年储存成本，则与批量有关的总成本为：

$$TC(Q)=\frac{D}{Q}K+\frac{1}{2}(Q-\frac{Q}{p}d)K_C=\frac{D}{Q}K+\frac{Q}{2}(1-\frac{d}{p})K_C$$

在订货变动成本与储存变动成本相等时，TC（Q）有最小值，则：

$$\frac{D}{Q}K=\frac{Q}{2}(1-\frac{d}{p})K_C$$

由此推导出经济订货批量及存货总成本的计算公式：

$$Q^*=\sqrt{\frac{2KD}{K_C}\cdot\frac{p}{p-d}}$$

$$TC(Q^*)=\sqrt{2KDK_C\cdot(1-\frac{d}{p})}$$

（四）有批量折扣且不允许缺货情况下的经济订货批量决策模型

经济订货批量的基本模型是以采购价格不随订货批量的变动而变动的假设为前提，即没有考虑数量的批量折扣问题。由于没有数量折扣时的采购成本为一个固定数，所以基本模型中的决策相关成本只有订货成本和储存成本两项。如果供应商为鼓励客户购买更多数量的商品而给予价格优惠，那么除了订货成本和储存成本之外，采购成本也成了决策中的相关成本。这时，就需要在订货成本、储存成本和采购成本之间进行权衡，订货成本、储存成本和采购成本之和最低时的订货批量方案才是最优方案。

四、实际操作：建立存货经济订货批量的分析模型

（一）【学习引例4-4】问题的解决

在Excel工作表中建立如图4-10所示的模型，B7、B8单元格的计算公式见图4-10中C列备注的公式说明。

	A	B	C
1	存货经济订货批量的基本决策模型		
2	资料		公式说明
3	年需要量（千克）	287500	
4	每次订货成本（元）	650	
5	单位年储存成本（元）	1.44	
6	分析		
7	经济订货批量（千克）	16111	B7=SQRT(2*B3*B4/B5)
8	全年最佳订货次数	18	B8=ROUNDUP(B3/B7,0)

图4-10 存货经济订货批量的基本决策模型

改变有关已知数据，计算结果会自动发生动态变化。

（二）【学习引例4-5】问题的解决

在Excel工作表中建立如图4-11所示的模型，就可以利用Excel自动计算该零件的经济订货批量、全年最佳订货次数。

	A	B	C
1	存货陆续供应和耗用且不允许缺货情况下的经济订货批量决策模型		
2	资料		公式说明
3	全年需要量（件）	3600	
4	每次订货成本（元）	25	
5	单位零件年储存成本（元）	2	
6	每日供应量（件）	30	
7	每日需要量（件）	10	
8	分析计算		
9	经济订货批量（件）	367	B9=SQRT(2*B3*B4/B5*B6/(B6-B7))
10	全年最佳订货次数	10	B10=ROUNDUP(B3/B9,0)

图4-11　存货陆续供应和耗用且不允许缺货情况下的经济订货批量决策模型

改变已知数据，计算结果可以自动实现动态变化。

（三）【学习引例4-6】问题的解决

在Excel工作表中建立如图4-12所示的模型，录入已知数据，并按照图4-12所示，定义好B12、B13、B14、B15、B16单元格公式。

	A	B	C
1	有批量折扣且不允许缺货情况下的经济订货批量决策模型1		
2	资料		
3	全年需要量（件）	3600	
4	每次订货成本（元）	25	
5	单位材料年储存成本（元）	2	
6	每日供应量（件）	30	
7	每日耗用量（件）	10	
8	价格优惠折扣率	2%	
9	单位材料购买成本（元）	10	
10	分析计算		公式说明
11	订货批量（件）	367	
12	采购成本（元）	35280	B12=B3*B9*(1-B8)
13	储存成本（元）	245	B13=(B11-B11/B6*B7)/2*B5
14	订货成本（元）	245	B14=B3/B11*B4
15	总成本（元）	35770	B15=B12+B13+B14
16	全年订货次数	10	B16=ROUNDUP(B3/B11,0)

图4-12　有批量折扣且不允许缺货情况下的经济订货批量决策结果1

执行“规划求解”命令，在打开的“规划求解参数”对话框中设置目标单元格为$B$15，并将其设为最小值（意义为总成本最小），将可变单元格设为$B$11，添加约束条件为B11>=300（订货批量约束条件为不少于300件），接着单击“求解”和“确定”按钮，保存规划求解结果，即可得到相应的订货批量、订货次数和对应的总成本。

调整价格优惠折扣率及其对应的订货批量约束条件，得到不同条件下的订货批量、全年订货次数和总成本。经过比较，每次订货500件时（全年订货8次），总成本最低，如图4-13所示。因此，该企业每次订货500件比较划算。

	A	B	C
1	有批量折扣且不允许缺货情况下的经济订货批量决策模型2		
2	资料		
3	全年需要量（件）	3600	
4	每次订货成本（元）	25	
5	单位材料年储存成本（元）	2	
6	每日供应量（件）	30	
7	每日耗用量（件）	10	
8	价格优惠折扣率	5%	
9	单位材料购买成本（元）	10	
10	分析计算		公式说明
11	订货批量（件）	500	
12	采购成本（元）	34200	B12=B3*B9*(1-B8)
13	储存成本（元）	333	B13=(B11-B11/B6*B7)/2*B5
14	订货成本（元）	180	B14=B3/B11*B4
15	总成本（元）	34713	B15=B12+B13+B14
16	全年订货次数	8	B16=ROUNDUP(B3/B11,0)

图4-13 有批量折扣且不允许缺货情况下的经济订货批量决策结果2

同步练习4-4

【练习题4-4-1】（思考题）什么是经济订货批量，决策的基本思路是什么？

【练习题4-4-2】（思考题）应用经济订货批量决策模型应注意什么问题？

【练习题4-4-3】（操作题）在实地调研基础上，利用Excel为调研企业设计存货经济订货批量决策分析模型。

同步练习4-4

学习总结4-4

通过学习，帮助读者学会利用Excel建立经济订货批量决策分析模型。

学习要点： 熟知经济订货批量决策分析的原理与方法，掌握SQRT函数的应用方法，掌握规划求解分析工具的应用方法，在此基础上学会利用Excel建立经济订货批量决策分析模型。

学习重点： 学会利用Excel建立经济订货批量决策分析模型。

学习难点： 建立经济订货批量决策分析模型的思路。

学习评估4-4（见表4-7）

表4-7 “Excel在存货经济订货批量决策分析中的应用”学习评估表

学习要点	学习效果	
经济订货批量决策分析的方法	掌握	
SQRT函数应用	掌握	
规划求解分析工具应用	掌握	
建立经济订货批量决策分析模型	掌握	

第五章 Excel在投资管理中的应用

学习目标

1. 熟悉投资决策分析的基本方法。
2. 学会Excel在投资方案评价分析中的应用。
3. 学会Excel在投资项目敏感性分析中的应用。
4. 学会Excel在投资时机分析中的应用。
5. 养成勤于思考的习惯，培养团结协作的精神和解决问题的方法、能力。

内容框架

- Excel在投资管理中的应用
  - Excel在投资方案评价分析中的应用
    - 投资决策分析知识
    - NPV、IRR和MIRR函数应用
    - 建立投资方案评价分析模型
  - Excel在投资项目敏感性分析中的应用
    - 投资项目敏感性分析
    - PV函数应用
    - 数值调节按钮的设计
    - 建立投资项目敏感性分析模型
  - Excel在投资时机分析中的应用
    - 投资时机问题的实质
    - NPV函数应用
    - 建立投资时机分析模型

素养提升　　怎样才能抵御投资风险?

投资是企业重要的理财活动。投资有风险，决策须谨慎。如果投资失败，企业就会陷入困境甚至面临破产风险。投资管理工作责任重大，不仅要有高度的责任心，还必须具备投资管理能力。做好投资分析，是获取合理投资回报和规避风险的重要前提。要做好投资管理工作，首先要从培养投资分析能力开始。

第一节　Excel在投资方案评价分析中的应用

一、学习引例

学习引例5-1

投资方案评价分析

【学习引例5-1】某企业面临甲、乙两种可选投资方案，投资项目的寿命周期均为9年，两方案各年年末的收支情况见表5-1。如果资金成本为10%，再投资报酬率为16%，对比分析甲、乙两种方案，做出决策选择。

表5-1　　甲、乙方案的投资与收入数据　　单位：万元

年份（年末）	甲方案		乙方案	
	投资	收入	投资	收入
0	4 000	0	2 500	0
1	2 000	1 500	2 500	0
2		2 000		3 000
3		2 500		2 500
4		2 500		2 500
5		3 000	1 000	3 000
6		2 500		3 000
7		2 000		2 500
8		1 500		2 000
9		1 000		1 500

二、引例分析

【学习引例5-1】分析：对于寿命期相同的投资项目，可以设计投资方案对比分析表，利用净现值NPV函数、内含报酬率IRR函数、修正内含报酬率MIRR函数进行计算，在此基础上进行决策。

在净现值指标的运用中，任何一项投资方案的净现值以不低于0为限度，否则方案将被否决。如果方案净现值都大于0，以净现值最大者为最优。

在内含报酬率指标的运用中，任何一项投资方案的内含报酬率以不低于资金成本为限度；否则，方案将被否决。内含报酬率只是未考虑现金流入的再投资机会；修正内含报酬率则同时考虑了资金的成本和各期收入的再投资报酬。

三、相关知识

（一）投资决策分析的几个重要概念

1.相关成本和相关收入

相关成本（收入）是指与特定决策有关的、评估时必须考虑的未来成本（收入）。

2.增量现金流

只有增量现金流才是与项目相关的现金流量。投资项目的增量现金流包括初始期现金流、经营期现金流、处置期现金流。

（二）投资决策分析方法

投资项目评估使用的基本方法是折现现金流量法，包括净现值法、现值指数法和内含报酬率法；辅助方法是非折现方法，包括回收期法和会计收益率法。

1.基本方法

（1）净现值法。净现值是指特定项目未来现金流入的现值与未来现金流出的现值之间的差额，它是评估项目是否可行的最重要的指标。

按照这种方法，所有未来现金流入和流出都要用资本成本折算现值，然后用流入的现值减流出的现值得出净现值。如果净现值为正数，表明投资报酬率大于资本成本，应予采纳。如果净现值为零，表明投资报酬率等于资本成本，没有必要采纳。如果净现值为负数，表明投资报酬率小于资本成本，该项目将减损股东财富，应予放弃。净现值是绝对数，反映投资的效益。

（2）现值指数法。现值指数就是未来现金流入现值与现金流出现值的比率，亦称净现值率、现值比率或获利指数。现值指数是相对数，反映投资的效率。

（3）内含报酬率法。内含报酬率是指能够使未来现金流入量现值等于未来现金流出量现值的折现率，或者说是使投资项目净现值为零的折现率。

净现值法和现值指数法虽然考虑了时间价值，可以说明投资项目的报酬率高于或低于资本成本，但没有揭示项目本身可以达到的报酬率是多少。内含报酬率是根据项目的现金流量计算的，是项目本身的投资报酬率。

2.辅助方法

（1）回收期法。回收期是指投资引起的现金流入累计到与投资额相等所需要的时间。回收年限越短，项目越有利。回收期分为静态回收期（非折现回收期）和动态回收期（折现回收期）。

（2）会计收益率法。会计收益率是指投资项目经营期各年平均利润与初始投资额的百分比。会计收益率法是根据投资方案预期平均盈利率大小选择最优方案的方法。

四、实际操作：建立投资方案评价分析模型

根据【学习引例5-1】所提供的资料，在Excel工作表中建立如图5-1所示的分析模型。模型中用到的NPV函数、IRR函数和MIRR函数，有关介绍见联机帮助。

	A	B	C	D	E	F	G	H
1	投资方案对比分析表							
2								单位：万元
3	年份(年末)	甲方案			乙方案			贴现率
4		投资	收入	现金净流量	投资	收入	现金净流量	0.1
5	0	4000	0	=C5-B5	2500	0	=F5-E5	资金成本
6	1	2000	1500	=C6-B6	2500	0	=F6-E6	0.1
7	2		2000	=C7-B7		3000	=F7-E7	再投资报酬率
8	3		2500	=C8-B8		2500	=F8-E8	0.16
9	4		2500	=C9-B9		2500	=F9-E9	
10	5		3000	=C10-B10	1000	3000	=F10-E10	
11	6		2500	=C11-B11		3000	=F11-E11	
12	7		2000	=C12-B12		2500	=F12-E12	
13	8		1500	=C13-B13		2000	=F13-E13	
14	9		1000	=C14-B14		1500	=F14-E14	
15	NPV	=NPV($H$4,D6:D14)+D5			=NPV($H$4,G6:G14)+G5			
16	IRR	=IRR(D5:D14)			=IRR(G5:G14)			
17	MIRR	=MIRR(D5:D14,$H$6,$H$8)			=MIRR(G5:G14,$H$6,$H$8)			

图5-1 投资方案决策分析的公式设置

定义完计算公式后，立即得出如图5-2所示的结果。

	A	B	C	D	E	F	G	H
1	投资方案对比分析表							
2								金额单位：万元
3	年份(年末)	甲方案			乙方案			贴现率
4		投资	收入	现金净流量	投资	收入	现金净流量	10%
5	0	4000	0	-4000	2500	0	-2500	资金成本
6	1	2000	1500	-500	2500	0	-2500	10%
7	2		2000	2000		3000	3000	再投资报酬率
8	3		2500	2500		2500	2500	16%
9	4		2500	2500		2500	2500	
10	5		3000	3000	1000	3000	2000	
11	6		2500	2500		3000	3000	
12	7		2000	2000		2500	2500	
13	8		1500	1500		2000	2000	
14	9		1000	1000		1500	1500	
15	NPV	6208			7080			
16	IRR	35%			40%			
17	MIRR	24%			25%			

图5-2 投资方案对比分析结果

根据结果，应选择乙方案。

同步练习5-1

【练习题5-1-1】（操作题）某企业进行一项固定资产投资，在建设起点一次性投入100万元，无建设期。该固定资产可使用10年，期满无残值，生产经营期每年可获得税后利润15万元，假定折现率为10%。在Excel工作表中建立分析模型，分别采用净现值和内含报酬率指标评价该方案是否可行。

同步练习5-1

【练习题5-1-2】（操作题）某企业进行一项固定资产投资，有两个投资方案可供选择。甲方案：第1年年初投资200万元，第2年年初投资100万元，建设期2年；乙方案：第1年年初一次性投资300万元，建设期1年。甲、乙方案的生产经营期均为5年，折现率为9%，各年现金净流量见表5-2。假定各年回收的现金净流量均在年末收到，在Excel工作表中建立分析模型，采用净现值法对甲、乙两个方案进行决策分析。

表5-2　　　　甲、乙两种方案的各年现金净流量

方案 年份（年末）	0	1	2	3	4	5	6	7
甲方案	-200	-100	0	90	90	90	90	90
乙方案	-300	0	90	100	110	80	60	

【练习题5-1-3】（思考题）什么是相关成本和相关收入？

【练习题5-1-4】（思考题）投资决策分析的基本方法有哪些？

学习总结5-1

投资方案评价分析就是对投资项目进行评估，涉及投资决策分析方法的选用。投资项目评估的基本方法是折现现金流量法，包括净现值法、现值指数法和内含报酬率法；辅助方法是非折现方法，包括回收期法和会计收益率法。在进行投资分析时必须考虑投资项目的相关成本和相关收入。

有了投资决策分析的思路，就可以借助于Excel进行投资决策分析。涉及的函数有净现值函数NPV、内含报酬率函数IRR、修正内含报酬率函数MIRR。利用Excel进行投资决策分析主要是为满足动态分析的需要，提高工作效率和质量。

学习评估5-1（见表5-3）

表5-3　　　　“Excel在投资方案评价分析中的应用”学习评估表

学习要点	学习效果	
投资项目评估的基本方法	熟知	
NPV函数的应用	掌握	
IRR和MIRR函数的应用	掌握	
建立投资项目方案评价分析模型	掌握	

第二节　Excel在投资项目敏感性分析中的应用

一、学习引例

学习引例5-2

投资项目敏感性分析

【学习引例5-2】某投资项目有关资料数据见表5-4。根据这些资料，在Excel工作表中建立投资项目敏感性分析模型。

表5-4　　　　投资项目敏感性分析资料

折现率	8%
项目寿命（年）	4
年营业收入	700 000
年付现成本	500 000
所得税税率	25%
初始投资额	400 000
净现值	179 622

二、引例分析

投资项目敏感性分析是用来衡量投资项目中某个因素的变动对该项目预期结果影响程度的一种方法。通过敏感性分析，可以明确关键问题，避免绝对化偏差，防止决策失误，进而增强在关键环节或关键问题上的执行力。在复杂的投资环境中，对投资项目净现值的影响是多方面的，各方面又是相互关联的，要实现预期目标，需要采取综合措施，多次测算，依靠手工完成，往往令人望而却步，借助于Excel，可以实现自动化分析。

三、相关知识

营业现金流量和投资项目净现值的计算公式如下：

营业现金流量=营业收入-付现成本-所得税

=税后净利润+折旧

=（营业收入-营业成本）×（1-所得税税率）+折旧

=（营业收入-付现成本-折旧）×（1-所得税税率）+折旧

=（营业收入-付现成本）×（1-所得税税率）+折旧×所得税税率

投资项目净现值=营业现金流量现值-投资现值

四、实际操作：建立投资敏感性分析模型

（一）建立投资项目敏感性分析模型

在Excel工作表中建立如图5-3所示的投资项目敏感性分析模型。

	A	B	C	D	E	F	G
1	投资项目敏感性分析						
2	基本资料						
3	折现率	8.00%					
4	项目寿命（年）	4					
5	年营业收入	700000					
6	年付现成本	500000					
7	所得税税率	25%					
8	初始投资额	400000					
9	净现值	179622					
10	因素变化对投资项目净现值影响的敏感性分析						
11	变动因素	因素变动调整按钮	因素变动的百分比	因素变动结果	相应的净现值	净现值增减百分比	敏感系数
12	年营业收入		1.00%	707000	197011	9.68%	9.68
13	年付现成本		0.00%	500000	197011	9.68%	#DIV/0!
14	所得税税率		0.00%	25.00%	197011	9.68%	#DIV/0!
15	初始投资额		0.00%	400000	197011	9.68%	#DIV/0!

图5-3 投资项目敏感性分析模型

（二）定义分析模型中的公式

B9=PV($B$3,$B$4,-(($B$5-$B$6)*(1-$B$7)+($B$8/$B$4)*$B$7))-$B$8

C12=B12/100-0.5，目的是将C12单元格数据能够在-50%～50%波动。

拖动C12单元格右下角的填充柄到C15单元格，完成C13、C14、C15三个单元格公式的定义。

D12=B5*(1+C12)

拖动D12单元格右下角的填充柄到D15单元格，完成D13、D14、D15三个单元格公式的定义。

E12=PV($B$3,$B$4,-(($D$12-$D$13)*(1-$D$14)+($D$15/$B$4)*$D$14))-$D$15

拖动E12单元格右下角的填充柄到E15单元格，完成E13、E14、E15三个单元格公式的定义。

F12=(E12-$B$9)/$B$9

拖动F12单元格右下角的填充柄到F15单元格，完成F13、F14、F15三个单元格公式的定义。

G12=F12/C12

拖动G12单元格右下角的填充柄到G15单元格，完成G13、G14、G15三个单元格公式的定义。

（三）定义单元格格式

C12:C15和F12:F15区域为百分比格式，保留两位小数。G12:G15区域数据保留两位小数，D12:E15区域数据保留到整数。

（四）设计数值调节按钮

（1）单击“开发工具”选项卡，单击“控件”组中的“插入”按钮，选择“数值调节钮”，此时鼠标光标变为十字状，在B12单元格中的合适位置上拖动后松开，一个数值调节钮就出现在单元格中。

【说明】如果Excel 2016窗口没有出现“开发工具”选项卡，则单击“文件”菜单命令，在弹出的下拉菜单中执行“选项”命令，打开“Excel选项”对话框，单击“自定义功能区”命令，在“主选项卡”选项下勾选“开发工具”选项，单击“确定”按钮，“开发工具”选项卡便出现在功能区上。

（2）用鼠标右键单击画好的数值调节按钮，在打开的快捷菜单中选择“设置控件格式”命令，再在打开的对话框中选择“控制”选项，进入控件格式参数的设置状态。

（3）设营业收入的波动幅度为-50%～50%，此时需要将数值调节按钮控件格式的参数设置为：最小值为0，最大值为100，步长为1，单元格链接到$B$12。

（4）用复制的办法，分别在B13、B14、B15这三个单元格中画出数值调节按钮。

（5）假设付现成本的波动幅度为-50%～50%，那么B13单元格中微调按钮的参数应设置为：最小值为0，最大值为100，单元格链接到$B$13。

（6）假设所得税税率的变化幅度为-50%～0，那么B14单元格中微调按钮的参数需设置为：最小值为0，最大值为50，步长为1，单元格链接到$B$14。

（7）假设投资额减增幅度为-50%～150%，那么B15单元格的微调按钮的参数需设置为：最小值为0，最大值为200，步长为1，单元格链接到$B$15。

【提示】实际变动百分比在C12、C13、C14、C15单元格中显示，B12、B13、B14、B15单元格只起到调整和传递数据的作用。设置数值调节按钮控件格式时均要选“三维阴影”选项。

（五）投资项目敏感性分析模型的使用

1.分析因素变化对投资项目的影响结果

通过因素变动调整按钮，观察各因素发生单一变化或者组合变化时对净现值的影响。比如，如果企业能利用所得税的税收优惠政策，可以很方便地观察到当税负减少到原有一半时净现值发生变化后的结果。

2.计算各因素的敏感系数

只改变其中的一个因素值，可以测算出某个因素变化对净现值影响的敏感系数（敏感程度）。敏感系数提醒我们，在进行决策时以及执行决策过程中要慎重对待敏感性强的影响因素。敏感系数为正数的，表明它与净现值为同向增减；敏感系数为负数的，表明它与净现值为反向增减。敏感系数绝对值的大小则说明敏感程度的强弱。通过微调按钮，可以方便地得出分析结论。本例中的四个因素的敏感性由强到弱的顺序是：年营业收入、年付现成本、初始投资额、所得税税率。

3.进行因素变动的极限分析

观察某因素在多大范围内变动才不会影响原定投资项目决策的有效性。方法是，其他因素不变，调整某个因素的数值，直到投资项目的净现值小于0，则此时的方案不能被接受。

由于客观外部环境是不断变化的，如投资增减、成本升降、价格涨跌等，而且主观上也会存在偏差，如项目提前或拖后完成，项目投产后生产能力估计、产品销售估计有较大出入等，因此有必要对决策方案能否经受住这些变动进行分析。

根据投资项目敏感性分析的基本应用方法，可以对投资方案选择进行决策分析。遇到不利变化不很敏感，比较稳定，而遇到有利变化却能倍增经济效益，这种方案应该是我们应该选取的最优方案。

同步练习5-2

【练习题5-2-1】（操作题）收集有关投资项目敏感性分析的资料，在Excel工作表中建立分析模型。

【练习题5-2-2】（思考题）投资项目敏感性分析的意义是什么？

同步练习5-2

学习总结5-2

进行投资项目敏感性分析的目的是明确敏感的关键问题，避免绝对化偏差，防止决策失误，以便增强在关键环节或关键问题上的执行力。投资项目敏感性分析主要是分析各因素变化对投资项目的影响结果、各因素的敏感程度以及各因素变动的极限。

从不同的维度进行投资决策分析，有利于增强投资决策的科学性，防止决策失误。有了投资决策分析的思路，就可以借助于Excel进行投资决策分析。利用Excel进行投资决策分析主要是为了满足动态分析的需要，提高工作效率和质量。

学习评估5-2（见表5-5）

表5-5 “Excel在投资项目敏感性分析中的应用”学习评估表

学习要点	学习效果	
营业现金流量知识	熟知	
投资项目净现值知识	数值	
PV函数的应用	掌握	
数值调节按钮的设计	掌握	
建立投资项目敏感性分析模型	掌握	

第三节 Excel在投资时机分析中的应用

一、学习引例

【学习引例5-3】某公司计划一次性投资某项目，要么现在投资进行开发，要么只能在3年后再投资开发。建设周期均需一年，一年后即可正式营运，营运期都为3年。若现在进行投资，则固定资产折旧按平均年限法计提；若3年后进行投资，则固定资产折旧可享受年数总和法折旧的税收待遇。投资时间不同，相应设备价值及其生产效能不同，年付现运行成本不同，同时市场销售价格和销售量也有所不同，具体资料见表5-6。要求在Excel工作表中建立该项目投资时机的分析模型。

学习引例5-3
投资时机分析

表5-6 投资时机选择的分析资料

金额单位：元

初始投资额	1 000 000	项目	2023年末投入	2024年建设
项目寿命期（年）	3	销售收入	0	0
残值	100 000	付现成本	0	0
资本成本	6%	折旧	0	0
年产销量（件）	300 000	税前利润	0	0
售价（元/件）	20	所得税	0	0
年付现成本	3 600 000	净利润	0	0
所得税税率	25%	现金流量	-1 000 000	0
初始投资额	1 200 000	项目	2026年末投入	2027年建设
项目寿命期（年）	3	销售收入	0	0
残值	100 000	付现成本	0	0
资本成本	6%	折旧	0	0
年产销量（件）	400 000	税前利润	0	0
售价（元/件）	18	所得税	0	0
年付现成本	3 500 000	净利润	0	0
所得税税率	25%	现金流量	-1 200 000	0

二、引例分析

在企业的投资活动中，有的投资项目建成后便产生了较好的经济效益，而有的投资项目建成后效益不佳，还有的甚至造成项目搁浅，导致巨大损失。立即投资，还是等待某些条件成熟以后再投资，需要分析才能做出决定。

三、相关知识

投资时机问题的实质就是寻求生产要素组合在什么时候最为合适的问题，决策的一般法则是净现值最大的方案即为最佳方案。

四、实际操作：建立投资时机分析模型

在Excel工作表中，建立如图5-4所示的分析模型，按照说明录入公式。

	A	B	C	D	E	F	G	H
1	投资时机选择的决策分析							
2	现在进行投资开发的分析						金额单位：元	
3	初始投资额	1000000	项目	2023年末投入	2024年建设	2025年营运	2026年营运	2027年营运
4	项目寿命期（年）	3	销售收入	0	0	6000000	6000000	6000000
5	残值	100000	付现成本	0	0	3600000	3600000	3600000
6	资本成本	6%	折旧	0	0	¥300,000.00	¥300,000.00	¥300,000.00
7	年产销量（件）	300000	税前利润	0	0	¥2,100,000.00	¥2,100,000.00	¥2,100,000.00
8	售价（元/件）	20	所得税	0	0	¥525,000.00	¥525,000.00	¥525,000.00
9	年付现成本	3600000	净利润	0	0	¥1,575,000.00	¥1,575,000.00	¥1,575,000.00
10	所得税税率	25%	现金流量	-1000000	0	¥1,875,000.00	¥1,875,000.00	¥1,875,000.00
11	净现值					3728205.10		
12	3年后进行投资开发的分析						金额单位：元	
13	初始投资额	1200000	项目	2026年末投入	2027年建设	2028年营运	2029年营运	2030年营运
14	项目寿命期（年）	3	销售收入	0	0	7200000	7200000	7200000
15	残值	100000	付现成本	0	0	3500000	3500000	3500000
16	资本成本	6%	折旧	0	0	550000	366667	183333
17	年产销量（件）	400000	税前利润	0	0	¥3,150,000.00	¥3,333,333.33	¥3,516,666.67
18	售价（元/件）	18	所得税	0	0	¥787,500.00	¥833,333.33	¥879,166.67
19	年付现成本	3500000	净利润	0	0	¥2,362,500.00	¥2,500,000.00	¥2,637,500.00
20	所得税税率	25%	现金流量	-1200000	0	¥2,912,500.00	¥2,866,666.67	¥2,820,833.33
21	净现值					6033387.45		
22	决策分析结果					3年后投资有利		

图5-4　投资时机分析

（一）现在进行投资开发的分析

1.定义销售收入计算公式

F4=$B$7*$B$8

拖动F4单元格右下角的填充柄至H4单元格，得到G4、H4单元格公式即G4=$B$7*$B$8；H4=$B$7*$B$8。

2.定义付现成本取数公式

F5=$B$9

G5=$B$9

H5=$B$9

对于销售收入逐年增长或付现成本逐年下降的变化，通过设计公式实现快速计算。若销售收入逐年环比增长10%，则：G4=F4*(1+10%)；H4=G4*(1+10%)。

3.定义折旧计算公式

F6=SLN($B$3,$B$5,$B$4)

G6=SLN($B$3,$B$5,$B$4)

H6=SLN($B$3,$B$5,$B$4)

4.定义税前利润计算公式

F7=F4-F5-F6

G7=G4-G5-G6

H7=H4-H5-H6

5.定义所得税计算公式

F8=F7*$B$10

G8=G7*$B$10

H8=H7*$B$10

6.定义净利润计算公式

F9=F7-F8

G9=G7-G8

H9=H7-H8

7.定义净现金流量计算公式

F10=F9+F6

G10=G9+G6

H10=H9+H6

8.定义现在进行投资方案的净现值计算公式

F11=NPV(B6,E10:H10)+D10

（二）3年后进行投资开发的分析

1.定义销售收入计算公式

F14=$B$17*$B$18

G14=$B$17*$B$18

H14=$B$17*$B$18

2.定义付现成本取数公式

F15=$B$19

G15=$B$19

H15=$B$19

3.定义折旧公式

F16=SYD($B$13,$B$15,$B$14,1)

G16=SYD($B$13,$B$15,$B$14,2)

H16=SYD($B$13,$B$15,$B$14,3)

4.定义税前利润计算公式

F17=F14-F15-F16

G17=G14-G15-G16

H17=H14-H15-H16

5.定义所得税计算公式

F18=F17*$B$20

G18=G17*$B$20

H18=H17*$B$20

6.定义净利润计算公式

F19=F17-F18

G19=G17-G18

H19=H17-H18

7.定义净现金流量计算公式

F20=F19+F16

G20=G19+G16

H20=H19+H16

8.定义3年后进行投资方案的净现值计算公式

F21=NPV(B16,E20:H20)+D20

（三）分析结果的自动显示设计

在F22单元格中录入：

=IF(AND(F11>0,F21>0),IF(F11>F21,"现在投资有利","3年后投资有利"),IF(F11>0,"现在投资有利",IF(F21>0,"3年后投资有利","现在投资和3年后投资都不利")))

该公式执行过程是：如果两个方案的净现值都为正值，那么净现值最大的方案为最优方案；如果两个方案的净现值为一正一负，那么净现值为正的方案为最优方案；如果两个方案的净现值都为负值，那么两个方案都不可行。

图5-4的计算结果表明，3年后投资有利。利用本模型的设计思路，结合相应实际情况进行改造，可以进一步对不同条件下的投资项目进行分析。

同步练习5-3

【练习题5-3-1】（思考题）投资时机问题的实质是什么？

同步练习5-3

学习总结5-3

在企业的投资活动中，有的项目建成后便产生了较好的经济效益，而有的项目建成后效益不佳，还有的甚至造成项目搁浅，导致巨大损失。立即投资，还是等待某些条件成熟以后再投资，需要进行投资时机分析才能做出决定。投资时机分析的实质就是寻求生产要素组合在什么时候最为合适的问题，决策的一般法则是净现值最大的方案即为最佳方案。

学习评估5-3（见表5-7）

表5-7 “Excel在投资时机分析中的应用”学习评估表

学习要点	学习效果	
现金流量知识	熟知	
净现值知识	熟知	
净现值函数NPV的应用	掌握	
折旧函数SLN、SYD的应用	掌握	
IF函数的应用	掌握	
建立投资时机分析模型	掌握	

第六章

Excel在固定资产管理中的应用

学习目标

1. 掌握SLN、SYD、DDB等折旧计算函数的应用方法。
2. 学会利用Excel建立固定资产更新决策分析模型。
3. 学会利用Excel建立固定资产经济使用寿命分析模型。
4. 养成勤于思考的习惯，培养团结协作的精神和解决问题的方法、能力。

内容框架

- Excel在固定资产管理中的应用
  - Excel在固定资产折旧计算中的应用
    - 固定资产折旧知识
    - SLN、SYD、DDB函数
    - 建立固定资产折旧计算模型
  - Excel在固定资产更新决策分析中的应用
    - 固定资产更新决策分析知识
    - 固定资产平均年成本
    - 净现值、内含报酬率
    - NPV、IRR、PV、FV函数
    - 建立固定资产更新决策分析模型
  - Excel在固定资产经济使用寿命分析中的应用
    - 固定资产经济使用寿命
    - 固定资产平均年成本
    - PV、MATCH函数
    - 建立固定资产经济使用寿命分析模型

素养提升　　青年要为国家做贡献

"青年兴则国家兴，青年强则国家强"，国家的资本是青年，青年向上，国家向前。新征程上每一个奋斗的青春身影，都是新时代最美的风景。无拼搏不青春，无奉献不青春，无成长不青春。

第一节　Excel在固定资产折旧计算中的应用

一、学习引例

学习引例6-1

固定资产折旧计算

【学习引例6-1】假设某项固定资产的原始成本为960 000元，预计使用8年，预计净残值为30 000元。该项固定资产在平均年限法、年数总和法和双倍余额递减法这三种不同折旧方法下的折旧额分别是多少？

二、引例分析

依靠手工进行折旧的计算，尤其是加速折旧的计算，是比较麻烦的事情。如果没有固定资产核算软件，巧妙地利用Excel的折旧计算函数，也可以方便地实现折旧的计算。

固定资产折旧方法主要是平均年限法、年数总和法和双倍余额递减法，涉及的函数分别是SLN、SYD、DDB，只有熟悉这些函数的功能和语法格式，才能正确建立折旧计算的模型。

三、相关知识

（一）固定资产折旧方法

1.平均年限法

平均年限法属于直线折旧法，使用平均年限法计算折旧时，每期的折旧额相等。

平均年限法的计算公式为：

年折旧额=（原始成本-预计净残值）÷使用年限

2.年数总和法

年数总和法是一种加速折旧法，它以固定资产的原始成本减去预计净残值后的余额作为基数，乘以一个逐年递减的折旧率后作为该期的折旧额，通俗地称为定额变率折旧法。折旧率的分子是尚可使用的年限，分母是使用年限之和。

3.双倍余额递减法

双倍余额递减法也是一种加速折旧的方法，它是以平均年限法的双倍百分比逐期乘以该期期初固定资产账面余额，作为该期的折旧额，通俗地称为变额定率折旧法。使用双倍余额递减法，在最后两期考虑残值并改按平均年限法计提折旧。

（二）常用折旧函数

最常用的三个折旧函数见表6-1中的说明。

表6-1　　　　　　　　　　**折旧函数的功能和语法**

函数	功能	语法
SLN	返回某固定资产在使用期间中每期按平均年限法计算的折旧值	SLN(cost, salvage, life) cost为固定资产的原始成本，即原值 salvage为固定资产报废时的预计净残值 life为折旧期限，即固定资产预计使用年限
SYD	返回某项固定资产按年数总和法计算的指定期间的折旧值	SYD(cost, salvage, life, per) cost为固定资产的原始成本，即原值 salvage为固定资产报废时的预计净残值 life为折旧期限，即固定资产预计使用年限 per为指定要计算折旧值的期间，单位与life相同，per≤life
DDB	使用双倍余额递减法或其他指定递减速率，计算一项资产在给定期间内的折旧值	DDB(cost, salvage, life, per, factor) cost为固定资产的原始成本（原值） salvage为固定资产报废时的预计净残值 life为折旧期限（固定资产预计使用年限） per为指定要计算折旧值的期间，单位与life相同，per≤life factor为余额递减速率，省略则为2，即采用双倍余额递减法

四、实际操作：建立固定资产折旧计算模型

新建Excel工作簿，在工作表中建立如图6-1所示的折旧计算模型，录入表6-2所示的单元格计算公式。企业可以根据自己的需要，选择相应的方法，工作表中的结果通过相应公式自动计算出来。

	A	B	C	D	E	F	G
1	固定资产折旧额的计算						
2	原始成本（cost）	960000					
3	预计净残值（salvage）	30000					
4	预计使用年限（life）	8					
5	折旧年份	平均年限法	月折旧额	年数总和法	月折旧额	双倍余额递减法	月折旧额
6	1	116250	9688	206667	17222	240000	20000
7	2	116250	9688	180833	15069	180000	15000
8	3	116250	9688	155000	12917	135000	11250
9	4	116250	9688	129167	10764	101250	8438
10	5	116250	9688	103333	8611	75938	6328
11	6	116250	9688	77500	6458	56953	4746
12	7	116250	9688	51667	4306	70430	5869
13	8	116250	9688	25833	2153	70430	5869
14	折旧合计	930000	—	930000	—	930000	—

图6-1　固定资产折旧计算模型

表6-2 固定资产折旧计算模型中的公式

平均年限法	
单元格	计算公式
B6	=SLN($B$2,$B$3,$B$4)
C6	=B6/12
B14	=SUM(B6:B13)
B7:B13	复制B6单元格公式得到
C7:C13	复制C6单元格公式得到
年数总和法	
单元格	计算公式
D6	=SYD($B$2,$B$3,$B$4,A6)
D7	=SYD($B$2,$B$3,$B$4,A7)
D8	=SYD($B$2,$B$3,$B$4,A8)
D9	=SYD($B$2,$B$3,$B$4,A9)
D10	=SYD($B$2,$B$3,$B$4,A10)
D11	=SYD($B$2,$B$3,$B$4,A11)
D12	=SYD($B$2,$B$3,$B$4,A12)
D13	=SYD($B$2,$B$3,$B$4,A13)
E6	=D6/12
D14	=SUM(D6:D13)
E7:E13	复制E6单元格公式得到
双倍余额递减法	
单元格	计算公式
F6	=DDB($B$2,$B$3,$B$4,A6)
F7	=DDB($B$2,$B$3,$B$4,A7)
F8	=DDB($B$2,$B$3,$B$4,A8)
F9	=DDB($B$2,$B$3,$B$4,A9)
F10	=DDB($B$2,$B$3,$B$4,A10)
F11	=DDB($B$2,$B$3,$B$4,A11)
F12	=SLN($B$2-SUM($F$6:$F$11),$B$3,2)
F13	=SLN($B$2-SUM($F$6:$F$11),$B$3,2)
G6	=F6/12
F14	=SUM(F6:F13)
G7:G13	复制G6单元格公式得到

【提示】单元公式录入以等号开始，以上公式中，等号左边的单元名称为公式所在单元。$B$2即B2单元，$B$2是单元地址固定引用（绝对引用）方式，B2是单元地址相对引用方式。

同步练习6-1

【练习题6-1-1】（操作题）某公司购进一台设备，设备原值600 000元，预计使用6年，预计净残值为30 000元。利用Excel函数，分别按平均年限法、年数总和法和双倍余额递减法计提折旧。

【练习题6-1-2】（思考题）对比SYD和DDB函数，说明使用中应注意的问题。

同步练习6-1

学习总结6-1

固定资产折旧方法主要有平均年限法、年数总和法和双倍余额递减法，涉及的函数分别是SLN、SYD、DDB。要正确运用这些函数计算折旧额，需要注意两点：熟悉折旧计算的原理，熟悉折旧函数的功能和语法格式，尤其要关注SYD函数和DDB函数应用的区别。

学会利用Excel进行固定资产折旧的计算，主要是为了减轻会计工作强度，提高会计工作的效率和质量。

学习评估6-1（见表6-3）

表6-3　“Excel在固定资产折旧计算中的应用”学习评估表

学习要点	学习效果	
固定资产折旧相关知识	熟知	
SLN函数的应用	掌握	
SYD函数的应用	掌握	
DDB函数的应用	掌握	
建立固定资产折旧计算模型	掌握	

第二节　Excel在固定资产更新决策分析中的应用

一、学习引例

【学习引例6-2】A公司原有一台设备是4年前购买的，原购置成本为154 000元，估计还可使用6年，净残值为4 000元，现账面价值为94 000元。若继续使用旧设备，每年可获得180 000元的收入，年付现成本为130 000元。A公司为了增加收益，准备购买新设备，而将旧设备变卖，变现价值为60 000元。新设备买价为128 000元，估计可使用6年，预计期满净残值为8 000元，使用新设备后年销售收入保守估计为200 000元，相应的年付现成本为120 000元。若贴现率为8%，所得税税率为25%，在使用新设备和继续使用旧设备两个方案之间进行决策。

学习引例6-2
寿命期相同的固定资产更新决策

【学习引例6-3】B公司有一台旧设备，现在考虑是否需要更新。财务人员整理出表6-4所示的有关数据，假设该公司要求的最低投资报酬率为15%，据此做出是继续使用旧设备还是更新设备的决策。

学习引例6-3
寿命期不同的固定资产更新决策

表6-4　新设备使用年限与旧设备尚可使用年限不同的决策分析资料

项目	旧设备	新设备
设备原值（元）	2 200	2 400
预计使用年限（年）	10	10
已经使用年限（年）	4	0
设备最终残值（元）	200	300
设备变现价值（元）	600	2 400
年运行成本（元）	700	400
最低投资报酬率	15%	15%

针对以上问题和要求，在Excel工作表中分别建立相应的分析模型。

二、引例分析

【学习引例6-2】分析：本例属于寿命期相同的固定资产更新决策问题。应采用差量分析法，即从新设备的角度出发，先计算出两个方案的现金流量差额，再计算净现值和内含报酬率，以确定设备更新是否有利。

【学习引例6-3】分析：本例属于寿命期不同的固定资产更新决策问题。新设备的寿命期往往要大于旧设备，在这种情况下就无法使用差量分析法。同时，在固定资产的更新决策中，改变设备的运行成本，并不会改变企业的生产能力，也不会增加企业的现金流入。这种情况下，由于没有适当的现金流入，也就无法计算其净现值和内含报酬率。此时，较好的方法是使用平均年成本法进行分析，以平均年成本较低者作为优选方案。平均年成本是指使用该资产引起的现金流出量的年平均值。如果不考虑货币的时间价值，那么它就是未来使用年限内的现金流出总额与使用年限的比值。如果考虑货币的时间价值，那么它就是未来使用年限内的现金流出总现值与年金现值系数的比值，即平均每年的现金流出量。

三、相关知识

企业的固定资产由于发生有形损耗和无形损耗，使用一定年限后，必须进行更新；否则，成本将逐年提高，产品质量也得不到保证，从而削弱企业的竞争能力。但是，固定资产投资回收时间长，变现能力较差，资金占用量也较大，更新固定资产必须进行决策分析；否则一旦决策失误，就会严重影响企业的财务状况和现金流量。

固定资产更新决策不同于一般的投资决策，更新决策的现金流量主要是现金流出，即使有少量的现金流入，也属于支出的抵减，而非实质性的流入的增加，这为采用贴现的现金流量分析带来了困难。另外，新旧设备未来使用年限不同、投资额不同，无法通过总成本的对比来评价投资方案的优劣。通常，选择平均年成本最低的方案作为最优方案。固定资产平均年成本，是指使用该固定资产引起的现金流出量的年平均值。

因此，在固定资产更新的决策分析中，如果有比较明确的现金流入和流出数据，采用差量分析法，即计算现金流量差额的净现值和内含报酬率来进行决策判断比较合适。而对于现金流入量相同或不明确，并且寿命不同的互斥项目，决策分析则使用平均年成本法比较合适。

四、实际操作：建立固定资产更新决策的分析模型

（一）【学习引例6-2】的操作

为了便于进行决策分析，先将【学习引例6-2】中的相关数据整理到Excel工作表中，如图6-2所示。

	A	B	C
1	生产设备是否更新的决策分析资料		
2	项目内容	旧设备	新设备
3	购入成本	154000	128000
4	使用年限	10	6
5	已经使用年限	4	0
6	期满净残值	4000	8000
7	年折旧额	15000	20000
8	账面价值	94000	128000
9	变现价值	60000	128000
10	年可实现收入	180000	200000
11	年付现成本	130000	120000

图6-2 新设备与旧设备分析资料

在Excel工作表中建立如图6-3所示的计算分析模型。

	A	B	C	D	E	F
1	生产设备是否更新的决策分析					
2	项目内容	旧设备	新设备	现金净流量		
3	购入成本	154000	128000	第1年年初	-68000	
4	使用年限	10	6	第1年年末	23750	
5	已经使用年限	4	0	第2年年末	23750	决策结论
6	期满净残值	4000	8000	第3年年末	23750	
7	年折旧额	15000	20000	第4年年末	23750	
8	账面价值	94000	128000	第5年年末	23750	
9	变现价值	60000	128000	第6年年末	26750	
10	年可实现收入	180000	200000	净现值	43684	用新设备
11	年付现成本	130000	120000	内含报酬率	27%	用新设备

图6-3 新设备使用年限与旧设备尚可使用年限相同的决策分析结果

1.定义更新设备后的现金流量计算公式

营业现金流量=税后净利+折旧

税后净利=税前利润-所得税

税前利润=收入-付现成本-折旧

所得税=税前利润×所得税税率

折旧对投资决策产生影响，实际是因所得税引起的。

新旧设备的现金流量差额=新设备的现金净流量-旧设备的现金净流量

旧设备的现金净流量对于新设备来说，其实就是使用新设备而放弃旧设备的收益所形成的机会成本。

根据现金流量发生情况，设置如下计算公式：

第1年年初，两方案的现金流量差额计算公式：

E3=-（C9-B9）

第1—5年每年年末，两方案的现金流量差额计算公式：

E4=($C$10-$C$11-$C$7)*(1-0.25)+$C$7-(($B$10-$B$11-$B$7)*(1-0.25)+$B$7)

E5、E6、E7、E8单元格公式与E4相同，通过复制完成公式设置。

第6年年末，两方案的现金流量差额计算公式：

E9=(C10-C11-C7+C6)*(1-0.25)+C7-((B10-B11-B7+B6)*(1-0.25)+B7)

2.通过计算净现值进行决策

（1）定义净现值计算的公式：

E10=NPV(8%,$E$4:$E$9)+$E$3

（2）定义自动显示决策结果的公式：

F10=IF($E$10>0,"用新设备","用旧设备")

3.通过计算内含报酬率进行决策

内含报酬率是使投资方案的净现值为0时的报酬率。在内含报酬率指标的运用中，任何一种投资方案的内含报酬率以不低于资金成本为限度；否则，方案将被否决。

（1）定义计算内含报酬率的公式：

E11=IRR(E3:E9)

（2）定义自动显示决策结果的公式：

F11=IF(E11>8%,"用新设备","用旧设备")

定义完上述公式，决策结果即可自动显示出来，如图6-3所示。

关于IRR函数的功能和语法，详见联机帮助说明。

（二）【学习引例6-3】的操作

建立如图6-4所示的Excel分析模型。

	A	B	C
1	生产设备是否更新的决策分析		
2	整理的数据		
3	项目	旧设备	新设备
4	设备原值	2200	2400
5	预计使用年限	10	10
6	已经使用年限	4	0
7	设备最终残值	200	300
8	设备变现价值	600	2400
9	年运行成本	700	400
10	最低报酬率	0.15	0.15
11	分析的结果(方法一)		
12	项目	旧设备	新设备
13	投资的现值	=B8	=C8
14	运行成本的现值	=-B9*PV(B10, B5-B6, 1)	=-C9*PV(C10, C5-C6, 1)
15	最终残值的现值	=-B7*(1/(1+B10)^(B5-B6))	=-C7*(1/(1+C10)^(C5-C6))
16	现金流出总现值	=B13+B14+B15	=C13+C14+C15
17	平均年成本	=-B16/PV(B10, B5-B6, 1)	=-C16/PV(C10, C5-C6, 1)
18	决策结论	=IF(B17>C17, "用新设备", "用旧设备")	
19	分析的结果(方法二)		
20	项目	旧设备	新设备
21	每年摊销的投资	=-B8/PV(B10, B5-B6, 1)	=-C8/PV(C10, C5-C6, 1)
22	每年的运行成本	=B9	=C9
23	每年摊销的残值	=B7/FV(B10, B5-B6, 1)	=C7/FV(C10, C5-C6, 1)
24	平均年成本	=B21+B22+B23	=C21+C22+C23
25	决策结论	=IF(B24>C24, "用新设备", "用旧设备")	

图6-4 新设备使用年限与旧设备尚可使用年限不同的决策分析模型

计算公式说明如下：

PV(B10,B5-B6,1)的意义是求1元年金现值系数，利率为B10单元格指定数，期限为B5单元格数据减去B6单元格数据之差。

1/(1+B10)^(B5-B6)的意义是计算1元现值系数，利率为B10单元格指定数，期限为B5单元格数据减去B6单元格数据之差。

FV(B10,B5-B6,1)的意义是计算1元年金终值系数，利率为B10单元格指定数，期限为B5单元格数据减去B6单元格数据之差。

一旦设置好图6-4中所示的公式，决策结果即可自动显示出来。两种方法的结果一致，结果如图6-5所示。

	A	B	C
1	生产设备是否更新的决策分析		
2	整理的数据		
3	项目	旧设备	新设备
4	设备原值	2200	2400
5	预计使用年限	10	10
6	已经使用年限	4	0
7	设备最终残值	200	300
8	设备变现价值	600	2400
9	年运行成本	700	400
10	最低报酬率	15%	15%
11	分析结果(方法一)		
12	项目	旧设备	新设备
13	投资的现值	600	2,400
14	运行成本的现值	2,649	2,008
15	最终残值的现值	-86	-74
16	现金流出总现值	3,163	4,333
17	平均年成本	836	863
18	决策结论	用旧设备	
19	分析结果(方法二)		
20	项目	旧设备	新设备
21	每年摊销的投资	159	478
22	每年的运行成本	700	400
23	每年摊销的残值	-23	-15
24	平均年成本	836	863
25	决策结论	用旧设备	

图6-5 新设备使用年限与旧设备尚可使用年限不同的决策分析结果

【提示】为突出说明平均年成本法的应用，B公司的解决方案没有考虑所得税和折旧对现金流量的影响。若考虑所得税和折旧问题，还需要考虑以下几个问题：一是旧设备变现损失而导致的减税；二是付现成本的减税，站在税后成本的角度，实际支付额并不是真实的成本，而应将因此而减少的所得税考虑进去；三是每年折旧的抵税；四是残值净收入的纳税。

以上说明，利用Excel进行固定资产的更新决策，很好地解决了手工计算遇到的准确性、烦琐性和效率性等问题，减轻了劳动强度，提高了工作效率，给财务管理工作带来了极大的便利。

同步练习6-2

【练习题6-2-1】(**操作题**) 江华公司在2年前购入一台设备，设备原价为30万元，预计使用8年，预计净残值为1万元，使用该设备可使每年销售收入达到45万元。现在，市场上出现一种性能更好的同类设备，价值40万元，预计使用7年，预计7年后的净残值为3万元。经测算，新设备投入使用后每年可增加销售收入15万元，可降低付现经营成本3万元。购入新型机床时，旧机床可以作价15万元出售，企业的资金成本率为10%，所得税税率为25%。江华公司是否需要对该设备进行更新?

同步练习6-2

【练习题6-2-2】(**思考题**) 简述固定资产更新决策分析的基本思路。

学习总结6-2

在固定资产更新的决策分析中，如果有比较明确的现金流入和流出数据，通过计算现金流量差额的净现值和内含报酬率来进行决策判断比较合适。而对于现金流入量相同或不明确，并且寿命不同的互斥项目，决策分析时使用年平均成本法比较合适。利用Excel进行固定资产的更新决策分析，主要是为了减轻会计工作强度，提高会计工作的效率和质量。

学习重点：NPV、IRR、PV、FV等函数的应用。

学习难点：固定资产更新决策的思路。

学习评估6-2（见表6-5）

表6-5 “Excel在固定资产更新决策分析中的应用”学习评估表

学习要点	学习效果	
固定资产更新决策分析相关知识	熟知	
NPV函数的应用	掌握	
IRR函数的应用	掌握	
PV函数的应用	掌握	
FV函数的应用	掌握	
建立固定资产更新决策分析模型	掌握	

第三节 Excel在固定资产经济使用寿命分析中的应用

一、学习引例

学习引例6-4

【学习引例6-4】汉江公司拟购置一台设备，该设备的买价和安装费共需要83 000元。该设备可以使用8年，运行成本将逐年增加，剩余价值将逐年下降，有关该设备的原值、每年的余值和每年的运行成本数据见表6-6。若该公司要求的投资报酬率为8%，那么设备何时更新比较划算?

固定资产经济使用寿命分析

表6-6 汉江公司设备资料

年限	原值	余值	贴现系数（i=8%）	运行成本
1	83 000	62 250	0.926	8 200
2	83 000	46 688	0.857	8 800
3	83 000	35 016	0.794	10 000
4	83 000	26 262	0.735	13 000
5	83 000	19 696	0.681	14 500
6	83 000	14 772	0.630	16 000
7	83 000	7 986	0.583	17 800
8	83 000	1 200	0.540	20 800

二、引例分析

解决该问题的基本思路是，测算该设备的经济寿命，即平均年成本最低的年份，以此年作为该设备的最优更新期。

三、相关知识

固定资产的寿命有自然寿命和经济寿命之分。自然寿命是指固定资产从投入使用到完全报废为止的整个期限，而经济寿命则是指固定资产的平均年成本达到最低值的使用期限，这个使用期限就是固定资产的最优更新期。

确定固定资产的经济寿命的关键就是要测算平均年成本。固定资产的平均年成本有两个影响因素：持有成本和运行成本，这两个因素就决定了固定资产的经济寿命。

持有成本是指固定资产价值成本。固定资产在使用初期，其持有成本较高，但随着固定资产的使用，固定资产的价值逐渐减少，所占用资金的应计利息也会逐渐减少。

运行成本是指固定资产运行期间的运行费用。固定资产在使用初期，其运行费用相对较低，但随着固定资产逐年使用和自然损耗，将导致维护费用、修理费用、能源消耗逐渐增加。因此，随着时间的递延，持有成本和运行成本呈反方向变化，两者之和呈马鞍形，这样就必然存在着一个最经济的使用年限，如图6-6所示。

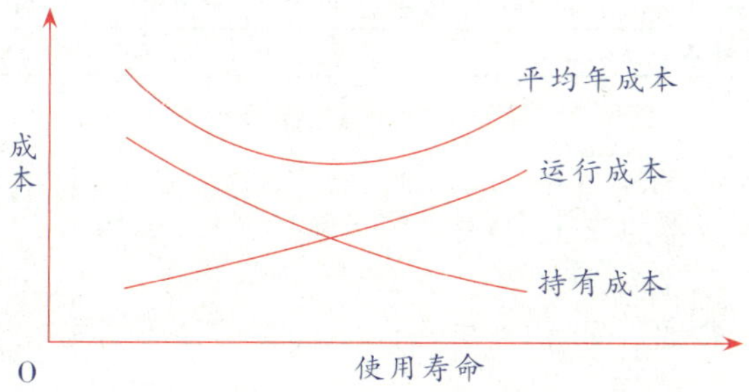

图6-6 经济寿命示意图

按是否考虑货币时间价值，对固定资产的经济寿命计算可分为两种不同的方法：

方法一：不考虑资本成本和残值变动

将固定资产按年计算的折旧额加上各年递增的其他运行费用，求出各年的平均成本，然后对固定资产使用年限内的各年的平均成本进行比较，从中找出平均年成本最低的年份，最后确定固定资产的经济寿命。

方法二：考虑资本成本和残值变动

合理的长期投资决策需要考虑货币的时间价值，也就是要考虑资本成本、残值及利息因素随着时间变动所造成的影响，使所确定的经济寿命更符合客观实际情况。在这种决策思路下，固定资产的平均年成本的计算公式为：

$$UAC=\left[C-\frac{S_n}{(1+i)^n}+\sum_{t=1}^{n}\frac{C_t}{(1+i)^t}\right]\div(P/A,\ i,\ n)$$

其中，UAC为固定资产平均年成本；C为固定资产原值；S_n为n年后的固定资产余值；C_t为第t年运行成本；n为预计使用年限；i为投资的最低报酬率。

固定资产的平均年成本等于未来使用年限内的现金流出总现值（现值总成本）与年金现值系数的比值。式中的被除数为现值总成本，它通过固定资产原值（投资的现值）减去若干年后固定资产余值的折现值，再加上若干年的运行总成本的折现值而得出，除数为年金现值系数。

四、实际操作：建立固定资产经济使用寿命分析模型

根据【学习引例6-4】，在Excel工作表中建立如图6-7所示的分析模型。

	A	B	C	D	E	F	G	H	I	J	K
1	固定资产经济寿命分析模型										
2	年限	原值	余值	贴现系数（i=8%）	余值现值	运行成本	运行成本现值	更新时运行成本现值	现值总成本	年金现值系数	平均年成本
3		①	②	③	④=②×③	⑤	⑥=⑤×③	⑦=Σ⑥	⑧=①−④+⑦	⑨	⑩=⑧÷⑨
4	1	83000	62250	=PV(8%,A4,,-1)	=C4*D4	8200	=F4*D4	=G4	=B4-E4+H4	=PV(8%,A4,-1)	=I4/J4
5	2	83000	46688	=PV(8%,A5,,-1)	=C5*D5	8800	=F5*D5	=H4+G5	=B5-E5+H5	=PV(8%,A5,-1)	=I5/J5
6	3	83000	35016	=PV(8%,A6,,-1)	=C6*D6	10000	=F6*D6	=H5+G6	=B6-E6+H6	=PV(8%,A6,-1)	=I6/J6
7	4	83000	26262	=PV(8%,A7,,-1)	=C7*D7	13000	=F7*D7	=H6+G7	=B7-E7+H7	=PV(8%,A7,-1)	=I7/J7
8	5	83000	19696	=PV(8%,A8,,-1)	=C8*D8	14500	=F8*D8	=H7+G8	=B8-E8+H8	=PV(8%,A8,-1)	=I8/J8
9	6	83000	14772	=PV(8%,A9,,-1)	=C9*D9	16000	=F9*D9	=H8+G9	=B9-E9+H9	=PV(8%,A9,-1)	=I9/J9
10	7	83000	7986	=PV(8%,A10,,-1)	=C10*D10	17800	=F10*D10	=H9+G10	=B10-E10+H10	=PV(8%,A10,-1)	=I10/J10
11	8	83000	1200	=PV(8%,A11,,-1)	=C11*D11	20800	=F11*D11	=H10+G11	=B11-E11+H11	=PV(8%,A11,-1)	=I11/J11
12	固定资产经济寿命（年）						=MATCH(MIN(K4:K11),K4:K11,0)				

图6-7 经济寿命计算模型及公式设置

D4=PV(8%,A4,,-1)

D5:D11区域中的公式通过复制D4单元格公式实现自动填充。

E4=C4*D4

E5:E11区域中的公式通过复制E4单元格公式实现自动填充。

G4=F4*D4

G5:G11区域中的公式通过复制G4单元格公式实现自动填充。

H4=G4

H5=H4+G5

H6:H11区域中的公式通过复制H5单元格公式实现自动填充。

I4=B4-E4+H4

I5:I11区域中的公式通过复制I4单元格公式实现自动填充。

J4=PV(8%,A4,-1)

J5:J11区域中的公式通过复制J4单元格公式实现自动填充。

K4=I4/J4

K5:K11区域中的公式通过复制K4单元格公式实现自动填充。

G12=MATCH(MIN(K4:K11),K4:K11,0)

=PV(rate,nper,,fv)的功能是计算指定利率、指定期限和指定未来值下的复利现值。

=PV(rate,nper,pmt)的功能是计算指定利率、指定期限和指定未来值下的年金现值。

函数MATCH的功能是返回在指定方式下与指定数值匹配的数组中元素的相对位置，巧妙地运用MATCH函数是为了使该模型系统能够自动显示固定资产的经济使用寿命。

函数MIN(K4:K11)的作用是求K4:K11区域中的最小值。

公式定义完毕，结果自动显示出来，如图6-8所示。从图6-8中可以看出，该设备如果在使用7年后立即更新，比其他年份更新时的成本低，因此，7年是其经济寿命。

	A	B	C	D	E	F	G	H	I	J	K
1	固定资产经济寿命分析模型										
2	年限	原值	余值	贴现系数（i=8%）	余值现值	运行成本	运行成本现值	更新时运行成本现值	现值总成本	年金现值系数	平均年成本
3		①	②	③	④=②×③	⑤	⑥=⑤×③	⑦=Σ⑥	⑧=①-④+⑦	⑨	⑩=⑧÷⑨
4	1	83000	62250	0.926	57639	8200	7593	7593	32954	0.926	35590
5	2	83000	46688	0.857	40027	8800	7545	15137	58110	1.783	32586
6	3	83000	35016	0.794	27797	10000	7938	23075	78279	2.577	30375
7	4	83000	26262	0.735	19303	13000	9555	32631	96328	3.312	29083
8	5	83000	19696	0.681	13405	14500	9868	42499	112095	3.993	28075
9	6	83000	14772	0.630	9309	16000	10083	52582	126273	4.623	27315
10	7	83000	7986	0.583	4660	17800	10386	62968	141308	5.206	27141
11	8	83000	1200	0.540	648	20800	11238	74206	156557	5.747	27243
12	固定资产经济寿命（年）						7				

图6-8 经济寿命计算结果

同步练习6-3

【练习题6-3-1】（**操作题**）江南公司的A设备原始价值为90 000元，可以在未来的10年中继续使用，但随着时间的推移，设备运行费用逐年升高，而设备的残值逐年降低，有关数据见表6-7，请利用Excel建立一个确定该设备最优更新期的决策模型。

同步练习6-3

表6-7 江南公司A设备运行数据

年限	设备原始价值（元）	设备净残值（元）	运行费用（元）
1	90 000	68 000	7 000
2	90 000	52 000	8 000
3	90 000	35 000	8 500
4	90 000	22 000	9 500

续表

年限	设备原始价值（元）	设备净残值（元）	运行费用（元）
5	90 000	11 000	11 000
6	90 000	9 000	14 500
7	90 000	7 000	17 200
8	90 000	5 000	25 600
9	90 000	3 000	28 900
10	90 000	1 000	31 500
资本成本率	10%		

【练习题6-3-2】（**思考题**）何谓固定资产的经济寿命？

【练习题6-3-3】（**思考题**）固定资产经济寿命的计算方法如何？

学习总结6-3

固定资产何时需要更新的问题就是固定资产的经济寿命确定问题。固定资产经济寿命是固定资产的平均年成本达到最低值的使用期限，这个使用期限就是固定资产的最优更新期。固定资产的持有成本和运行成本这两个因素决定了固定资产的经济寿命。

利用Excel进行固定资产经济使用寿命的分析，可以减轻会计工作强度，提高会计工作的效率和质量。

学习重点：PV、MIN和MATCH函数的应用。

学习难点：梳理解决问题的思路，以及PV、MATCH函数的理解和应用。

学习评估6-3（见表6-8）

表6-8　“Excel在固定资产经济使用寿命分析中的应用”学习评估表

学习要点	学习效果	
固定资产更新决策分析相关知识	熟知	
平均年成本的理解和应用	掌握	
PV函数的应用	掌握	
MIN函数的应用	掌握	
MATCH函数的应用	掌握	
建立固定资产更新决策分析模型	掌握	

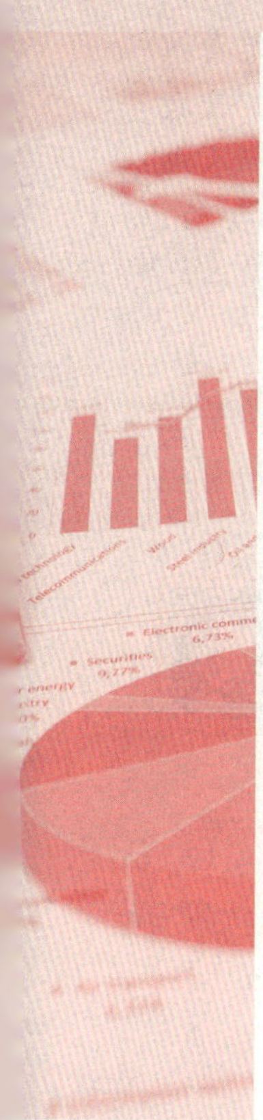

第七章
Excel在成本费用管理中的应用

学习目标

1. 熟悉混合成本费用分解的方法。
2. 学会在Excel工作表中建立混合成本费用分解的模型。
3. 学会利用Excel进行制造费用分配的计算。
4. 熟悉辅助生产费用分配的方法。
5. 学会利用Excel进行辅助生产费用分配的计算。
6. 学会利用Excel进行产品成本分析与预测。
7. 养成勤于思考的习惯，培养团结协作的精神和解决问题的方法、能力。

内容框架

- Excel在成本费用管理中的应用
  - Excel在混合成本费用分解中的应用
    - 混合成本费用分解的方法
    - POWER函数的应用
    - CORREL、INTERCEPT、SLOPE函数
    - 建立混合成本费用分解模型
  - Excel在制造费用分配中的应用
  - Excel在辅助生产费用分配中的应用
    - 辅助生产费用分配的原理与方法
    - 单元格数据链接应用
    - 规划求解工具的应用
    - 建立辅助生产费用分配模型
  - Excel在产品成本分析与预测中的应用

素养提升　　成功都是奋斗出来的

著名学者王国维根据自己的治学体会认识，曾借用宋代三位名家的词句概括出古今之成大事业和大学问者要经过三种境界。“昨夜西风凋碧树，独上高楼，望尽天涯路”（晏殊《蝶恋花》），这是第一种境界的比喻，当一个人确定志向、开展工作和研究学问的时候，要看到路程的遥远。“衣带渐宽终不悔，为伊消得人憔悴”（柳永《凤栖梧》），这是进入第二种境界的比喻，一个人做学问和成就事业不是一件容易的事情，要舍得下功夫，废寝忘食，孜孜不倦，要有不达目的不罢休的气概。“众里寻他千百度，蓦然回首，那人却在，灯火阑珊处”（辛弃疾《青玉案》），这是第三种境界的比喻，经过坚持不懈的努力，最终会有收获，这与陶渊明的“山重水复疑无路，柳暗花明又一村”也有异曲同工之表达。

第一节　Excel在混合成本费用分解中的应用

一、学习引例

学习引例7-1

混合成本费用分解计算

【学习引例7-1】某工厂的维修费用属于混合成本费用，2023年各月维修费用及机器工作时间见表7-1。利用Excel对该工厂的混合成本费用进行分解。

表7-1　维修费用与对应的机器工时

月份	1	2	3	4	5	6	7	8	9	10	11	12
机器工时（小时）	56	58	76	70	71	70	79	86	90	91	92	95
维修费用（千元）	101	105	111	106	107	105	113	121	123	124	125	126

二、引例分析

根据【学习引例7-1】资料，可以应用回归分析法或高低点法分解混合费用。在Excel工作表中，既可以模拟手工方法，也可以利用Excel函数。

三、相关知识

以成本性态分类为基础的变动成本费用法，将成本费用归结为固定成本费用和变动成本费用两种典型的类型，这样有利于明确成本费用与业务量之间的关系，便于掌握各种作业水平下成本费用的变动规律，为开展财务管理活动奠定基础。但是，并不是所有的成本费用都会分别以固定成本费用和变动成本费用这两种简明的形态出现，混合成本费用与业务量之间的关系介于固定成本费用和变动成本费用之间，具有固定成本费用和变动成本费用的双重性，在相关范围内随着业务量的增加（减少）而相应下降（上升），但两者之间并非保持同等的比例关系，即混合成本的变动只在一定程度上受业务量变动的影响。

混合成本费用通常有一初始量，即混合成本费用的增减变动都是从某一特定的成本费用基数开始。为了明确成本费用与业务量之间的关系，掌握一定市场条件下各种作业水平的成本费用的变动规律，有必要对混合成本费用进行分解。混合成本费用分解的主要依据是有关混合成本费用的历史数据，科学地分析过去就是为了便于控制现在和筹划未来。

混合成本费用分解的主要方法有回归分析法、高低点法、散布图法、账务分析法等。

回归分析法是根据直线方程式y=a+bx，按照最小平方法的原理确定一条能正确反映自变量x和因变量y之间关系的直线。

采用回归分析法，关键在于确定回归直线方程中的参数a和b，具体有以下3个步骤：

（1）确定反映混合成本费用与相关业务量之间关系的各观测值。

（2）确定混合成本费用与相关业务量之间的线性相关程度。

$$相关系数\ r=\frac{n\sum xy-\sum x\cdot\sum y}{\sqrt{\left[n\sum x^2-(\sum x)^2\right]\cdot\left[n\sum y^2-(\sum y)^2\right]}}$$

r的数值越大，两个变量之间的相关程度越密切；反之，相关程度越小。根据所取观测值确定的r值，如果混合成本费用与业务量之间线性相关，则可进行下一步，否则不能采用任何线性分解方法。

（3）利用各观测值求解回归直线方程y=a+bx中a和b的值。

常数项a和系数b的计算公式如下：

$$a=\frac{\sum y-b\sum x}{n}$$

$$b=\frac{n\sum xy-\sum x\cdot\sum y}{n\sum x^2-(\sum x)^2}$$

结合此例，n为观测期数，x是业务量总数（机器工作时数），y是维修费用（混合成本），a是分解出来的固定成本，bx是分解出来的变动成本。

如果利用Excel函数进行计算，就十分高效、快捷，详见后续阐述。

四、实际操作：建立混合成本费用分解模型

（一）模拟手工方法

对观测值进行加工整理，并将有关数据录入到Excel工作表中，如图7-1所示。

	A	B	C	D	E	F
1	维修费用分解计算模型					
2	月份	机器工时 x	维修费 y	xy	x^2	y^2
3	1	56	101			
4	2	58	105			
5	3	76	111			
6	4	70	106			
7	5	71	107			
8	6	70	105			
9	7	79	113			
10	8	86	121			
11	9	90	123			
12	10	91	124			
13	11	92	125			
14	12	95	126			
15	Σ					
16	相关系数 r					
17	固定成本 a					
18	变动率 b					
19	___月机器工作时数					
20	变动成本 bx					

图7-1　混合成本费用分解模型表样

根据前述原理，定义计算公式如下：

D3=B3*C3

E3=POWER(B3,2)

F3=POWER(C3,2)

拖动D3、E3、F3单元格右下角的填充柄（小方块），利用自动填充技术快速定义D4至F14区域里各个单元格的公式。

B15=SUM(B3:B14)

拖动B15单元格右下角的填充柄，利用自动填充技术快速定义C15、D15、E15、F15这四个单元格的公式。

B16=(12*D15-B15*C15)/SQRT((12*E15-POWER(B15,2))*(12*F15-POWER(C15,2)))

B17=(C15-B18*B15)/12

B18=(12*D15-B15*C15)/(12*E15-POWER(B15,2))

B20=B18*B19

（二）运用函数方法

模拟手工方法不如利用Excel函数快捷。

仍以表7-1数据为例，相关系数、固定成本、变动率、变动成本的计算公式如下：

B16=CORREL(B3:B14,C3:C14)

B17=INTERCEPT(C3:C14,B3:B14)

B18=SLOPE(C3:C14,B3:B14)

B20=B18*B19

CORREL函数的功能：返回两组数值的相关系数。

CORREL函数的语法：CORREL(array1,array2)。

参数array1为第一组数值单元格区域，参数array2为第二组数值单元格区域。

INTERCEPT函数的功能：求线性回归拟合线方程的截距。

INTERCEPT函数的语法：INTERCEPT(known_y's,known_x's)。

参数known_y's为因变的观察值或数据的集合，参数known_x's为自变的观察值或数据的集合。

SLOPE函数的功能：返回经过给定数据点的线性回归拟合线方程的斜率。

SLOPE函数的语法：SLOPE(known_y's,known_x's)。

known_y's为数字型因变量数据点数组或单元格区域，known_x's为自变量数据点集合。

不论使用哪种方法，只要按照上述要求定义好公式，一旦在B19单元格中录入对应月份机器工作时数，结果就会自动计算出来。

利用Excel分解混合成本费用，不仅可以减轻财会人员的劳动强度，而且能使混合成本费用的分解计算变得更为快捷和准确。

同步练习7-1

【练习题7-1-1】**（操作题）**某企业车间设备维修费属于混合成本费用，某年的资料见表7-2。

根据资料，在Excel工作表中建立分解设备维修费的直线回归分析模型。假定下一年1月份的机器工作小时为15小时，预测设备维修费将为多少。

同步练习7-1

表7-2　　混合成本费用资料

月份	业务量（机器工时）	设备维修费（元）
1	10	300
2	8	250
3	9	290
4	10	310
5	12	340
6	14	390
7	11	320
8	12	330
9	13	350
10	7	200
11	8	210
12	9	220

【练习题7-1-2】（思考题）混合成本费用分解的方法有哪些？

学习总结7-1

本节是混合成本费用分解的计算，比较容易掌握。涉及的会计专业知识是混合成本费用及其分解相关知识。

本节涉及的Excel应用知识和技能有：POWER函数的应用、CORREL函数的应用、INTERCEPT函数的应用、SLOPE函数的应用，以及单元格数据链接的理解和应用。

学习评估7-1（见表7-3）

表7-3　　“Excel在混合成本费用分解中的应用”学习评估表

学习要点	学习效果	
混合成本费用及其分解相关知识	熟知	
POWER函数的应用	掌握	
CORREL函数的应用	掌握	
INTERCEPT函数的应用	掌握	
SLOPE函数的应用	掌握	

第二节　Excel在制造费用分配中的应用

一、学习引例

学习引例7-2

制造费用分配
（生产工时比例分配法）

【学习引例7-2】某生产车间2023年1月归集的制造费用为976 500元，该车间本月共生产甲、乙、丙、丁、戊五种产品，每种产品耗用生产工时分别为1 200小时、1 500小时、1 800小时、2 200小时、2 500小时。在Excel中建立分配制造费用的模型。

【学习引例7-3】某工厂甲车间生产A、B、C三种产品，采用年度计划分配率法分配制造费用。本年度甲车间制造费用计划总额为700 000元，三种产品的年度计划产量分别为2 000件、4 000件、2 500件，单位产品工时定额分别为35小时、20小时和10小时。11月末，“制造费用”账户借方余额为10 000元，12月份实际发生制造费用88 000元。12月份三种产品的计划产量分别为400件、350件、450件，实际产量分别为300件、400件、500件。在Excel中建立分配制造费用的模型。

学习引例7-3
制造费用分配
（年度计划分配率法）

二、引例分析

制造费用分配的方法主要有生产工时比例分配法、生产工人工资比例分配法、机器工时比例分配法、年度计划分配率法等。合理分配制造费用的关键在于正确选择分配标准，而选择制造费用分配标准应注意考虑相关性、可计量性和稳定性等。对于本任务，以生产工时比例分配法和年度计划分配率法为基础，利用Excel进行制造费用分配。利用Excel进行制造费用分配的优点是：反复利用设计好的模板，就可以实现一劳永逸，使繁杂的计算变得简单起来，既提高了工作效率，又减轻了劳动强度。

三、相关知识

制造费用是指生产企业在制造产品时所发生的除直接材料、直接人工以外的间接生产费用，包括生产车间一般性机物料消耗、生产车间房屋建筑物以及生产设备的折旧费、修理费、租赁费、保险费等间接生产费用，车间管理人员工资、福利费以及车间管理用水电费、办公费等生产组织与管理费用。这种生产费用是生产企业为生产多个产品而发生的，在月末应通过适当的分配方法计入各产品成本。科学地对制造费用进行归集和分配是正确计算产品成本的前提，对于考核车间费用预算的执行情况和不断降低产品成本具有重要意义。

（一）生产工时比例分配法

生产工时比例分配法是指按照各种产品所用生产工人实际工时或定额工时的比例分配费用。采用生产工时比例分配法的前提是要准确计量生产工人工时。

$$\text{制造费用分配率}=\frac{\text{某车间制造费用总额}}{\text{该车间各种产品实际（或定额）生产工时总和}}$$

某种产品应分配的制造费用=该种产品实际（或定额）生产工时×制造费用分配率

（二）年度计划分配率法

年度计划分配率法是按当月的实际产量和年度开始前确定的全年适用的计划分配率来分配本月应负担的制造费用，年度终了再将实际发生的制造费用与按计划分配率分配的制造费用的差额进行调整分配。

采用年度计划分配率法分配制造费用，当每月发生的制造费用与分配转出的制造费用金额不相等时，借方余额表示超过计划的预付费用（累计实际发生的制造费用大于分配转出额），其性质属于待摊费用；贷方余额表示按照计划应付而未付的费用（累计实际发生的制造费用小于分配转出额），其性质属于预提费用。

到年末，为保证本年制造费用全部分配到产品成本中，应将全年制造费用的实际发生额与计划分配额的差额，调整计入12月份的产品成本。根据实际发生额大于计划分配额的差额，借记“生产成本”科目，贷记“制造费用”科目；实际发生额小于计划分配额的差额，则用红字冲减。

采用年度计划分配率法分配制造费用时，平时（每月）不需要计算制造费用分配率，因此简化了制造费用的分配工作，并能够及时反映各月制造费用预算计划数与实际数的差异。年度计划分配率法适用于季节性生产和定额管理水平比较高的企业。

$$制造费用年度计划分配率=\frac{年度制造费用计划总额}{年度各种产品计划产量的定额工时总和}$$

某月某种产品应负担的制造费用=该月该种产品实际产量的定额工时数×制造费用年度计划分配率

四、实际操作：建立制造费用分配的自动计算模型

（一）【学习引例7-2】的操作

新建Excel工作簿，在工作表中设计制造费用分配表计算模型，录入有关数据，定义计算公式，公式定义完毕后自动显示结果，如图7-2所示。

	A	B	C	D
1	制造费用分配（生产工时比例分配法）			
2	产品名称	生产工时	分配率（元/小时）	应分配费用（元）
3	甲	1200		127370
4	乙	1500		159212
5	丙	1800		191054
6	丁	2200		233511
7	戊	2500		265353
8	合计	9200	106	976500
9	公式： B8=SUM(B3:B7)　C8=D8/B8 D3=B3*$C$8　D4=B4*$C$8 D5=B5*$C$8　D6=B6*$C$8 D7=B7*$C$8			

图7-2 制造费用分配（生产工时比例分配法）

（二）【学习引例7-3】的操作

根据前述计算原理和资料，在Excel工作表中建立制造费用分配表计算模型，录入原始数据，定义计算公式，结果如图7-3所示。

	A	B	C	D	E
1	制造费用分配（年度计划分配率法）				
2	平时计算（以12月份为例）				
3	11月末"制造费用"账户借方余额	10000			
4	12月实际发生制造费用	88000			
5	年度计划制造费用总额（元）	700000			
6	制造费用年度计划分配率（元/小时）	**4**			
7	项目	A产品	B产品	C产品	合计
8	本年计划产量（件）	2000	4000	2500	8500
9	单位产品工时定额（小时）	35	20	10	
10	本年计划产量的定额工时数（小时）	**70000**	**80000**	**25000**	**175000**
11	本月实际产量（件）	300	400	500	
12	本月应分配给各产品的制造费用（元）	42000	32000	20000	94000
13	年末调整的计算				
14	全年制造费用实际发生额与计划分配额的差额（元）	4000			
15	制造费用差额分配率（元/小时）	0.170212766			
16	项目	A产品	B产品	C产品	合计
17	年末各产品应分摊差异（元）	1787	1362	851	4000
18	计算公式定义说明：				
19	B6=B5/E10　B10=B8*B9　C10=C8*C9　D10=D8*D9				
20	E10=SUM(B10:D10)　B12=B11*B9*$B$6　C12=C11*C9*$B$6				
21	D12=D11*D9*$B$6　E12=SUM(B12:D12)				
22	B14=B3+B4-E12　B15=B14/(B11*B9+C11*C9+D11*D9)				
23	B17=B11*B9*$B$15　C17=C11*C9*$B$15				
24	D17=D11*D9*$B$15　E17=SUM(B17:D17)				

图7-3 制造费用分配（年度计划分配率法）

根据计算结果，编制12月份各产品应负担制造费用的会计分录：

借：生产成本——A产品　　42 000

　　　　　　——B产品　　32 000

　　　　　　——C产品　　20 000

　贷：制造费用　　94 000

根据计算结果，编制年度终了分摊制造费用差异的会计分录：

借：生产成本——A产品　　1 787

　　　　　　——B产品　　1 362

　　　　　　——C产品　　851

　贷：制造费用　　4 000

同步练习7-2

【练习题7-2-1】（**操作题**）某生产车间2023年9月归集的制造费用为935 500元，该车间本月共生产A、B、C、D四种产品，每种产品耗用的生产工时分别为2 100小时、1 600小时、2 200小时、1 300小时。在Excel工作表中建立分配制造费用的模型。

【练习题7-2-2】（**思考题**）制造费用分配的方法主要有哪些？

同步练习7-2

学习总结7-2

本节是制造费用分配的计算，比较容易掌握。涉及的会计专业知识是制造费用及其分配相关知识，涉及的Excel应用知识主要是单元格数据链接的理解和应用。

学习评估7-2（见表7-4）

表7-4　“Excel在制造费用分配中的应用”学习评估表

学习要点	学习效果	
制造费用及其分配相关知识	熟知	
单元格数据链接的理解和应用	掌握	

第三节　Excel在辅助生产费用分配中的应用

一、学习引例

学习引例7-4

【学习引例7-4】甲工厂有供汽、供电和机修三个辅助生产车间，某月月末分配辅助生产费用之前，直接发生的待分配费用分别为283 321元、136 052元和86 327元。供汽车间每立方米蒸汽的计划成本为7.11元，供电车间每度电的计划成本为0.57元，机修车间每修理工时的计划成本为5.36元。有关辅助生产费用的劳务供应和耗用情况见表7-5。在Excel工作表中建立模型，采用计划成本分配法分配辅助生产费用。

辅助生产费用分配（计划成本分配法）

表7-5　　甲工厂辅助生产劳务供应与耗用情况

劳务耗用		劳务供应		
		供汽车间	供电车间	机修车间
		数量（立方米）	数量（度）	数量（小时）
供汽车间		—	20 000	12 000
供电车间		2 000	—	4 000
机修车间		8 000	30 000	—
一车间	产品耗用	17 000	90 000	5 000
	一般耗用	3 500	9 000	700
二车间	产品耗用	14 000	110 000	7 000
	一般耗用	2 500	15 000	500
行政管理部门		3 000	26 000	800
合计		50 000	300 000	30 000

【学习引例7-5】乙工厂有供电和机修两个辅助生产车间，某月月末分配辅助生产费用之前，直接发生的待分配费用分别是81 000元和78 000元，有关辅助生产费用的劳务供应和耗用情况见表7-6。在Excel工作表中建立模型，采用交互分配法分配辅助生产费用。

学习引例7-5
辅助生产费用分配（交互分配法）

表7-6　　乙工厂辅助生产费用的劳务供应和耗用情况

辅助生产车间		分配费用	受益单位				
			供电车间	机修车间	一车间	二车间	管理部门
			数量	数量	数量	数量	数量
交互分配	供电车间	81 000		6 000			
	机修车间	78 000	1 000				
对外分配	供电车间				80 000	90 000	4 000
	机修车间				6 000	5 000	1 000

【学习引例7-6】丙工厂设有供电、供水和机修三个辅助生产车间，某月各辅助生产车间发生的费用和向各受益对象提供劳务产品数量的资料见表7-7。在Excel工作表中建立模型，采用代数分配法分配辅助生产费用。

学习引例7-6
辅助生产费用分配（代数分配法）

表7-7　　丙工厂辅助生产费用分配资料

辅助生产车间	待分配费用（元）	耗用总量	代数分配率	辅助生产车间内耗用						辅助生产车间以外部门耗用（分配对象耗用）					
				供电车间		供水车间		机修车间		甲产品		车间一般耗用		行管耗用	
				数量	金额	数量	金额	数量	金额	数量	金额	数量	金额	数量	金额
供电车间	39 326	221 633（度）				20 896		32 762		99 265		39 057		29 653	
供水车间	20 631	48 298（吨）		968				9 281				33 823		4 226	
机修车间	23 738	4 573（小时）		680		653						3 029		211	
合计	83 695														

二、引例分析

首先，要熟悉辅助生产费用分配的方法：计划成本分配法、交互分配法、代数分配法。

然后，根据各种分配方法的原理，在Excel工作表中建立模型。每当数据发生变化，分配结果能够自动跟随变化，实现动态分析。

三、相关知识

（一）计划成本分配法

计划成本分配法是根据计划单位成本以及各车间部门耗用的劳务数量，将辅助生产车间提供的劳务在各车间部门分配。计划成本分配法适用于管理水平较高、辅助生产单位成本制定得比较准确的企业。采用计划成本分配法有利于对辅助生产费用进行分析和考核，明确经济责任，有利于成本控制。

受益单位应分配的辅助生产费用=该受益单位耗用产品或劳务数量×辅助生产产品或劳务的计划单位成本

某项辅助生产费用分配的差异额=该辅助生产车间的实际生产成本−按计划单位成本计算的分配金额

（二）交互分配法

交互分配法将辅助生产费用的分配分成两次进行。首先根据辅助生产车间相互提供的劳务量和交互分配前的单位成本（一次交互分配率），在各辅助生产车间之间进行一次交互分配；然后归集辅助生产车间交互分配后的实际费用（交互分配前的直接费用加上交互分配转入的费用，减去交互分配转出的费用）；最后再按提供给辅助生产车间之外各受益单位的劳务量和交互分配后的单位成本（二次对外分配率），在辅助生产车间以外的各受益单位进行分配。

$$\text{某辅助生产车间劳务费用一次交互分配率}=\frac{\text{该辅助生产车间交互分配前的直接费用}}{\text{该辅助生产车间提供的劳务总量}}$$

$$\begin{array}{c}\text{某辅助生产车间应分给}\\\text{其他辅助生产车间的费用}\end{array}=\begin{array}{c}\text{该辅助生产车间提供给其他}\\\text{辅助生产车间的劳务量}\end{array}\times\begin{array}{c}\text{一次交互}\\\text{分配率}\end{array}$$

$$\text{某辅助生产车间二次对外分配率}=\frac{\text{该辅助生产车间交互分配后的实际费用}}{\text{辅助生产车间以外的各受益单位耗用的劳务总量}}$$

辅助生产车间以外的各受益单位应分配费用=受益单位劳务量×二次对外分配率

（三）代数分配法

代数分配法是运用代数中多元一次方程式原理进行辅助生产费用分配的一种方法。这种方法是通过设立未知数表示各辅助生产车间劳务单位成本，并根据辅助生产车间相互服务的关系，以及各辅助生产车间之间已归集的费用和提供劳务总量建立方程组，以计算出各辅助生产车间劳务单位成本，进而将辅助生产费用在各受益单位之间进行分配。

采用代数分配法分配辅助生产费用，其最大的优点是分配结果准确，这是其他分配方法所不能达到的。但是，当企业的辅助生产车间较多时，需设立的未知数就多，方程组中的方程就多，手工计算起来比较麻烦。所以，代数分配法适合实现了电算化的企业采用。

四、实际操作：建立辅助生产费用分配的自动计算模型

（一）【学习引例7-4】建模：在Excel工作表中建立计划成本分配法的计算模型

在Excel工作表中，设计如图7-4所示的分配表，斜体数字为已知数据，其中的计算公式见表7-8。

	A	B	C	D	E	F	G	H
1	辅助生产费用分配表（计划成本分配法）							
2	劳务耗用		劳务供应					
3			供汽车间		供电车间		机修车间	
4			数量（立方米）	金额（元）	数量（度）	金额（元）	数量（小时）	金额（元）
5	计划单位成本			*7.11*		*0.57*		*5.36*
6	供汽车间				*20000*	11400	*12000*	64320
7	供电车间		*2000*	14220			*4000*	21440
8	机修车间		*8000*	56880	*30000*	17100		
9	一车间	产品耗用	*17000*	120870	*90000*	51300	*5000*	26800
10		一般耗用	*3500*	24885	*9000*	5130	*700*	3752
11	二车间	产品耗用	*14000*	99540	*110000*	62700	*7000*	37520
12		一般耗用	*2500*	17775	*15000*	8550	*500*	2680
13	行政管理部门		*3000*	21330	*26000*	14820	*800*	4288
14	合计		50000	355500	300000	171000	30000	160800
15	待分配费用			*283321*		*136052*		*86327*
16	分配转入费用			75720		35660		73980
17	实际成本			359041		171712		160307
18	成本差异			3541		712		-493

图7-4　辅助生产费用分配表

表7-8　辅助生产费用分配计算模型中的公式（计划成本分配法）

单元格	公式	单元格	公式	单元格	公式
C14	SUM(C7:C13)	D7	=C7*$D$5	D17	=D15+D16
D14	=C14*D5	F6	=E6*$F$5	F17	=F15+F16
E14	=E6+SUM(E8:E13)	H6	=G6*$H$5	H17	=H15+H16
F14	=E14*F5	D16	=F6+H6	D18	=D17-D14
G14	=G6+G7+SUM(G9:G13)	F16	=D7+H7	F18	=F17-F14
H14	=G14*H5	H16	=D8+F8	H18	=H17-H14

D8、D9、D10、D11、D12、D13单元格公式通过复制D7单元格公式实现。

F8、F9、F10、F11、F12、F13单元格公式通过复制F6单元格公式实现。

H7、H9、H10、H11、H12、H13单元格公式通过复制H6单元格公式实现。

Excel模型可以重复使用，分配结果会自动跟随原始数据变化而变化。

（二）【学习引例7-5】建模：在Excel工作表中建立交互分配法的计算模型

建立如图7-5所示的计算模型，表中下画线数字为已知数据，其余数据则根据计算公式自动得出，公式定义见表7-9。

辅助生产费用分配表（交互分配法）														
辅助生产车间		分配费用	分配数量	分配率	受益单位									
					供电车间		机修车间		一车间		二车间		管理部门	
					数量	金额	数量	金额	数量	金额	数量	金额	数量	金额
交互分配	供电车间	81000	180000	0.45			6000	2700						
	机修车间	78000	13000	6	1000	6000								
对外分配	供电车间	84300	174000	0.4845					80000	38759	90000	43603	4000	1938
	机修车间	74700	12000	6.225					6000	37350	5000	31125	1000	6225
合计						6000		2700		76109		74728		8163

图7-5 辅助生产费用分配表

表7-9 辅助生产费用分配计算模型中的公式（交互分配法）

单元格	公式	单元格	公式	单元格	公式
D5	=H5+J7+L7+N7	E7	=C7/D7	M8	=L8*E8
E5	=C5/D5	K7	=J7*E7	O8	=N8*E8
I5	=H5*E5	M7	=L7*E7	G9	=G6
D6	=F6+J8+L8+N8	O7	=N7*E7	I9	=I5
E6	=C6/D6	C8	=C6+I9-G9	K9	=K7+K8
G6	=F6*E6	D8	=D6-F6	M9	=M7+M8
C7	=C5+G9-I9	E8	=C8/D8	O9	=O7+O8
D7	=D5-H5	K8	=J8*E8		

定义的Excel模板可以重复使用，分配结果会自动跟随原始数据变化而变化。

（三）【学习引例7-6】建模：在Excel工作表中建立代数分配法的计算模型

在Excel工作表中建立如图7-6所示的分析模型（最终效果）。

辅助生产费用分配表（代数分配法）															
辅助生产车间	待分配费用（元）	耗用总量	代数分配率	辅助生产车间内耗用						辅助生产车间以外部门耗用（分配对象耗用）					
				供电车间		供水车间		机修车间		甲产品		车间一般耗用		行管耗用	
				数量	金额	数量	金额	数量	金额	数量	金额	数量	金额	数量	金额
供电	39326	221633	0.204			20896	4272	32762	6698	99265	20295	39057	7986	29653	6063
供水	20631	48298	0.623	968	603			9281	5779			33823	21061	4226	2631
机修	23738	4573	7.919	680	5385	653	5171					3029	23988	211	1671
合计	83695										20295		53035		10365

图7-6 辅助生产费用分配结果

有关操作步骤如下：

（1）定义辅助生产费用分配表的计算公式，见表7-10。

表7-10　　辅助生产费用分配模型中的公式（代数分配法）

单元格	公式	单元格	公式	单元格	公式
C5	=G5+I5+K5+M5+O5	P5	=O5*D5	N7	=M7*D7
C6	=E6+I6+M6+O6	F6	=E6*D6	P7	=O7*D7
C7	=E7+G7+M7+O7	J6	=I6*D6	L8	=L5+L6+L7
H5	=G5*D5	N6	=M6*D6	N8	=N5+N6+N7
J5	=I5*D5	P6	=O6*D6	P8	=P5+P6+P7
L5	=K5*D5	F7	=E7*D7	B8	=B5+B6+B7
N5	=M5*D5	H7	=G7*D7		

（2）根据代数分配法的原理，建立方程组。

根据表7-7反映的费用发生和劳务产品数量提供情况，设供电车间费用分配率为x，供水车间费用分配率为y，机修车间费用分配率为z，建立联立方程组如下：

$$\begin{cases} 221633x = 39326 + 968y + 680z \\ 48298y = 20631 + 20896x + 653z \\ 4573z = 23738 + 32762x + 9281y \end{cases}$$

方程组中第一个方程成立的依据是，供电车间原来待分配费用39 326元，加上交互分配转入的用水费用968y和机修费用680z，共同构成了供电车间的全部费用。供电车间费用分配率为x，应分配的劳务产品总量为221 633度，221 633x即为全部应分配的费用。

交互分配转入费用=其他车间为本车间提供的劳务量×其他车间费用分配率

方程组中第二个方程成立的依据是，供水车间原来待分配费用20 631元，加上交互分配转入的用电费用20 896x和机修费用653z，共同构成了供水车间的全部费用。这些费用所耗用的劳务产品总量是48 298吨，供水车间的费用分配率为y，应结转费用总额为48 298y。

方程组中第三个方程成立的依据是，机修车间原来待分配费用23 738元，加上交互分配转入的用电费用32 762x和用水费用9 281y，共同构成了机修车间的全部费用。这些费用所耗用的劳务总量是4 573小时，机修车间的费用分配率为z，应结转费用总额为4 573z。

根据图7-6中各数据所对应单元格地址，方程组演变为：

$$\begin{cases} C5*D5 - B5 - E6*D6 - E7*D7 = 0 \\ C6*D6 - B6 - G5*D5 - G7*D7 = 0 \\ C7*D7 - B7 - I5*D5 - I6*D6 = 0 \end{cases}$$

D5、D6、D7单元格数据为待求未知数，其余单元格数据为已知数。

（3）利用Excel解方程组。

在A10、A11和A12单元格中分别录入：

=C5*D5-B5-E6*D6-E7*D7

=C6*D6-B6-G5*D5-G7*D7

=C7*D7-B7-I5*D5-I6*D6

执行“规划求解”命令。

【说明】“规划求解”命令位于Excel 2016“数据”选项卡下的“分析”组中。如果没有“规划求解”出现，说明Excel没有加载“规划求解”命令项。请按照第一章第八节描述的方法进行加载。

在“规划求解参数”对话框中，设置目标单元格为$A$10，值为0，可变单元格指定为$D$5:$D$7，单击“添加”按钮，设置“约束”为：$A$11=0和$A$12=0，如图7-7所示。

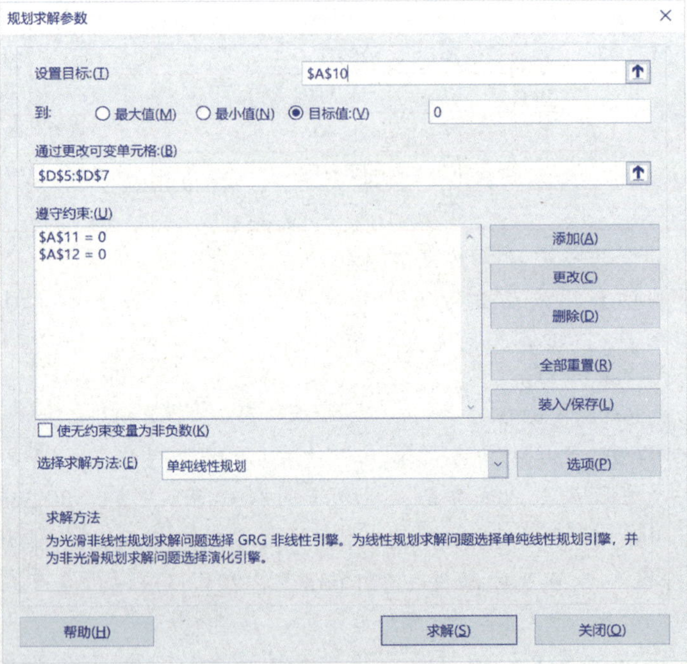

图7-7 规划求解参数设置

单击“求解”，选择“保存规划求解结果”，单击“确定”，得到如图7-6所示的结果。

下月月末，分配辅助生产费用时只需更改待分配的费用及相应的劳务数量，再执行“规划求解”命令，该模型系统就会自动完成辅助生产费用分配的计算工作。

同步练习7-3

【练习题7-3-1】（操作题）调研一个工厂，弄清其采用的辅助核算方法和有关生产费用发生情况，利用Excel设计辅助生产费用自动分配的计算模型。

【练习题7-3-2】（思考题）辅助生产费用分配的方法有哪些？各自的原理如何？

同步练习7-3

学习总结7-3

本节主要介绍辅助生产费用分配的计算，涉及辅助生产费用分配原理和方法等相关知识，涉及的Excel应用知识和技能是规划求解工具的应用以及单元格数据链接的理解和应用。

学习评估7-3（见表7-11）

表7-11 “Excel在辅助生产费用分配中的应用”学习评估表

学习要点	学习效果	
辅助生产费用的分配原理和方法	熟知	
规划求解工具的应用	掌握	
单元格数据链接的理解和应用	掌握	

第四节　Excel在产品成本分析与预测中的应用

一、学习引例

学习引例7-7
产品成本计划完成情况分析

【学习引例7-7】大华公司2024年2月份的全部产品成本情况资料见表7-12，据此进行产品成本计划完成情况分析。

表7-12　　大华公司产品成本资料

产品名称	项目	产量		单位成本	
		计划	实际	计划	实际
可比产品	A产品	250	260	35	34
	B产品	400	420	13	12
不可比产品	C产品	300	250	10	12

【学习引例7-8】大明公司2024年的可比产品计划成本和实际成本资料见表7-13，据此进行可比产品成本分析。

学习引例7-8
可比产品成本分析

表7-13　　大明公司产品成本资料

可比产品成本计划降低数据（与上年实际比）				可比产品成本实际降低数据（与上年实际比）			
产品　项目	本年计划产量	单位成本（万元）		产品　项目	本年实际产量	单位成本（万元）	
		上年实际	本年计划			上年实际	本年计划
A产品	250	21	20	A产品	260	21	19
B产品	450	15	13	B产品	460	15	12

学习引例7-9
单位成本差异情况一般分析

【学习引例7-9】华明公司主要生产A产品，单位成本分析资料见表7-14，据此进行单位成本差异情况一般分析。

表7-14　　华明公司A产品成本资料

成本项目	计划单位成本	实际单位成本
直接材料	980	1 063
直接工资	165	160
制造费用	90	88

学习引例7-10
直接材料分析

【学习引例7-10】华明公司A产品直接材料成本资料见表7-15，据此进行直接材料成本分析。

表7-15　　华明公司A产品直接材料成本资料

材料名称	单位产品耗用量（千克）		材料单价（元）	
	计划	实际	计划	实际
甲材料	40	41	20	22
乙材料	20	23	9	7

学习引例7-11
直接工资分析

【学习引例7-11】华明公司A产品直接工资资料见表7-16，据此进行直接工资成本分析。

表7-16　**华明公司A产品直接工资资料**

项目	计划数	实际数
单位产品生产工时（小时）	15	16
小时工资率（元/小时）	11	10

【学习引例7-12】华明公司A产品制造费用资料见表7-17，据此进行制造费用成本分析。

学习引例7-12

制造费用分析

表7-17　**华明公司A产品制造费用资料**

项目	计划数	实际数
单位产品生产工时（小时）	15	16
小时费用率（元/小时）	6	5.5

【学习引例7-13】某企业甲产品2024年各月的产量及其成本的有关资料见表7-18，请用历史成本分析法预测2025年甲产品的成本。

学习引例7-13

用历史成本分析法预测产品成本

表7-18　**某企业甲产品产量与成本资料**

月份	产量（件）	总成本（元）
1	56 620	1 269 598
2	57 120	1 277 862
3	57 110	1 277 722
4	56 670	1 270 431
5	56 580	1 268 912
6	55 930	1 258 139
7	56 800	1 272 571
8	56 730	1 272 436
9	56 380	1 265 638
10	56 330	1 264 769
11	56 650	1 270 080
12	58 050	1 293 221
2025年计划产量		70 000

【学习引例7-14】某企业生产甲、乙两种产品。2024年有关数据见表7-19，请用因素分析法预测该企业2025年的总成本。

学习引例7-14

用因素分析法预测产品成本

表7-19　**甲乙产品资料**

甲产品单位成本（元/件）	236
乙产品单位成本（元/件）	563
直接材料占总成本比重	52%
直接人工占总成本比重	27%
制造费用占总成本比重	21%
2025年预测产量及成本资料	
甲产品产量（元）	6 500
乙产品产量（元）	5 000
计划产量增长	25%
劳动生产率提高	20%
生产工人平均工资增长	15%
材料消耗定额降低	9%
材料价格升高	7%
制造费用增加	8%

在Excel工作表中建立自动计算分析模型，对以上问题加以解决。

二、引例分析

在学习和掌握成本分析方法的基础上，分别根据【学习引例 7-7】至【学习引例 7-14】提供的资料，逐一开展建模分析。

三、相关知识

（一）产品成本计划完成情况分析原理

检查产品成本计划完成情况，可以评价责任单位的成本管理业绩，确定责任归属，以消除不利差异，发展有利差异，完善下一个成本管理循环，从而提高成本管理水平。

在对产品成本计划完成情况分析的指标计算中，如果对比指标之间有不可比因素，应先按可比口径进行调整，然后再对比。在对产品成本计划完成情况进行分析时，如果实际产量与计划产量不一致，为了使产品成本比较的基础一致，在进行成本比较前必须按实际产量对计划成本进行调整。

产品成本计划完成情况分析指标计算公式为：

$$\text{实际与计划对比的成本降低额}=\sum[\text{实际产量}\times(\text{计划单位成本}-\text{实际单位成本})]$$

$$\text{实际与计划对比的成本降低率}=\frac{\text{实际与计划对比的成本降低额}}{\sum(\text{实际产量}\times\text{计划单位成本})}\times 100\%$$

（二）可比产品成本分析原理

1.可比产品成本降低任务完成情况的分析

企业的全部产品包括可比产品和不可比产品两种类型。

可比产品是指企业过去正式生产过并且有完整的成本资料可以进行比较的产品。

可比产品一般占企业产品成本的比重较大，掌握可比产品成本的升降情况，对于控制产品成本具有重要意义。

（1）可比产品成本计划降低的计算。

可比产品成本计划降低任务通常用本年计划成本与上年实际成本的差异来反映。

$$\text{可比产品成本计划降低额}=\sum[\text{年计划产量}\times(\text{上年实际单位成本}-\text{本年计划单位成本})]$$

$$\text{可比产品成本计划降低率}=\frac{\text{可比产品成本计划降低额}}{\sum(\text{本年计划产量}\times\text{上年实际单位成本})}\times 100\%$$

（2）可比产品成本实际降低的计算。

在进行可比产品成本分析时，还需要了解成本实际降低情况，一般用本年的实际成本与按本年实际产量调整后的上年实际成本的差异来反映。

$$\text{可比产品成本实际降低额}=\sum[\text{本年实际产量}\times(\text{上年实际单位成本}-\text{本年实际单位成本})]$$

$$\text{可比产品成本实际降低率}=\frac{\text{可比产品成本实际降低额}}{\sum(\text{本年实际产量}\times\text{上年实际单位成本})}\times 100\%$$

2.可比产品成本降低的因素分析

对可比产品成本降低任务完成情况的深入分析是通过揭示影响实际降低与计划降低任务之间差距的原因进行的。

（1）产品产量因素的影响。

可比产品成本计划降低任务是根据各种产品计划产量制定的，而实际降低额和降低率是根据实际产量计算的。因此，当产品品种构成和单位成本不变时，产品产量的变动只影响产品成本降低额，对成本降低率没有影响。

$$产量变动对成本降低额的影响=\sum\left[(实际产量-计划产量)\times上年实际单位成本\right]\times计划降低率$$

（2）产品品种结构因素的影响。

各种可比产品成本降低率有大有小，不同成本降低率的可比产品在全部产品产量中所占比例的变化就会影响全部可比产品成本降低率的变化大小。

$$\begin{matrix}产品品种结构变动\\对成本降低额的影响\end{matrix}=\sum\left(\begin{matrix}实际\\产量\end{matrix}\times\begin{matrix}上年实际\\单位成本\end{matrix}\right)-\sum\left(\begin{matrix}实际\\产量\end{matrix}\times\begin{matrix}计划\\单位成本\end{matrix}\right)-\sum\left(\begin{matrix}实际\\产量\end{matrix}\times\begin{matrix}上年实际\\单位成本\end{matrix}\right)\times\begin{matrix}计划\\降低率\end{matrix}$$

$$产品品种结构变动对成本降低率的影响=\frac{产品品种结构变动对成本降低额的影响}{\sum(实际产量\times上年实际单位成本)}\times100\%$$

（3）产品单位成本因素的影响。

可比产品成本降低考核是以以前年度的单位成本作为计算基础进行的，计算公式如下：

$$产品单位成本变动对成本降低额的影响=\sum\left[实际产量\times(计划单位成本-实际单位成本)\right]$$

$$产品单位成本变动对成本降低率的影响=\frac{产品单位成本变动对成本降低额的影响}{\sum(实际产量\times上年实际单位成本)}\times100\%$$

（三）单位产品成本分析原理

在进行产品成本分析时，除了要对全部产品及可比产品的成本进行总体的综合分析外，还需要对主要产品的单位成本深入到成本项目进行分析，把准确的成本偏差信息及时反馈给管理者和责任人，以便使成本管理工作有的放矢。

对单位产品成本的分析主要有两个方面：单位产品成本差异情况的一般分析和单位产品成本构成项目的深入分析。

单位产品成本差异情况的一般分析只是揭示了实际单位成本比计划单位成本降低或超支的总体情况，要掌握详细情况，还需要进一步对成本主要项目的变化进行深入分析。

1.直接材料项目的分析

通常，引起直接材料成本变动的因素有数量因素和价格因素，计算公式如下：

$$材料耗用量差异的影响=(实际单位耗用量-计划单位耗用量)\times材料计划单价$$

$$材料价格差异的影响=(材料实际单价-材料计划单价)\times实际单位耗用量$$

计算结果若为正数则为超支，若为负数则为节约。

2.直接工资项目的分析

工资费用一般是按照生产工时消耗分配计入各产品成本中，因此单位产品成本中工资费用的多少，取决于生产单位产品的生产工时和小时工资率两个因素。

$$生产工时差异的影响=(单位产品实际生产工时-单位产品计划生产工时)\times计划小时工资率$$

$$小时工资率差异的影响=(实际小时工资率-计划小时工资率)\times单位产品实际生产工时$$

3.制造费用项目的分析

如果制造费用按产品工时分配，那么影响制造费用差异的因素就是单位产品生产工时（效率）和每小时费用率（分配率）。

$$单位产品制造费用=单位产品生产工时\times小时费用率$$

用因素分析法分析效率和分配率两个因素变动的影响，计算公式可以表示为：

$$效率差异的影响=(实际单位产品生产工时-计划单位产品生产工时)\times计划小时费用率$$

$$分配率差异的影响=实际单位产品生产工时\times(实际小时费用率-计划小时费用率)$$

（四）成本预测的理论知识

成本预测的方法主要有历史成本分析法、因素分析法、比例预测法、目标利润推算法等。历史成本分析法、因素分析法相对复杂一些，这里着重介绍如何借助于Excel，运用历史成本分析法和因素分析法进行成本预测。

1.历史成本分析法

历史成本分析法是指根据已经发生的历史成本资料来推算未来时期成本水平的一种方法。运用历史成本分析法预测成本的前提条件是，产品成本在一定的生产规模范围内与产品产量之间具有线性关系。表现为数学模型的直线方程为：

产品成本=固定成本+单位变动成本×产量

其中：固定成本为直线方程的截距，单位变动成本为直线方程的斜率。

历史成本分析法又分为回归直线法和高低点法两种，应用高低点法的计算公式为：

$$\text{单位变动成本}=\frac{\text{高点的成本}-\text{低点的成本}}{\text{高点产量}-\text{低点产量}}$$

$$\text{固定成本}=\text{高点的成本}-\text{单位变动成本}\times\text{高点产量}$$

或 $\text{固定成本}=\text{低点的成本}-\text{单位变动成本}\times\text{低点产量}$

在Excel应用中，直线方程的截距和斜率可以通过Excel的INTERCEPT函数和SLOPE函数计算得出。

2.因素分析法

$$\begin{matrix}\text{直接材料}\\\text{成本降低率}\end{matrix}=\left[1-\left(1-\frac{\text{材料消耗}}{\text{降低率}}\right)\times\left(1\pm\frac{\text{材料价格}}{\text{升降率}}\right)\right]\times\begin{matrix}\text{直接材料成本}\\\text{占总成本的比重}\end{matrix}$$

$$\text{直接人工成本降低率}=\left(1-\frac{1+\text{生产工人平均工资增长率}}{1+\text{劳动生产率提高率}}\right)\times\text{直接人工成本占产品总成本的比重}$$

$$\text{制造费用降低率}=\left(1-\frac{1\pm\text{制造费用增减率}}{1\pm\text{产量增减率}}\right)\times\text{制造费用占产品总成本的比重}$$

四、实际操作

（一）【学习引例7-7】建模：建立产品成本计划完成情况分析模型

在Excel工作表中建立产品成本计划完成情况分析模型，如图7-8所示，计算结果如图7-9所示。

	A	B	C	D	E	F	G	H	I	J	K
1	大华公司2024年2月份产品成本计划执行情况										
2	项目 / 产品名称		产量		单位成本		总成本（万元）			成本降低额（万元）	成本降低率
3			计划	实际	计划	实际	计划产量×计划单位成本	实际产量×实际单位成本	实际产量×计划单位成本		
4			①	②	③	④	⑤=①×③	⑥=②×④	⑦=②×③	⑧=⑦-⑥	⑨=⑧÷⑦
5	可比产品	A	250	260	35	34	=C5*E5	=D5*F5	=D5*E5	=I5-H5	=J5/I5
6		B	400	420	13	12	=C6*E6	=D6*F6	=D6*E6	=I6-H6	=J6/I6
7		合计	=SUM(C5:C6)	=SUM(D5:D6)	—	—	=SUM(G5:G6)	=SUM(H5:H6)	=SUM(I5:I6)	=SUM(J5:J6)	=J7/I7
8	不可比产品	C	300	250	10	12	=C8*E8	=D8*F8	=D8*E8	=I8-H8	=J8/I8
9	全部产品		—	—	—	—	=G7+G8	=H7+H8	=I7+I8	=J7+J8	=J9/I9

图7-8　计算产品成本计划完成情况的Excel应用模型

	A	B	C	D	E	F	G	H	I	J	K
1	大华公司2024年2月份产品成本计划执行情况										
2	项目 产品名称		产量		单位成本		总成本（万元）			成本降低额（万元）	成本降低率
3			计划	实际	计划	实际	计划产量×计划单位成本	实际产量×实际单位成本	实际产量×计划单位成本		
4			①	②	③	④	⑤=①×③	⑥=②×④	⑦=②×③	⑧=⑦-⑥	⑨=⑧÷⑦
5	可比产品	A	250	260	35	34	8750	8840	9100	260	2.86%
6		B	400	420	13	12	5200	5040	5460	420	7.69%
7		合计	650	680	—	—	13950	13880	14560	680	4.67%
8	不可比产品	C	300	250	10	12	3000	3000	2500	-500	-20.00%
9	全部产品		—	—	—	—	16950	16880	17060	180	1.06%

图7-9 计算产品成本计划完成情况的Excel工作表

图7-9的结果表明，大华公司全部产品的实际总成本比计划总成本降低了180万元，降低率为1.06%，从总体上看，公司超额完成了成本计划。进一步分析后发现，可比产品成本降低额为680万元，降低率为4.67%，计划完成得较好；而不可比产品超支了500万元，超支率达到20%。

（二）【学习引例7-8】建模：建立可比产品成本分析模型

在Excel工作表中建立可比产品成本分析模型，根据计算原理，在Excel工作表中定义相应的计算公式，见表7-20。表中计算公式较多，可利用Excel自动填充技术快速进行定义。计算结果如图7-10所示。

表7-20 可比产品成本分析模型中的计算公式

单元	公式	单元	公式
E5	=B5*C5	F13	=SUM(F11:F12)
E6	=B6*C6	G11	=E11-F11
E7	=SUM(E5:E6)	G12	=E12-F12
F5	=B5*D5	G13	=SUM(G11:G12)
F6	=B6*D6	H11	=G11/E11
F7	=SUM(F5:F6)	H12	=G12/E12
G5	=E5-F5	H13	=G13/E13
G6	=E6-F6	G15	=G13-G7
G7	=SUM(G5:G6)	G16	=((B11-B5)*C11+(B12-B6)*C6)*H7
H5	=G5/E5	G17	=(B11*C11+B12*C12)-(B11*D5+B12*D6)-(B11*C11+B12*C12)*H7
H6	=G6/E6	G18	=B11*(D5-D11)+B12*(D6-D12)
H7	=G7/E7	G19	=SUM(G16:G18)
E11	=B11*C11	H15	=H13-H7
E12	=B12*C12	H17	=G17/(B11*C11+B12*C12)
E13	=SUM(E11:E12)	H18	=G18/(B11*C11+B12*C12)
F11	=B11*D11	H19	=H17+H18
F12	=B12*D12		

	A	B	C	D	E	F	G	H
1	大明公司2024年可比产品成本降低任务执行情况分析表							
2	可比产品成本计划降低数据（与上年实际比）							
3	项目 产品	本年计划产量	单位成本（万元		总成本（万元		可比产品成本计划降低数	
4			上年实际	本年计划	本年计划产量×上年实际单位成本	本年计划产量×本年计划单位成本	降低额（万元）	降低率
5	A产品	250	21	20	5250	5000	250	4.76%
6	B产品	450	15	13	6750	5850	900	13.33%
7	合计	—	—	—	12000	10850	1150	9.58%
8	可比产品成本实际降低数据（与上年实际比）							
9	项目 产品	本年实际产量	单位成本（万元		总成本（万元		可比产品成本计划降低数	
10			上年实际	本年实际	本年实际产量×上年实际单位成本	本年实际产量×本年实际单位成本	降低额（万元）	降低率
11	A产品	260	21	19	5460	4940	520	9.52%
12	B产品	460	15	12	6900	5520	1380	20.00%
13	合计	—	—	—	12360	10460	1900	15.37%
14	可比产品成本实际降低与计划降低的差异及其因素分析							
15	可比产品成本实际降低与计划降低的差异						750	5.79%
16	因素分析	产量变动对成本降低的影响					34.5	—
17		产品品种结构变动对成本降低的影响					-4.5	-0.04%
18		单位成本变动对成本降低的影响					720	5.83%
19		合计					750	5.79%

图7-10　可比产品降低任务完成情况的Excel分析表

（三）【学习引例7-9】、【学习引例7-10】、【学习引例7-11】和【学习引例7-12】建模：建立单位成本分析模型

1.【学习引例7-9】的建模分析：单位成本差异情况一般分析

在Excel工作表中建立单位成本分析模型，如图7-11所示。

	A	B	C	D	E	F
1	A产品单位成本差异情况一般分析					
2	成本项目	计划单位成本	实际单位成本	成本差异情况		各成本项目对单位成本的影响（%）
3				差异额	差异率	
4	直接材料	980	1063	83	8.47%	6.72%
5	直接工资	165	160	-5	-3.03%	-0.40%
6	制造费用	90	88	-2	-2.22%	-0.16%
7	合计	1235	1311	76	6.15%	6.15%
8	公式说明	B7=SUM(B4:B6)，C7、D7单元格的公式复制B7单元格 D4=C4-B4，D5、D6单元格的公式复制D4单元格 E4=D4/B4，E5、E6、E7单元格的公式复制E4单元格 F4=D4/$B$7，F5、F6、F7单元格的公式复制F4单元格				

图7-11　A产品单位成本差异情况一般分析的Excel工作表

结果表明，A产品的实际单位成本比计划单位成本超支了76元，超支率为6.15%，成本超支是由直接材料超支造成的。

2.【学习引例7-10】的建模分析：直接材料成本分析

建立如图7-12所示的分析模型。

	A	B	C	D	E	F	G	H	I
1	A产品直接材料成本分析表								
2	材料名称	单位产品耗用量（千克）		材料单价（元）		材料成本（元）		材料成本差异额（元）	
3		计划	实际	计划	实际	计划	实际		
4	甲材料	40	41	20	22	800	902	102	
5	乙材料	20	23	9	7	180	161	-19	
6	合计	—	—	—	—	980	1063	83	
7	影响单位产品直接材料成本变化的因素分析								
8	材料耗用量变动对单位直接材料成本的影响							47	4.80%
9	材料价格变动对单位直接材料成本的影响							36	3.67%
10	材料耗用量变动和材料价格变动对单位直接材料成本的综合影响							83	8.47%
11	公式说明	F4=B4*D4,F5=B5*D5,F6=SUM(F4:F5) G4=C4*E4,G5=C5*E5,G6=SUM(G4:G5) H4=G4-F4,H5=G5-F5,H6=G6-F6 H8=(C4-B4)*D4+(C5-B5)*D5,H9=(E4-D4)*C4+(E5-D5)*C5 H10=SUM(H8:H9),I8=H8/$F$6,I9=H9/$F$6,I10=I8+I9							

图7-12　分析A产品直接材料成本的Excel工作表

结果表明，材料耗用量变动对单位直接材料成本的影响为47元，材料价格变动对单位直接材料成本的影响为36元。

3.【学习引例7-11】的建模分析：直接工资分析

建立如图7-13所示的分析模型。

	A	B	C	D
1	A产品直接工资成本分析表			
2	项目	计划数	实际数	实际与计划差异
3	单位产品生产工时（小时）	15	16	1
4	小时工资率（元/小时）	11	10	-1
5	单位产品的直接工资（元）	165	160	-5
6	影响单位产品直接工资成本变化的因素分析			
7	生产工时变化对单位产品直接工资成本的影响		11	6.67%
8	小时工资率变化对单位产品直接工资成本的影响		-16	-9.70%
9	两项因素对单位产品直接工资成本的综合影响		-5	-3.03%
10	公式说明			
11	B5=B3*B4，C5=C3*C4，D3=C3-B3，D4=C4-B4，D5=C5-B5，C7=D3*B4 C8=D4*C3，C9=SUM(C7:C8)，D7=C7/$B$5，D8=C8/$B$5，D9=SUM(D7:D8)			

图7-13　A产品直接工资成本分析的Excel工作表

成本差异为正数是超支，为负数是节约。由于华明公司实际单位产品生产工时比计划工时多了1个小时，使得劳动效率比计划有所降低，还应结合班组核算的资料进行更深入的分析。

4.【学习引例7-12】的建模分析：制造费用成本分析

建立如图7-14所示的分析模型。

	A	B	C	D
1	A产品制造费用成本分析表			
2	项目	计划数	实际数	实际与计划差异
3	单位产品生产工时（小时）	15	16	1
4	小时费用率（元/小时）	6	5.5	-0.5
5	单位产品的制造费用（元）	90	88	-2
6	影响单位产品制造费用成本变化的因素分析			
7	单位产品生产工时变化对单位产品制造费用成本的影响		6	6.67%
8	小时费用率变化对单位产品制造费用成本的影响		-8	-8.89%
9	两项因素对单位产品制造费用成本的综合影响		-2	-2.22%
10	公式说明			
11	B5=B3*B4,C5=C3*C4,D3=C3-B3,D4=C4-B4,D5=C5-B5,C7=D3*B4 C8=D4*C3,C9=SUM(C7:C8),D7=C7/$B$5,D8=C8/$B$5,D9=SUM(D7:D8)			

图7-14 A产品制造费用成本分析的Excel工作表

成本正数差异为超支，成本负数差异为节约。

（四）【学习引例7-13】和【学习引例7-14】建模：建立成本预测模型

1.【学习引例7-13】的建模分析：用历史成本分析法预测产品成本

在图7-15所示的Excel工作表中，定义的计算公式见表7-21，即可自动得到相应的计算结果。

	A	B	C	D	E
1	用历史成本分析法预测成本				
2	2024年甲产品数据			预测结果	
3	月份	产量（件）	总成本（元）		
4	1	56620	1269598	回归直线法（利用Excel函数）	
5	2	57120	1277862	单位变动成本（元/件）	16.54
6	3	57110	1277722	固定成本（元）	333146.68
7	4	56670	1270431	2025年预测成本（元）	1490985.23
8	5	56580	1268912		
9	6	55930	1258139	高低点法	
10	7	56800	1272571	高点产量（件）	58050.00
11	8	56730	1272436	高点成本（元）	1293221.00
12	9	56380	1265638	低点产量（件）	55930.00
13	10	56330	1264769	低点成本（元）	1258139.00
14	11	56650	1270080	单位变动成本（元/件）	16.55
15	12	58050	1293221	固定成本（元）	332603.03
16	2025年计划产量		70000	2025年预测成本（元）	1490970.95

图7-15 用历史成本分析法预测产品成本的Excel工作表

表7-21 用历史成本分析法预测产品成本的计算公式

单元格	公式
E5	=SLOPE(C4:C15,B4:B15)
E6	=INTERCEPT(C4:C15,B4:B15)
E7	=E6+E5*C16
E10	=MAX(B4:B15)
E11	=INDEX(C4:C15,MATCH(MAX(B4:B15),B4:B15,0))
E12	=MIN(B4:B15)
E13	=INDEX(C4:C15,MATCH(MIN(B4:B15),B4:B15,0))
E14	=(E11-E13)/(E10-E12)
E15	=E11-E10*E14
E16	=E15+E14*C16

SLOPE函数、INTERCEPT函数、INDEX函数、MATCH函数的功能和语法，详见联机帮助说明。

2.【学习引例7-14】的建模分析：用因素分析法预测产品成本

在图7-16所示的Excel工作表中，定义有关计算公式，见表7-22，公式定义完毕，即可自动得到相应的计算结果。

	A	B	C	D
1	用因素分析法预测成本			
2	2024年成本资料		预测结果	
3	甲产品单位成本（元/件）	236	直接材料降低率	1.37%
4	乙产品单位成本（元/件）	563	直接人工降低率	1.13%
5	直接材料占总成本比重	52%	制造费用降低率	2.86%
6	直接人工占总成本比重	27%	可比产品成本总降低率	5.35%
7	制造费用占总成本比重	21%	预测产量按上年实际单位成本计算的总成本（元）	4349000.00
8	2025年预测产量及成本资料			
9	甲产品产量（件）	6500		
10	乙产品产量（件）	5000		
11	计划产量增长（件）	25%	可比产品成本总降低额（元）	232610.61
12	劳动生产率提高	20%		
13	生产工人平均工资增长	15%		
14	材料消耗定额降低	9%		
15	材料价格升高	7%	2025年目标成本（元）	4116389.39
16	制造费用增加	8%		

图7-16 用因素分析法预测产品成本的Excel工作表

表7-22 用因素分析法预测产品成本的计算公式

单元格	公式
D3	=(1-(1-B14)*(1+B15))*B5
D4	=(1-(1+B13)/(1+B12))*B6
D5	=(1-(1+B16)/(1+B11))*B7
D6	=SUM(D3:D5)
D7	=SUMPRODUCT(B3:B4,B9:B10)
D11	=D7*D6
D15	=D7-D11

SUMPRODUCT函数的功能和语法，详见联机帮助说明。

同步练习7-4

同步练习7-4

【练习题7-4-1】（思考题）成本预测的方法通常有哪些？

【练习题7-4-2】（操作题）利用因素分析法预测成本。某企业计划年度生产甲、乙两种产品，甲产品预计生产3 000台，乙产品预计生产1 500台，上年度的成本资料详见表7-23。

表7-23　　甲、乙产品上年度的成本资料

产品	原材料	动力费	直接人工	间接费用	平均单位成本
甲产品	265	5	105	20	395
乙产品	1 050	18	335	65	1 468

有关经济指标的变动情况预计为：

（1）计划年度生产增长10%；

（2）原材料消耗定额降低5%；

（3）动力消耗定额降低8%；

（4）劳动生产率提高6%；

（5）直接人工增长4%；

（6）间接费用增长3%；

（7）原材料价格预计上升5%。

根据上述资料，应用因素分析法预测该公司计划年度的总成本费用。

学习总结7-4

根据不同要求，学会建立产品成本分析与预测模型。

内容要点：产品成本分析的方法，产品成本预测的方法。

学习重点：建立产品成本分析与预测模型。

学习难点：建立产品成本分析与预测模型。

学习评估7-4（见表7-24）

表7-24　　“Excel在产品成本分析与预测中的应用”学习评估表

学习要点	学习效果	
产品成本分析的内容与方法	熟知	
产品成本预测方法	掌握	
建立产品成本分析与预测模型	掌握	

第八章

Excel在利润预测和本量利分析中的应用

学习目标

1. 熟悉利润预测的方法。
2. 掌握Excel单变量求解分析工具的应用方法。
3. 能够利用Excel建立本量利分析模型。
4. 养成勤于思考的习惯，培养团结协作的精神和解决问题的方法、能力。

内容框架

Excel在利润预测和本量利分析中的应用

- Excel在利润预测分析中的应用
  - 利润计算关系式
  - 单变量求解工具的应用
  - 建立利润预测分析模型
- Excel在本量利分析中的应用
  - 本量利关系式
  - 敏感性分析
  - 数值调节按钮的设计
  - 建立本量利分析模型

素养提升　　你将成为怎样的人？

光学不练，耽误时间。成功呈概率分布，关键是你能不能坚持到成功开始呈现的那一刻。勇于实践，勤于思考，学无止境。让学习在疑惑中发生，让知识在应用中掌握，让能力在实践中生成，让素质在过程中养成。奋斗新时代，梦想的世界天高海阔；奋进新征程，未来无限光明！

第一节　Excel在利润预测分析中的应用

一、学习引例

【学习引例8-1】假设某企业2023年的营业收入为10 000 000元，固定费用为2 000 000元，变动费用率为70%，销售税金率为5%，利润总额为500 000元。如果2024年的固定费用、变动费用率、销售税金率不变，要想使利润总额分别增加10%、11%、12%、…，那么相应的营业收入、变动费用、销售税金应该是多少？

学习引例8-1
利润预测分析

二、引例分析

此例属于模拟分析。会计核算遵循由因到果的顺序，但决策分析除了依据现有的信息和数据外，还常常要对未来情况进行某些推测，用“如果……，就……”的方式来思考一些问题，我们称其为模拟分析方法。此例问题的解决可以借助Excel的单变量求解工具进行。

三、相关知识

单变量求解的相关知识和操作应用方法见联机帮助。

四、实际操作：建立利润预测分析模型（【学习引例8-1】建模）

在Excel中，单变量求解是一种模拟分析工具。用户可以在工作表上建立起所需数据模型，通过变动某关键变量立刻得到相应的结果。

利润总额=营业收入-固定费用-营业收入×变动费用率-营业收入×销售税金率

根据利润与收入、成本、费用之间的因果关系，可以在Excel中建立分析模型。

第一步，新建一个工作簿，选定一个工作表，建立如图8-1所示的表样。

	A	B	C
1		利润预测分析	
2		项目	数据
3		营业收入	10000000
4		固定费用	2000000
5		变动费用	7000000
6		销售税金	500000
7		利润总额	500000

图8-1　利润预测模型数据

在C5单元格中录入：=C3*0.7

在C6单元格中录入：=C3*0.05

在C7单元格中录入：=C3-C4-C5-C6

其余单元格中的文字及数据按照表样所示的内容录入。

第二步，单击“数据”选项卡下“数据工具”组里的“模拟分析”按钮，在弹出的菜单中执行“单变量求解”命令，屏幕弹出“单变量求解”对话框。

第三步，在对话框中，“目标单元格”栏目要填写C7单元格的绝对地址，期望控制的将是利润总额数；“目标值”栏目填写期望实现的具体利润数，如550 000；“可变单元格”栏目填写的是C3单元格的绝对地址，可变参数是营业收入，就是将要求解的值。两个单元格的地址可通过键盘录入，也可用鼠标单击相应单元格来实现，如图8-2所示。

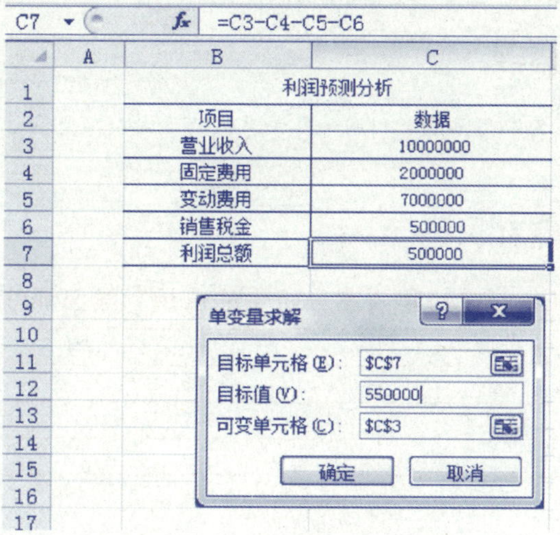

图8-2 单变量求解对话框

第四步，单击“确定”按钮，显示出“单变量求解状态”对话框，结果如图8-3所示。

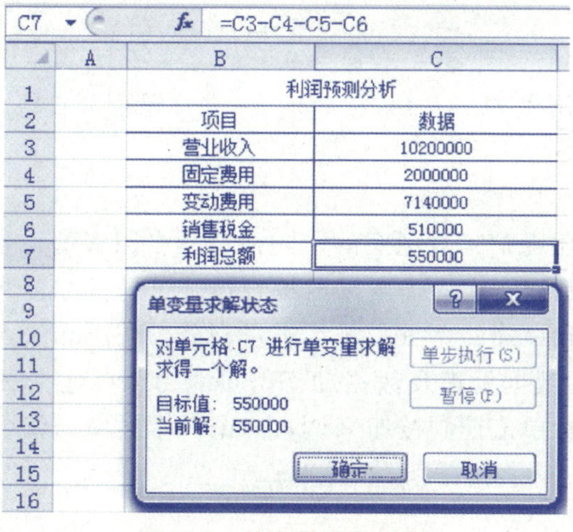

图8-3 单变量求解结果

第五步，单击“确定”按钮，对话框消失，求解结束，这时的工作表中显示的就是欲将利润增加10%时的营业收入、变动费用和销售税金数据。

重复以上步骤，可以分别计算出利润总额分别增加11%、12%、13%…时相应的营业收入、变动费用、销售税金数据。

同步练习8-1

【练习题8-1-1】（操作题）某公司只生产、销售一种产品，原定的年目标利润为1 120 000元，在此目标下，销售单价为30元，年销售数量为90 000件，固定成本为500 000元，单位变动成本为12元。假定该公司将年目标利润定为1 500 000元，从单个因素来看，影响目标利润的几个基本因素应该做怎样的调整？在Excel中建立分析模型，利用单变量求解工具进行分析。

同步练习8-1

【练习题8-1-2】（思考题）什么是单变量求解？

学习总结8-1

Excel在利润预测分析中的应用主要是利润计算关系式的设定和单变量求解工具的应用，已有学习基础，完成任务较为容易。

学习评估8-1（见表8-1）

表8-1 “Excel在利润预测分析中的应用”学习评估表

学习要点	学习效果	
利润计算关系式	熟知	
单变量求解工具的应用	掌握	
建立利润预测分析模型	掌握	

第二节 Excel在本量利分析中的应用

一、学习引例

【学习引例8-2】某产品的销售单价为9元，单位变动成本为5元，固定成本为3 800 000元。根据资料，在Excel中建立一个本量利分析的应用模型。

学习引例8-2

本量利分析

二、引例分析

由于在复杂的经济环境中，对利润的影响往往是多因素的，各因素又是相互关联的，要实现目标利润，大多需要采取综合措施，进行综合调整、反复计算，这样依赖人工测算就非常困难和烦琐，严重影响了本量利分析广泛和深入的应用。而在计算机环境中，通过Excel强大的数据处理及数据动态链接能力，可建立具有实时处理能力的本量利分析模型，只需用鼠标单击控制按钮来调整各个因素的值，就可以非常方便、高效地进行多因素的组合分析。

三、相关知识

（一）本量利分析的基本数学模型

本量利分析法是在成本性态分析和变动成本法的基础上，运用数量化的模型揭示企业的变动成本、固定成本、相关的业务量以及销售单价同利润在数量上的相互影响、相互制约关系的一种定量分析方法。它可以帮助财务管理人员进行利润规划和管理，为实现利润最大化寻求各种途径。

本量利的基本关系式为：

利润=销售单价×销售量–单位变动成本×产量–固定成本

如果考虑所得税，则本量利的关系式为：

税后利润=（销售单价×销售量–单位变动成本×产量–固定成本）×（1–所得税税率）

由于所得税直接针对利润（税前）结果而计算，与销售单价、销售量、变动成本以及固定成本相比具有不同性质，对分析结果不具有实质性影响，所以在进行本量利分析时可不予考虑。

假设产销量一致，则有：

利润=（销售单价–单位变动成本）×销售量–固定成本

利用这个关系式可以进行盈亏临界点分析、单因素变动对目标利润的影响分析、多因素变动对目标利润的影响分析，以及各个因素变化对利润变化影响的敏感程度分析。

（二）本量利分析的内容

1.盈亏临界点分析

盈亏临界点亦称保本点或损益平衡点，是指企业处于不盈利也不亏损状态时的业务水平，即指利润为零时的销售量或销售额。盈亏临界点分析是本量利分析的基础，企业在规划目标利润、控制利润完成情况、估计经营风险时都需要它。

盈亏临界点的基本计算模型为：

销售单价×盈亏临界点销售量–单位变动成本×盈亏临界点销售量–固定成本=0

公式演变后为：

盈亏临界点销售量=固定成本/（销售单价–单位变动成本）

盈亏临界点销售额=盈亏临界点销售量×销售单价

2.因素变动及其结果分析

因素变动分析的主要方法就是将变化了的因素代入“利润=（销售单价–单位变动成本）×销售量–固定成本”这个关系式，用来测定其对利润的影响。因素变动分析分为单因素变动分析和多因素变动分析。单因素变动对利润结果的影响，即为实现目标利润所采取的单一措施；多因素组合变动对利润结果的影响，即为实现目标利润所采取的综合措施。

3.本量利关系的敏感分析

本量利关系的敏感分析，一是分析有关因素发生多大变化会使盈利转为亏损，或使亏损转为盈利；二是分析各个因素变动对利润变化的影响程度。进行本量利关系的敏感分析，有助于增强我们在经营管理工作中进行有效预防和控制的意识，针对情况变化，及时采取对策，调整企业计划，将企业生产经营活动控制在最有利的状态之下，以保证目标利润的实现。

销售单价、单位变动成本、销售量和固定成本的变化达到一定程度，会使利润消失，进入盈亏临界状态，导致企业的经营状况发生质变。在本量利分析中，首先必须明确销售单价最小值、单位变动成本最大值、固定成本最大值以及销售量最小值。

在本量利关系中，各因素变化都会引起利润的变化，但其影响程度各不相同。有的因素发生微小变化，就会使利润发生很大的变动，利润对这些因素的变化十分敏感，这类因素称为敏感因素；与此相反，有些因素发生变化后，利润的变化不大，反映较为迟钝，这类因素称为不敏感因素。反映敏感程度的指标是敏感系数，其计算公式为：

$$敏感系数=\frac{目标值变动百分比}{参数值变动百分比}$$

其中，敏感系数为正数的，表明它与利润为同向增减；敏感系数为负数的，表明它与利润为反向增减。

四、实际操作：建立本量利分析模型

（一）在Excel工作表中建立本量利分析模型

在工作表中建立如图8-4所示的分析模型，定义合适的行高、列宽，合并相应单元格，在有关单元格中录入相应文字，在B3、B4、B5、B11、B12、B13、B14等单元格录入相应数据。

	A	B	C	D	E	F
1	本量利分析模型					
2	盈亏临界分析					
3	销售单价	9	本量利的数学关系式： 利润=（销售单价-单位变动成本）×销售量-固定成本 假设销售单价、单位变动成本和固定成本不变，利润为0时的销售量即为盈亏临界点销售量，则有： 盈亏临界点销售量=固定成本/（销售单价-单位变动成本） 盈亏临界点销售额=盈亏临界点销售量×销售单价			
4	单位变动成本	5				
5	固定成本	3800000				
6	盈亏临界点销售量	=B5/(B3-B4)				
7	盈亏临界点销售额	=B6*B3				
8	利润	=(B3-B4)*B6-B5				
9	影响利润的各因素变动分析					
10	因素	基本值	变动按钮	变动百分比	变动后数值	敏感系数
11	销售单价	9	▲▼	=C11/100-100%	=B11*(1+D11)	=$D$15/D11
12	单位变动成本	5	▲▼	=C12/100-100%	=B12*(1+D12)	=$D$15/D12
13	销售量	1000000	▲▼	=C13/100-100%	=B13*(1+D13)	=$D$15/D13
14	固定成本总额	3800000	▲▼	=C14/100-100%	=B14*(1+D14)	=$D$15/D14
15	目标利润	=(B11-B12)*B13-B14	--	=(E15-B15)/B15	=(E11-E12)*E13-E14	---

图8-4　本量利分析模型

（二）定义单元格公式，建立本量利分析的数学关系式

公式如图8-4所示。在定义公式前，须将录入状态调整为英文半角状态。

注意C11、C12、C13、C14这四个单元格里的数据（隐藏在按钮下面）都是通过控制按钮调整出来的，D11、D12、D13、D14这四个单元格中的百分比数据又是根据C11、C12、C13、C14单元格中的数据进行相应计算转换得到的，数据之间存在动态链接关系。

将C11、C12、C13、C14单元格字体设置为白色（与背景色同色），同样可以实现隐藏该单元格数据的目的。

（三）单元格格式定义

将B3:B8区域、B11:B15区域和E11:E15区域设定为数值格式，保留两位小数。将D11:D15区域设定为百分比格式，小数位数为0。将F11:F14区域设定为数值格式，小数位数为0。

（四）设计数值调节按钮，实现因素变动的灵活调节

❶单击“开发工具”→“控件”分组命令里的“插入”→“数值调节钮（窗体控件）”，在C11单元格中画出大小合适的按钮。右击按钮，设置控件格式的控制参数：最小值设为0，最大值设为400，通过单元格数据链接，D11单元格变动百分比在-100%和300%之间波动，步长设为1，单元格链接到$C$11。

❷按照上述方法，在C12、C13和C14单元格中画出大小合适的按钮，分别设置控件格式的控制参数，单元格链接分别指定为$C$12、$C$13、$C$14。

以上最大值和最小值的设定依据是：考虑销售单价、单位变动成本、销售量、固定成本的最小允许值和最大允许值，考虑D11、D12、D13、D14单元格公式对C11、C12、C13、C14单元格数据所进行的转换。

（五）本量利分析模型的应用

1.盈亏临界分析

在本量利分析模型中，只要给定销售单价（B3）、单位变动成本（B4）和固定成本（B5），相应的盈亏临界点销售量和盈亏临界点销售额就会自动显示结果，而且盈亏临界点销售量和盈亏临界点销售额会随着销售单价、单位变动成本和固定成本的变化而自动地发生动态变化，效果如图8-5所示。

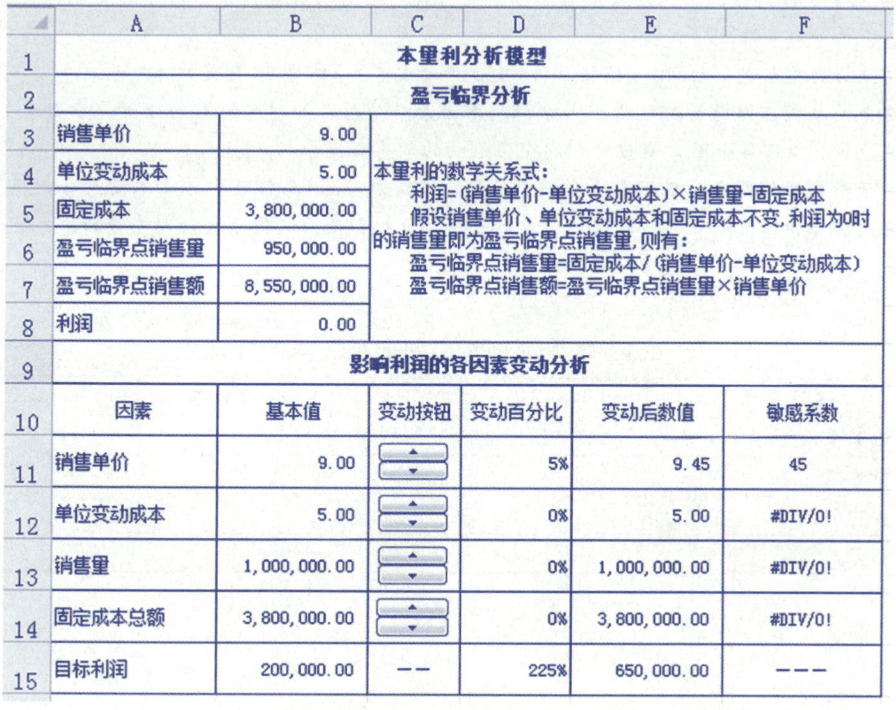

	A	B	C	D	E	F
1	本量利分析模型					
2	盈亏临界分析					
3	销售单价	9.00	本量利的数学关系式： 利润=（销售单价-单位变动成本）×销售量-固定成本 假设销售单价、单位变动成本和固定成本不变，利润为0时的销售量即为盈亏临界点销售量，则有： 盈亏临界点销售量=固定成本/（销售单价-单位变动成本） 盈亏临界点销售额=盈亏临界点销售量×销售单价			
4	单位变动成本	5.00				
5	固定成本	3,800,000.00				
6	盈亏临界点销售量	950,000.00				
7	盈亏临界点销售额	8,550,000.00				
8	利润	0.00				
9	影响利润的各因素变动分析					
10	因素	基本值	变动按钮	变动百分比	变动后数值	敏感系数
11	销售单价	9.00		5%	9.45	45
12	单位变动成本	5.00		0%	5.00	#DIV/0!
13	销售量	1,000,000.00		0%	1,000,000.00	#DIV/0!
14	固定成本总额	3,800,000.00		0%	3,800,000.00	#DIV/0!
15	目标利润	200,000.00	——	225%	650,000.00	———

图8-5　本量利分析模型的应用

2.因素变动分析

在本量利分析模型中，用鼠标单击某一个或多个因素的变动按钮，可以实时观察到某一个因素或多个因素变动的百分比（D11、D12、D13、D14）及变动后数值（E11、E12、E13、E14），以及相应的目标利润（E15）变化结果，效果如图8-5所示。

3.敏感性分析

在本量利分析模型中，单击变动按钮，使销售单价、单位变动成本、销售量和固定成本等因素中的一个因素值发生变化，其他因素值不变，直到出现要求的目标利润值，即可分别测算出销售单价最小忍受值、单位变动成本最大忍受值、固定成本最大忍受值和销售量最小目标值。单击各因素的变动按钮，使一项因素发生变化，其他因素不变（变动百分比为0），即可自动显示出变化因素对利润影响的敏感程度（F11至F14）。应用效果如图8-5所示。

同步练习8-2

【练习题8-2-1】**（操作题）** 某公司只生产一种产品，每月产销量为2 000件，产品销售单价为60元，单位变动成本为36元，每月固定成本为8 000元，建立该产品的本量利分析的多因素变动分析模型。

同步练习8-2

【练习题8-2-2】**（思考题）** 什么是本量利分析？

【练习题8-2-3】**（思考题）** 什么是利润的敏感性分析？利润敏感性分析的意义是什么？

学习总结8-2

Excel在本量利分析中的应用涉及本量利分析关系式的确定、本量利分析内容的确定和本量利分析模型的建立。

本量利分析的关系式：利润=（销售单价-单位变动成本）×销售量-固定成本

利用这个关系式可以进行盈亏临界点分析、单因素变动对目标利润的影响分析、多因素变动对目标利润的影响分析，以及各个因素变化对利润变化影响的敏感程度分析。

本量利分析模型的建立：根据本量利模型原理，首先在Excel工作表中建立本量利分析模型的框架，然后进行公式设计和数值调节按钮的设计。设计数值调节按钮是为了便于进行动态分析。

学习评估8-2（见表8-2）

表8-2　“Excel在本量利分析中的应用”学习评估表

学习要点	学习效果	
本量利分析关系式	熟知	
敏感性分析原理	熟知	
数值调节按钮的设计	掌握	
建立本量利分析模型	掌握	

第九章
Excel在财务分析中的应用

学习目标

1. 理解财务分析的各种方法。
2. 能够根据需要，在Excel工作表中建立相应的财务分析模型。
3. 养成勤于思考的习惯，培养团结协作的精神和解决问题的方法、能力。

内容框架

Excel在财务分析中的应用

- Excel在比率分析中的应用
  - 财务比率分析指标
  - 数据链接与单元格引用
  - 建立财务比率分析模型
- Excel在因素分析中的应用
  - 因素分析方法
  - 数据链接与单元格引用
  - 建立因素分析模型
- Excel在杜邦分析中的应用
  - 杜邦分析体系指标
  - 数据链接与单元格引用
  - 建立杜邦分析模型

素养提升　　**德技并修方成才**

《论语·卫灵公》：子贡问为仁。子曰："工欲善其事，必先利其器。居是邦也，事其大夫之贤者，友其士之仁者。"这句话的含义是：工匠要想把工作做好，一定要先把准备工作做好，只有这样才能达到事半功倍的效果；思想品德修养也是一样，选择与品德高尚的人交往和做朋友，在潜移默化影响中，自己的思想境界和道德修养自然而然就会得到提升。从古至今，只有德才兼备才能算是社会有用之才；只有德技并修，立志成才，才能为建设美丽富强的国家奉献力量。

第一节　Excel在比率分析中的应用

一、学习引例

学习引例9-1

比率分析

【学习引例9-1】ABC公司2023年年末资产负债表数据见表9-1（位于Excel工作表中），2023年度利润表数据见表9-2（位于Excel工作表中）。根据这些资料，在Excel中建立分析模型，计算流动比率、速动比率、现金比率、资产负债率、产权比率、权益乘数、应收账款周转次数、存货周转次数、流动资产周转次数、净营运资本周转次数、非流动资产周转次数、总资产周转次数、销售净利率、资产净利率、权益净利率和资产结构比率等指标。

表9-1　　ABC公司资产负债表数据

	A	B	C	D	E	F
1				资产负债表		
2						企会01表
3	编制单位：ABC公司			2023年12月31日		单位：万元
4	资产	期末余额	上年年末余额	负债和所有者权益	期末余额	上年年末余额
5	流动资产：			流动负债：		
6	货币资金	50	25	短期借款	60	45
7	交易性金融资产	6	12	交易性金融负债	28	10
8	衍生金融资产			衍生金融负债		
9	应收票据			应付票据		
10	应收账款	406	210	应付账款	105	113
11	应收款项融资			预收款项	10	4
12	预付款项	22	4	合同负债		
13	其他应收款	12	22	应付职工薪酬	2	1
14	存货	119	326	应交税费	5	4
15	合同资产			其他应付款	35	34
16	持有待售资产			持有待售负债		

续表

	A	B	C	D	E	F
17	一年内到期的非流动资产	77	11	一年内到期的非流动负债		
18	其他流动资产	8	0	其他流动负债	53	5
19	流动资产合计	700	610	流动负债合计	298	216
20	非流动资产：			非流动负债：		
21	债权投资			长期借款	450	245
22	其他债权投资	0	45	应付债券	240	260
23	长期应收款			其中：优先股		
24	长期股权投资	30	0	永续债		
25	其他权益工具投资			租赁负债		
26	其他非流动金融资产			长期应付款	50	60
27	投资性房地产			预计负债	2	4
28	固定资产	1 238	967	递延收益		
29	在建工程	18	35	递延所得税负债		
30	生产性生物资产			其他非流动负债		15
31	油气资产			非流动负债合计	742	584
32	使用权资产			负债合计	1 040	800
33	无形资产	6	8	所有者权益：		
34	开发支出			实收资本	100	100
35	商誉			其他权益工具		
36	长期待摊费用	5	15	其中：优先股		
37	递延所得税资产			永续债		
38	其他非流动资产	3		资本公积	10	10
39	非流动资产合计	1 300	1 070	减：库存股		
40				其他综合收益		
41				专项储备		
42				盈余公积	100	40
43				未分配利润	750	730
44				所有者权益合计	960	880
45	资产总计	2 000	1 680	负债和所有者权益总计	2 000	1 680

表9-2　ABC公司利润表数据

	A	B	C
1	利润表		
2			会企02表
3	编制单位：ABC公司　　2023年度		单位：万元
4	项目	本期金额	上期金额
5	一、营业收入	3 000	2 850
6	减：营业成本	2 644	2 503
7	税金及附加	28	28
8	销售费用	22	20
9	管理费用	46	40
10	研发费用		
11	财务费用	110	96
12	其中：利息费用		
13	利息收入		
14	加：其他收益		
15	投资收益（损失以"–"号填列）	6	
16	其中：对联营企业和合营企业的投资收益		
17	以摊余成本计量的金融资产终止确认收益（损失以"–"号填列）		
18	净敞口套期收益（损失以"–"号填列）		
19	公允价值变动收益（损失以"–"号填列）		
20	信用减值损失（损失以"–"号填列）		
21	资产减值损失（损失以"–"号填列）		
22	资产处置收益（损失以"–"号填列）		
23	二、营业利润（亏损以"–"号填列）	156	163
24	加：营业外收入	45	72
25	减：营业外支出	1	
26	三、利润总额（亏损总额以"–"号填列）	200	235
27	减：所得税费用	64	75
28	四、净利润（净亏损以"–"号填列）	136	160
29	五、其他综合收益的税后净额		
30	六、综合收益总额	136	160
31	七、每股收益		
32	（一）基本每股收益		
33	（二）稀释每股收益		

二、引例分析

首先，要熟知各种财务比率的计算方法。

然后，新建一个工作簿，将其中的两个工作表分别重命名为资产负债表、利润表，分别录入资产负债表数据和利润表数据。

最后，将第三个工作表重命名为财务比率分析表，设计财务比率分析表的表样，定义公式，实现自动计算。

三、相关知识

（一）财务分析概述

财务分析的内容非常广泛，不同的使用者出于不同的目的，使用不同的财务分析方法。财务分析的方法主要有比率分析法、因素分析法、综合分析法（杜邦分析法居多）和趋势分析法。借助Excel的功能，可以辅助财务人员快速、准确地完成财务分析工作。

（二）财务比率分析

比率是相对数，采用这种方法，能够把某些条件下的不可比指标变为可比指标，以利于分析比较。财务比率指标通用分类主要有三种：构成比率、效率比率、相关比率。

（三）财务比率指标（仅限于本学习引例）

1.流动比率

流动比率=流动资产÷流动负债

流动比率属于相关比率，反映的是企业短期偿债能力。流动比率越高，说明企业短期偿债能力越强，偿债越有保证。但指标过高会使企业流动资产占用过多，造成资金闲置，影响资金使用效率。指标过低，说明企业资金紧张，难以如期偿还到期债务。一般认为，生产企业合理的最低流动比率是2。一般与同行业平均流动比率、本企业历史的流动比率进行比较，才能知道这个比率是高还是低。

2.速动比率

速动比率=速动资产÷流动负债

速动资产=现金+银行存款+交易性金融资产+应收票据+应收账款+其他应收款+预付款项

速动比率也属于相关比率，也是反映企业短期偿债能力的一个指标。速动比率弥补了流动比率的缺陷，能够可靠地反映企业偿还短期债务的能力。根据经验，速动比率一般以等于1为宜，但并非绝对以1为标准，还要结合其他因素考虑。若企业没有应收账款，速动比率低于1是很正常的。有时速动比率大于或等于1，如果企业有对外担保或者存在或有负债，则会降低企业的偿债能力。因此，短期偿债能力分析要考虑各方面因素，才能做出正确判断。

3.现金比率

现金比率=（货币资金+交易性金融资产）÷流动负债

速动资产中，流动性最强、可直接用于偿债的资产称为现金资产。现金资产包括货币资金、交易性金融资产等。

4.资产负债率

资产负债率=（负债总额÷资产总额）×100%

资产负债率反映企业的长期偿债能力。对于债权人来说，资产总额大于负债总额时，债权才有保障，资产负债率应该小于100%，而且越低越好。对于业主或股东来说，资产负债率并非越低越好。只要企业的资产收益率超过借入资金的利息率，企业可以在投入一定自有资金的情况下，扩大负债经营比例，利用财务杠杆作用取得更多的投资利润。但在资产收益率低于借入资金的利息率时，资产负债率越大，企业赚得的息税前利润中利息所占比例越大，甚至利息大于利润，这时企业应降低资产负债率，越低越好。

5.产权比率

产权比率=负债总额÷所有者权益总额

产权比率表明每1元所有者权益借入的债务额。该指标表明企业所有者权益对负债的保障程度，是企业财务结构是否稳健的重要标志。

6.权益乘数

权益乘数=资产总额÷所有者权益总额

权益乘数表明每1元所有者权益拥有的资产额。

7.应收账款周转次数

应收账款周转次数=销售收入÷应收账款

应收账款周转次数，表明1年中应收账款周转的次数，或者说明每1元应收账款投资支持的销售收入。

8.存货周转次数

存货周转次数=销售收入÷存货

9.流动资产周转次数

流动资产周转次数=销售收入÷流动资产总额

10.净营运资本周转次数

净营运资本周转次数=销售收入÷净营运资本

=销售收入÷（流动资产−流动负债）

11.非流动资产周转次数

非流动资产周转次数=销售收入÷非流动资产总额

12.总资产周转次数

总资产周转次数=销售收入÷资产总额

13.销售净利率

销售净利率=（净利润÷销售收入）×100%

销售净利率属于相关比率，反映企业的盈利能力。

14.资产净利率

资产净利率=（净利润÷资产总额）×100%

15.权益净利率

权益净利率=（净利润÷所有者权益总额）×100%

16.资产结构比率

资产结构比率=（某项资产金额÷资产总额）×100%

资产结构比率是结构比率指标，表明某项资产占总资产的百分比，能够反映出资产结构是否合理。

四、实际操作：建立财务比率分析模型

在财务比率分析表中建立如图9-1所示的分析模型。

图9-1所示的模型中，有关公式见表9-3。

	A	B	C	D	E	F
1	财务比率分析					
2	财务指标	数据		资产项目	期末数	结构比率
3	流动比率	2.35		货币资金	50	2.50%
4	速动比率	1.66		交易性金融资产	6	0.30%
5	现金比率	0.19		应收账款	406	20.30%
6	资产负债率	52%		预付款项	22	1.10%
7	产权比率	1.08		其他应收款	12	0.60%
8	权益乘数	2.08		存货	119	5.95%
9	应收账款周转次数	7.39		一年内到期的非流动资产	77	3.85%
10	存货周转次数	25.21		其他流动资产	8	0.40%
11	流动资产周转次数	4.29		流动资产合计	700	35.00%
12	净营运资本周转次数	7.46		长期股权投资	30	1.50%
13	非流动资产周转次数	2.31		固定资产	1238	61.90%
14	总资产周转次数	1.50		在建工程	18	0.90%
15	销售净利率	4.53%		无形资产	6	0.30%
16	资产净利率	6.80%		长期待摊费用	5	0.25%
17	权益净利率	14.17%		其他非流动资产	3	0.15%
18				非流动资产合计	1300	65.00%
19				资产总计	2000	100.00%

图9-1　财务比率分析模型

表9-3　　财务比率计算公式

单元格	公式		
B3	=资产负债表！B19/资产负债表！E19		
B4	=SUM(资产负债表！B6:B13)/资产负债表！E19		
B5	=(资产负债表！B6+资产负债表！B7)/资产负债表！E19		
B6	=资产负债表！E32/资产负债表！B45		
B7	=资产负债表！E32/资产负债表！E44		
B8	=资产负债表！B45/资产负债表！E44		
B9	=利润表！B5/资产负债表！B10		
B10	=利润表！B5/资产负债表！B14		
B11	=利润表！B5/资产负债表！B19		
B12	=利润表！B5/(资产负债表！B19-资产负债表！E19)		
B13	=利润表！B5/资产负债表！B39		
B14	=利润表！B5/资产负债表！B45		
B15	=利润表！B28/利润表！B5		
B16	=利润表！B28/资产负债表！B45		
B17	=利润表！B28/资产负债表！E44		
E3	=资产负债表！B6	F3	=E3/$E$19
E4	=资产负债表！B7	F4	=E4/$E$19
E5	=资产负债表！B10	F5	=E5/$E$19
E6	=资产负债表！B12	F6	=E6/$E$19
E7	=资产负债表！B13	F7	=E7/$E$19
E8	=资产负债表！B14	F8	=E8/$E$19
E9	=资产负债表！B17	F9	=E9/$E$19

续表

单元格	公式		
E10	=资产负债表！B18	F10	=E10/$E$19
E11	=资产负债表！B19	F11	=E11/$E$19
E12	=资产负债表！B24	F12	=E12/$E$19
E13	=资产负债表！B28	F13	=E13/$E$19
E14	=资产负债表！B29	F14	=E14/$E$19
E15	=资产负债表！B33	F15	=E15/$E$19
E16	=资产负债表！B36	F16	=E16/$E$19
E17	=资产负债表！B38	F17	=E17/$E$19
E18	=资产负债表！B39	F18	=E18/$E$19
E19	=资产负债表！B45	F19	=E19/$E$19

B6、B15、B16、B17单元格以及F3:F19区域为百分比格式，保留两位小数，其余的数据单元格为数值格式，保留两位小数。

同步练习9-1

【练习题9-1-1】**（操作题）**甲公司执行企业会计准则，2023年12月31日的资产负债表和2023年度的利润表分别见表9-4和表9-5。根据这些资料，在Excel工作表中建立财务比率分析模型，进行偿债能力比率和盈利能力比率分析。

同步练习9-1

表9-4 甲公司资产负债表数据

资产负债表

会企01表

编制单位：甲公司　　2023年12月31日　　单位：元

资产	期末余额	上年年末余额	负债和所有者权益	期末余额	上年年末余额
流动资产：			流动负债：		
货币资金	1 683 000	304 284	短期借款	320 000	270 000
交易性金融资产	30 000	66 500	应付账款	125 000	20 000
应收账款	511 000	710 100	预收款项	3 600	2 600
预付款项	102 300	2 300	应付职工薪酬	5 700	69 700
其他应收款	4 250	5 250	应交税费	42 000	207 239
存货	287 665	152 365	其他应付款	15 900	16 200
其他流动资产	7 050		其他流动负债	103 500	5 000
流动资产合计	2 625 265	1 240 799	流动负债合计	615 700	590 739
非流动资产：			非流动负债：		
债权投资		1 187 050	长期借款	1 198 000	861 500
长期股权投资	169 500	419 500	长期应付款	5 500	5 500
固定资产	1 764 000	2 922 000	非流动负债合计	1 203 500	867 000
在建工程	1 130 000	388 000	负债合计	1 819 200	1 457 739
无形资产	32 800	23 800	所有者权益：		
非流动资产合计	3 096 300	4 940 350	实收资本	3 629 765	3 779 765
			资本公积	260 000	260 000
			盈余公积	4 000	109 000
			未分配利润	8 600	574 645
			所有者权益合计	3 902 365	4 723 410
资产总计	5 721 565	6 181 149	负债和所有者权益总计	5 721 565	6 181 149

表9-5　　　　　　　　　　甲公司利润表数据

利润表　　　　　　　　　　会企02表

编制单位：甲公司　　　　　　2023年度　　　　　　单位：元

项目	本期金额	上期金额
一、营业收入	1 250 000	
减：营业成本	750 000	
税金及附加	2 000	
销售费用	10 000	
管理费用	158 900	
财务费用	51 500	
加：投资收益	22 400	
二、营业利润	300 000	
加：营业外收入	21 000	
减：营业外支出	71 000	
三、利润总额	250 000	
减：所得税费用	62 500	
四、净利润	187 500	

学习总结9-1

财务比率分析，是最基本、最常用的财务分析方法。财务比率指标有很多，可以归为三类：构成比率、效率比率、相关比率。

财务分析的内容非常广泛，不同的使用者出于不同的目的，使用不同的财务分析方法。借助Excel的功能，可以辅助财务人员快速、准确地完成财务分析工作。

学习要领：首先要熟悉财务分析的方法，然后利用Excel的数据链接功能在Excel工作表中建立财务分析模型。

学习评估9-1（见表9-6）

表9-6　　　　“Excel在财务比率分析中的应用”学习评估表

学习要点	学习效果	
财务比率分析指标	熟知	
数据链接与单元格数据引用	掌握	
建立财务比率分析模型	掌握	

第二节　Excel在因素分析中的应用

学习引例9-2

因素分析

一、学习引例

【学习引例9-2】某企业2023年6月A材料的计划数与实际数见表9-7。

表9-7 材料耗费的有关资料

项目	计划数	实际数	差异
产品产量（件）	1 600	1 800	
材料单耗（千克/件）	20	21	
材料单价（元/千克）	35	36	
材料费用（元）			

在Excel工作表中建立分析模型，采用因素分析法，分析产品产量、材料单耗、材料单价对材料费用差异的影响。

二、引例分析

由于材料费用由产品产量、单位产品材料耗用量（简称材料单耗）和材料单价三个因素的乘积构成，因此，可以把材料费用这一总指标分解为三个因素，然后逐个分析它们对材料费用总额的影响程度。

三、相关知识

（一）因素分析法

因素分析法又称指数因素分析法，是利用统计指数体系分析现象总变动中各个因素影响程度的一种分析方法，包括连环替代法、差额分析法、指标分解法、定基替代法。

因素分析法分析问题的思路是，当有若干因素对分析指标产生影响时，在假设其他各因素都不变的情况下，顺序确定每个因素单独变化对分析指标产生的影响。具体来说，就是将分析指标分解为各个可以计量的因素，并根据各个因素之间的依存关系，顺次用各因素的比较值（通常为实际值）替代基准值（通常为标准值或计划值），据以测定各因素对分析指标的影响。

（二）因素分析法应用时应注意的问题

因素分析法既可以全面分析各因素对经济指标的影响，又可以单独分析某因素对经济指标的影响，在财务分析中应用颇为广泛。但在采用时，应注意以下问题：

❶因素分解的关联性。经济指标的构成因素应与经济指标存在因果关系，能够反映该指标差异的内在原因，否则就失去了分析的意义。

❷因素替代的顺序性。替代各因素时，必须按照各因素的依存关系，按一定顺序依次替代，不可随意颠倒，否则会得出不同的计算结果。

❸顺序替代的连环性。因素分析法在计算每个因素的变动影响时，都基于前一次计算，并采用连环比较的方式确定因素变化对结果的影响。只有保持计算程序的连环性，才能使各因素影响之和等于分析指标的变动差异，以全面说明分析指标的变动原因。

❹计算结果的假定性。由于因素分析法计算的各因素变动影响数，会因替代顺序的不同而有所差异，因而计算结果不免带有假定性，即它只是在某种假定前提下的影响结果，离开了这种假定前提，就不会是这种影响结果。为此，分析时应力求使这种假定合乎逻辑，具有实际经济意义。这样，计算结果的假定性才不至于妨碍分析的有效性。

四、实际操作：建立因素分析模型

在Excel工作表中建立分析模型，按照图9-2所示，分别录入表样文字、已知数据和计算公式。

	A	B	C	D
1	利用因素分析法对材料费用进行分析			
2	项目	计划数	实际数	差异
3	产品产量（件）	1600	1800	=C3-B3
4	材料单耗（千克/件）	20	21	=C4-B4
5	材料单价（元/千克）	35	36	=C5-B5
6	材料费用（元）	=B3*B4*B5	=C3*C4*C5	=C6-B6
7	由于产量变动对材料费用的影响		=C3*B4*B5-B3*B4*B5	
8	由于材料单耗变动对材料费用的影响		=C3*C4*B5-C3*B4*B5	
9	由于材料价格变动对材料费用的影响		=C3*C4*C5-C3*C4*B5	
10	全部因素对材料费用的影响		=SUM(C7:D9)	

图9-2 因素分析模型

分析结果如图9-3所示。

	A	B	C	D
1	利用因素分析法对材料费用进行分析			
2	项目	计划数	实际数	差异
3	产品产量（件）	1600	1800	200
4	材料单耗（千克/件）	20	21	1
5	材料单价（元/千克）	35	36	1
6	材料费用（元）	1120000	1360800	240800
7	由于产量变动对材料费用的影响		140000	
8	由于材料单耗变动对材料费用的影响		63000	
9	由于材料价格变动对材料费用的影响		37800	
10	全部因素对材料费用的影响		240800	

图9-3 因素分析结果

同步练习9-2

【练习题9-2-1】（操作题）某企业2023年6月甲产品的计划与实际数据资料见表9-8。

同步练习9-2

表9-8 甲产品量本利资料

项目	计划数	实际数	差异
产品销量（件）	1 000	1 200	
产品销售单价（元/件）	120	115	
月固定成本（元）	5 000	6 000	
单位变动成本（元）	50	46	
利润（元）			

在Excel工作表中建立分析模型，采用因素分析法分析各影响因素对利润差异的影响。

【练习题9-2-2】（思考题）因素分析法的基本思路和方法是什么？

学习总结9-2

因素分析法分析问题的思路是，当有若干因素对分析指标产生影响时，在假设其他各因素都不变的情况下，顺序确定每个因素单独变化对分析指标产生的影响。具体来说，就是将分析指标分解为各个可以计量的因素，并根据各个因素之间的依存关系，顺次用各因素的比较值（通常为实际值）替代基准值（通常为标准值或计划值），据以测定各因素对分析指标的影响。使用因素分析法应关注因素分解的关联性、因素替代的顺序性、顺序替代的连环性和计算结果的假定性。

学习要领： 首先要熟悉财务分析的方法，然后利用Excel的数据链接功能在Excel工作表中建立财务分析模型。

学习评估9-2（见表9-9）

表9-9　“Excel在因素分析中的应用”学习评估表

学习要点	学习效果	
因素分析方法	熟知	
数据链接与单元格数据引用	掌握	
建立因素分析模型	掌握	

第三节　Excel在杜邦分析中的应用

一、学习引例

【学习引例9-3】根据表9-1和表9-2的资料，在Excel工作表中建立分析模型，对2023年的财务数据进行杜邦分析。

学习引例9-3

杜邦分析

二、引例分析

杜邦分析图以净资产收益率为主线，将企业在某一时期的经营成果以及资产营运状况全面联系在一起，层层分解，逐步深入，构成了一个完整的分析体系。只有抓住这一体系内每个因素之间的内在联系，促进各因素不断优化，才能使企业朝着不断增值、不断优化的方向发展。

应用时，首先要熟悉杜邦分析系统中各项指标的内在联系，然后根据指标之间的关系，在工作表中构建杜邦分析体系，最后利用工作表之间数据动态链接关系设计取数公式，将资产负债表和利润表中的数据自动链接到杜邦分析表中的对应单元格中，实现财务指标的自动计算。

三、相关知识

（一）杜邦分析法的概念

杜邦分析法利用几种主要的财务比率之间的关系来综合地分析企业的财务状况，这种分析方法最早由美国杜邦公司使用，故名杜邦分析法。

杜邦分析法是一种用来评价公司盈利能力和股东权益回报水平，从财务角度评价企业绩效的经典方法，最显著的特点是将若干个用以评价企业经营效率和财务状况的比率按其内在联系有机地结合起来，形成一个完整的指标体系，并最终通过权益收益率来综合反映。采用杜邦分析法，财务比率分析的层次更清晰、条理更突出，为全面细致地了解企业的经营和盈利状况提供了方便。

（二）杜邦分析法的基本思路

杜邦分析法的基本思路是将企业净资产收益率逐级分解为多项财务比率的乘积，有助于深入分析、比较企业经营业绩。

杜邦分析指标体系反映的主要关系为：

净资产收益率=总资产净利率×权益乘数

总资产净利率=营业净利率×总资产周转率

权益乘数=资产总额÷所有者权益总额=1÷（1-资产负债率）

营业净利率=净利润÷营业收入

总资产周转率=营业收入÷资产总额

采用杜邦分析图，将有关分析指标按内在联系加以排列，可以直观地反映出企业的财务状况和经营成果的总体情况，如图9-4所示。

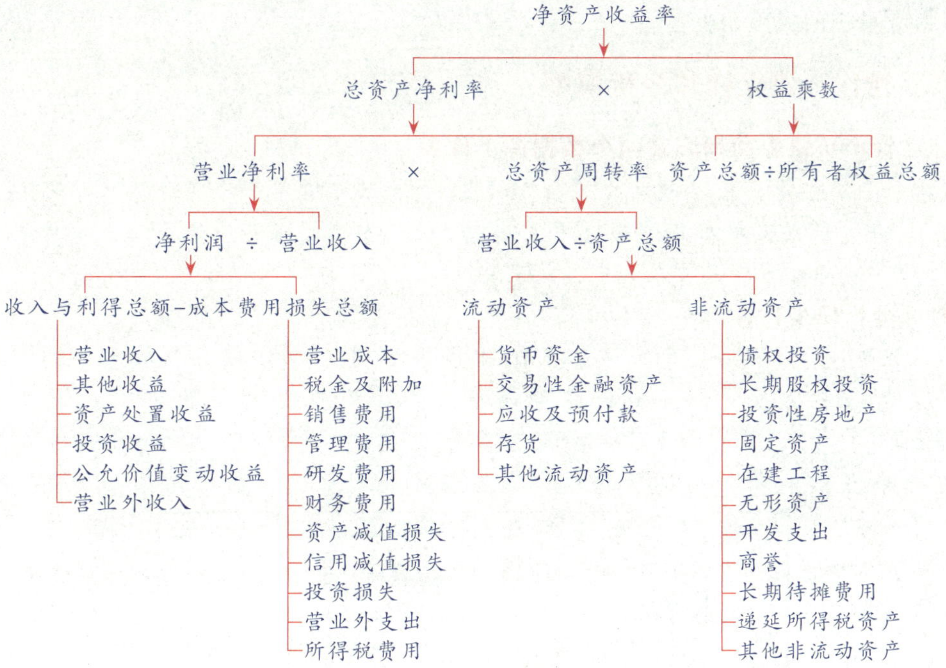

图9-4 杜邦分析图

从杜邦分析图中可以了解到如下财务信息：

❶净资产收益率是一个综合性最强的财务分析指标，是杜邦分析系统的起点和核心。它代表了企业净资产的获利能力。这一比率不仅取决于总资产净利率，而且取决于股东权益的结构比重，是企业资产使用效率与企业融资状况的综合体现。

❷总资产净利率是企业营业利润率与总资产周转率的综合表现。营业净利率反映了营业收入与其利润的关系。要提高总资产周转率，一方面要增加营业收入，另一方面应降低资金占用。由此可见，总资产净利率是经营成果与资产管理的综合体现。

❸营业利润的高低取决于营业收入与成本费用总额的高低。而降低各项成本费用开支是企业财务管理的一项重要内容。通过各项成本费用的列示，有利于进行成本费用的结构分析，加强成本控制。为了详细了解企业成本费用的发生情况，在具体列示成本总额时，还可根据重要性原则，将那些影响较大的费用单独列示（如利息费用），以便为寻求降低

成本的途径提供依据。

❹影响总资产周转率的一个重要因素是资产总额。资产总额由流动资产与非流动资产组成。它们的结构是否合理直接影响到资金的周转速度。一般而言，流动资产直接体现企业的偿债能力与变现能力。非流动资产体现了企业的经营规模、发展潜力。两者之间应该有一个合理的结构关系。如果某一项资产比重过大，就应深入分析原因。例如，对于存货，要分析是否有积压现象；对于货币资金，要分析有否闲置；对于应收账款，应分析客户的付款能力，有无坏账可能；对于非流动资产，应重点分析固定资产、在建工程，分析企业固定资产是否得到了充分的利用。

❺权益乘数表示企业的负债程度，反映了企业利用财务杠杆进行经营活动的程度。资产负债率高，权益乘数就大，这说明公司负债程度高，会有较多的杠杆利益，但风险也高；反之，资产负债率低，权益乘数就小，这说明公司负债程度低，会有较少的杠杆利益，但相应承担的风险也低。

四、实际操作：建立杜邦分析模型

（一）建立资产负债表和利润表两个数据源工作表

新建一个工作簿，将其命名为“杜邦分析”，将其中的第一个工作表重命名为“资产负债表”，将有关数据录入其中相应单元格中，见表9-1。将其中的第二个工作表重命名为“利润表”，将有关数据录入其中，见表9-2。

（二）杜邦分析模型设计

将“杜邦分析”工作簿的第三个工作表重命名为“杜邦分析模型”，在工作表的相应单元格中录入杜邦分析模型的表样文字，定义自动取数公式，同时定义好单元格，其中K3、G7、C11单元格为百分比格式，每个数值单元格保留2位小数，为每个显示的单元格设置边框，取消工作表网格线，最终结果如图9-5所示。

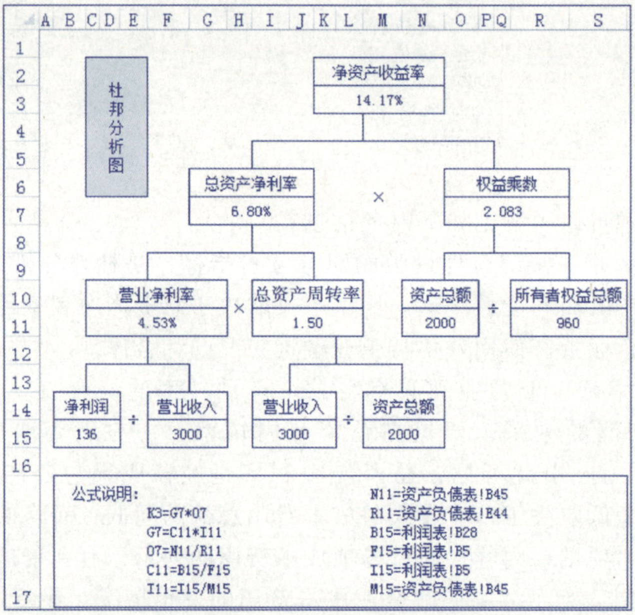

图9-5　杜邦分析模型

同步练习9-3

【练习题9-3-1】(操作题) 根据【学习引例9-1】相关资料，在Excel工作表中建立杜邦分析模型。

【练习题9-3-2】(思考题) 简述杜邦分析法的基本思路。

同步练习9-3

学习总结9-3

杜邦分析，属于财务综合分析的范畴。杜邦分析图以净资产收益率为主线，将企业在某一时期的经营成果以及资产营运状况全面联系在一起，层层分解，逐步深入，构成了一个完整的分析体系。

学习要领：首先要熟悉财务分析的方法，然后利用Excel的数据链接功能在Excel工作表中建立财务分析模型。

学习评估9-3（见表9-10）

表9-10　“Excel在杜邦分析中的应用”学习评估表

学习要点	学习效果	
杜邦分析体系指标	熟知	
数据链接与单元格数据引用	掌握	
建立杜邦分析模型	掌握	

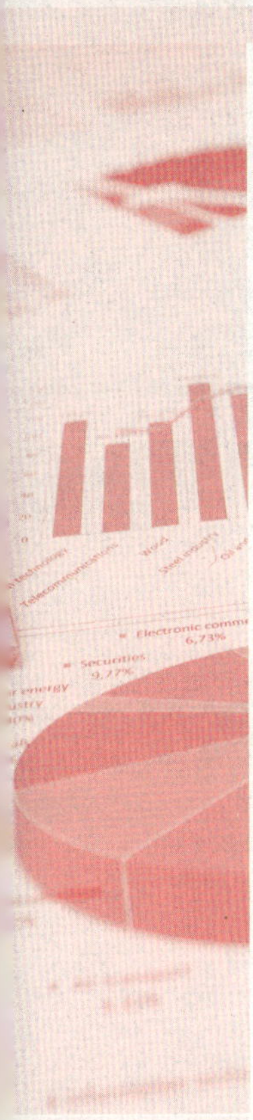

第十章 Excel在财务预算中的应用

学习目标

1. 熟悉财务预算的意义和内容。
2. 明确财务预算工作的流程，以及各项预算之间的关系。
3. 学会利用Excel建立具有动态链接关系的财务预算模型。
4. 养成勤于思考的习惯，培养团结协作的精神和解决问题的方法、能力。

内容框架

- Excel在财务预算中的应用
  - 财务预算知识
    - 经营预算
    - 现金预算
    - 财务报表预算
  - 财务预算模型的设计
    - 销售预算
    - 生产预算
    - 直接材料预算
    - 直接人工预算
    - 制造费用预算
    - 产品成本预算
    - 销售及管理费用预算
    - 现金预算
    - 利润表预算
    - 资产负债表预算

素养提升　企业算好经济账，青年算好人生账

企业经营离不开算账，青年人也要算好人生账。一勤天下无难事，幸福都是奋斗出来的。新时代青年，更当激扬奋发有为的志气。新征程上每一个奋斗的青春身影，都是新时代最美的风景。在拼搏中释放激情、追逐理想，在做好每一件小事、完成每一项学习任务中诠释责任担当，就是青春最美的模样。

第一节　财务预算知识

预算是计划工作的成果，是预测与决策的具体体现，是控制与考核的有效依据，也是合理配置资源、增加企业价值的一种管理方法。《企业财务通则》第十一条规定："企业应当建立财务预算管理制度，以现金流为核心，按照实现企业价值最大化等财务目标的要求，对资金筹集、资产营运、成本控制、收益分配、重组清算等财务活动，实施全面预算管理。"

图10-1列示了各类企业全面预算的基本业务流程。

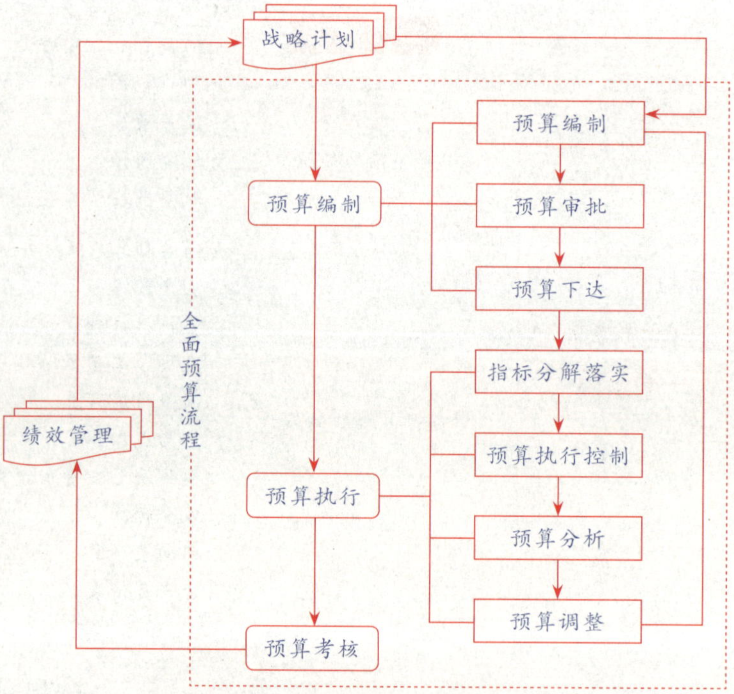

图10-1　全面预算工作流程图

企业全面预算一般包括经营预算、资本预算和财务预算。经营预算是企业日常经营活动的预算，属于一年以内的短期预算，包括销售预算、生产预算、直接材料预算、直接人工预算、制造费用预算、产品成本预算、销售费用预算及管理费用预算等。资本预算又称为专门决策预算，是对企业投资和筹资的预算，属于一年以上的长期预算，包括长期投资预算和长期筹资预算。财务预算是企业的综合性预算，属于一年以内的短期预算，包括现金预算和财务报表预算。

由于全面预算是由一系列预算构成的体系，各项预算之间相互联系，关系复杂，很难用一个简单的办法准确描述。图10-2简要地描述了各项预算之间的主要联系。

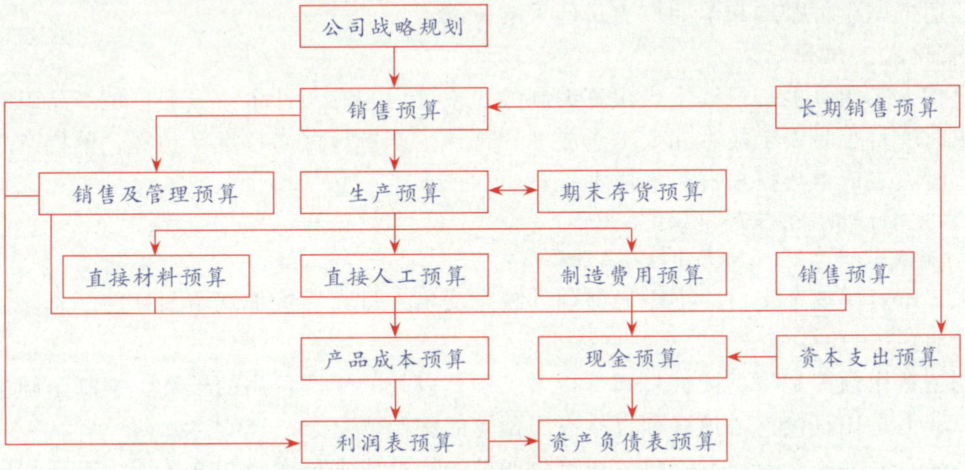

图10-2 全面预算体系

一、经营预算

（一）销售预算

销售预算是整个预算的编制起点，主要内容是销售量、销售单价和销售收入。销售量根据市场预测或销货合同并结合企业生产能力确定。销售单价通过价格决策确定。

预计销售收入=预计销售量×销售单价

销售预算通常要分品种、月份、销售区域、推销员来编制。

销售预算中通常还包括预计现金收入的计算，以便为编制现金预算准备资料。

（二）生产预算

生产预算在销售预算基础上编制，主要内容包括销售量、期初和期末存货、期初和期末生产量。企业产销一般是不能做到产销同步同量的，因此需要有一定的存货量，存货量通常按下期销售量的一定百分比确定。年初存货是预计的，年末存货根据长期销售趋势确定。

预计生产量=预计销售量+预计期末存货−预计期初存货

预计销售量来自销售预算。

预计期末存货=下季度销售量×百分比

预计期初存货=上季度期末存货

生产量、销售量和库存量之间应保持一定的比例，防止储备不足和积压。

（三）直接材料预算

直接材料预算以生产预算为基础编制，同时也要考虑原材料存货水平。直接材料预算的主要内容有单位产品材料用量、生产需用量、期初和期末的材料存量等。

生产需用量的数据来自生产预算，单位产品材料用量的数据来自标准成本资料或消耗定额资料。期初和期末的材料存量是根据当前情况和长期销售预测估计的，各季度期末材料存量根据下季度生产量的一定百分比确定，各季度期初材料存量是上季度的期末存货。

预计采购量=生产需用量+期末存量−期初存量

生产需用量=预计生产量×单位产品材料用量

为了便于以后编制现金预算，通常要预计材料采购的现金支出，每个季度的现金支出包括偿还上期应付账款和本期应支付的采购货款。

（四）直接人工预算

直接人工预算也是根据生产预算编制的，主要内容有预计生产量、单位产品工时、人工总工时、每小时人工成本和人工总成本。预计生产量数据来自生产预算，单位产品工时和每小时人工成本数据来自标准成本资料。

人工总工时=预计生产量×单位产品工时

人工总成本=人工总工时×每小时人工成本

人工工资用现金支付，不需另外预计现金支出，可直接参加现金预算的汇总。

（五）制造费用预算

制造费用预算是除直接材料和直接人工预算以外的生产费用的预算，编制基础也是生产预算，但是比直接材料预算和直接人工预算的编制要复杂。

如果有完善的标准成本资料，用单位产品的标准成本与产量相乘，即可得到相应的预算金额。如果没有标准成本资料，就需要逐项预计计划产量需要的各项制造费用。固定制造费用需要逐项进行预计，按每季度实际需要的支付额预计，然后求出全年数。

为了便于以后编制现金预算，需要预计现金支出。制造费用中，除折旧费外都须支付现金。所以，制造费用数额扣除折旧费即为现金支出的费用。

（六）产品成本预算

产品成本预算是生产预算、直接材料预算、直接人工预算、制造费用预算的汇总，主要内容是产品的单位成本和总成本。单位产品成本的有关数据来自直接材料预算、直接人工预算、制造费用预算，生产量、期末存货量来自生产预算，销售量来自销售预算。生产成本、存货成本和销货成本根据单位成本和产量、存量和销售量相乘得出。

（七）销售费用及管理费用

销售费用预算以销售预算为基础，分析销售收入、销售利润和销售费用的关系，明确销售费用支出的必要性和效果。

管理费用多属于固定费用，在分析过去实际支出的基础上，确定每种费用开支是否必要，结合预算期的变化进行调整。

二、现金预算

现金预算以经营预算和资本预算为基础编制，反映各预算期的收入款项和支出款项。

现金预算由四部分组成：现金收入、现金支出、现金多余或不足、现金的筹措和运用。

（一）现金收入

现金收入部分包括期初现金余额和预算期现金收入（预计现金收入），“销货现金收入”的数据来自销售预算。

（二）现金支出

现金支出部分包括预算期的各项现金支出，包括直接材料、直接人工、制造费用、销售及管理费用的数据，它们分别来自前述有关预算。此外，还包括所得税费用、购置设备、股利分配等现金支出，有关数据分别来自另行编制的专门预算。

（三）现金多余或不足

现金多余或不足部分（现金收支结余）列示现金收入合计与现金支出合计的差额。

（四）现金筹措

现金收支差额为正，说明收大于支，现金有多余，可用于偿还过去向银行取得的借款，或者用于短期投资；差额为负，说明支大于收，现金不足，需要向银行取得新的借款。

三、财务报表预算

财务报表预算包括利润表预算和资产负债表预算，因其可以从总体上反映一定期间企业经营的全局情况，通常称为企业的总预算。

利润表预算与实际利润表的内容和格式相同，只不过数据是面向预算期的。通过编制利润表预算，可以了解企业预期的盈利水平。利润表预算以销售预算、产品成本预算和现金预算为基础编制。

资产负债表预算与实际的资产负债表内容和格式相同，只不过数据是反映预算期末的财务状况。该表是利用期初资产负债表，根据预算期的销售、生产、资本等数据加以调整编制。通过资产负债表预算分析，判断预算所反映财务状况的稳定性和流动性，必要时可修改有关预算，以改善财务状况。

预算编制的方法有固定预算法、弹性预算法、增量预算法、零基预算法、定期预算法和滚动预算法。企业采用何种方法应根据实际情况而定。

同步练习 10-1

【练习题 10-1-1】**（思考题）**《企业财务通则》对企业预算有何要求？

【练习题 10-1-2】**（思考题）**全面预算包括哪些内容？

同步练习 10-1

学习总结 10-1

本节学习内容是财务预算知识，是下一节学习的基础，只有明确了财务预算工作流程及具体工作内容，才能在Excel工作表中建立数据链接关系。

学习重点：弄清楚财务预算编制中预算数据的来龙去脉。

学习评估 10-1（见表 10-1）

表 10-1　　“财务预算知识”学习评估表

学习要点	学习效果	
经营预算	熟知	
现金预算	熟知	
财务报表预算	熟知	

第二节　财务预算模型的设计

一、学习引例

学习引例 10-1

建立财务预算模型

【学习引例10-1】甲公司只生产A产品，2023年年末的资产、负债和所有者权益数据见表10-2。

表10-2　　甲公司2023年资产、负债和所有者权益数据

资产	期末余额	负债和所有者权益	期末余额
现金	7 000	应付账款	2 350
应收账款	5 100	长期借款	9 000
直接材料	1 500	实收资本	12 000
库存商品	900	未分配利润	13 150
固定资产	26 000		
减：累计折旧	4 000		
固定资产净值	22 000		
资产总计	36 500	负债和所有者权益总计	36 500

甲公司2024年的预测资料如下：

（1）预计A产品各季度销售量分别为140件、160件、160件、170件，预计销售单价为180元。销售收取的现金比例为80%，其余货款在下季度收回，不考虑坏账和增值税因素。

（2）A产品2023年年末的存货量为10件，每季末存货量为下季度预计销售量的10%，预计2024年年末的存货量为40件。

（3）A产品的直接材料消耗定额为10千克/件，各季末材料存量为下季度生产需用量的20%，材料采购单价为5元/千克，采购货款的50%在本季度付清，余款在下季度付清。2023年年末直接材料的存货量为300千克，预计2024年年末直接材料的存货量为400千克。

（4）A产品的直接人工消耗定额为10小时/件，每小时人工费为2元，当期支付工资。

（5）制造费用分为变动制造费用和固定制造费用。变动制造费用包括间接人工、间接材料、修理费和水电费四项，各项目的标准成本为1元/件、1元/件、2元/件和1元/件。每季度预计发生固定制造费用2 475元，其中折旧1 000元，其余均为各季度均衡发生的付现成本。单位产品耗用的变动制造费用和固定制造费用折合工时都是10小时。制造费用的分配标准是直接人工总工时。

（6）全年共计发生销售及管理费用20 000元，其中，销售人员工资2 500元，广告费7 000元，包装运输费3 000元，储存费2 000元，管理人员工资3 000元，差旅费500元，办公费2 000元。销售及管理费用在每季度均匀支出。

（7）公司决定于2024年4月购置一台价值15 000元的生产设备，预计发生安装费

1 000元，当月安装完毕投入使用，购置设备的资金来源于银行借款。

（8）公司需要保留的现金余额为6 000元，不足此数时需向银行申请半年期借款，借款的金额要求是1 000元的倍数，年利率为10%。该公司长期借款余额为9 000元，年利率为10%，预计在第四季度支付利息900元。

（9）预计2024年每个季度需要预缴所得税3 000元。

（10）分别在2024年第二季度和第四季度分配股利5 000元和10 000元。

要求：利用Excel建立甲公司2024年财务预算的动态计算模型。

二、引例分析

建立财务预算的动态计算模型，就是利用Excel的数据链接功能，在同一工作簿的不同工作表之间以及同一工作表的不同单元格之间建立数据计算的动态链接关系，当改变源工作表中的数据时，结果工作表中的数据自动同步更新，使财务预算分析工作变得简单、高效，从而实现“全面的事情控制化，控制的事情指标化，指标的事情流程化，流程的事情标准化，标准的事情表格化，表格的事情软件化”。

三、实际操作：建立财务预算模型

（一）新建“财务预算”工作簿

如果默认工作表数量不够10个，需要先增加工作表。将10个工作表分别重命名为销售预算、生产预算、直接材料预算、直接人工预算、制造费用预算、产品成本预算、销售及管理费用预算、现金预算、利润表预算、资产负债表预算。

根据资料，运用财务预算编制原理，在Excel工作表中分别按照销售预算、生产预算、直接材料预算、直接人工预算、制造费用预算、产品成本预算、销售及管理费用预算、现金预算、利润表预算、资产负债表预算的顺序建立财务预算的动态计算模型。

（二）建立销售预算模型

建立如图10-3所示的销售预算模型。

	A	B	C	D	E	F	G
1	2024年销售预算						
2	项目	一季度	二季度	三季度	四季度	全年	数据填列说明
3	预计销售量（件）	140	160	160	170	630	根据引例资料填列
4	预计销售单价（元/件）	180	180	180	180	180	根据引例资料填列
5	预计销售收入（元）	25200	28800	28800	30600	113400	销售量×销售单价
6	预计现金收入（元）						
7	上年应收账款	5100				5100	根据引例资料填列
8	一季度	20160	5040			25200	本季销售收现率为80%，剩余的20%则在下季度收现
9	二季度		23040	5760		28800	
10	三季度			23040	5760	28800	
11	四季度				24480	24480	
12	合计	25260	28080	28800	30240	112380	
13	公式说明： F3=SUM(B3:E3)　B5=B3*B4　C5=C3*C4　D5=D3*D4 E5=E3*E4　F5=SUM(B5:E5)　B8=B5*0.8　C8=B5*0.2 C9=C5*0.8　D9=C5*0.2　D10=D5*0.8　E10=D5*0.2 E11=E5*0.8　B12=SUM(B7:B11)　C12=SUM(C7:C11)　D12=SUM(D7:D11) E12=SUM(E7:E11)　F7=SUM(B7:E7)　F8=SUM(B8:E8)　F9=SUM(B9:E9) F10=SUM(B10:E10)　F11=SUM(B11:E11)　F12=SUM(B12:E12)						

图10-3　销售预算模型

（三）建立生产预算模型

建立如图10-4所示的生产预算模型。

	A	B	C	D	E	F	G
1	2024年生产预算						
2	项目	一季度	二季度	三季度	四季度	全年	数据填列说明
3	预计销售量（件）	140	160	160	170	630	链接“销售预算”工作表
4	预计期末存货量（件）	16	16	17	40	40	本季度末存货=下季度销量×10% 预计2024年末的存货量为40件
5	预计期初存货量（件）	10	16	16	17	10	本季度初存货=上季度末存货 2024年初存货量为10件
6	预计生产量（件）	146	160	161	193	660	预计生产量=预计销售量+预计期末存货量-预计期初存货量
7	公式说明： B3=销售预算!B3　C3=销售预算!C3　D3=销售预算!D3　E3=销售预算!E3　F3=销售预算!F3 B4=C3*0.1　C4=D3*0.1　D4=E3*0.1　E4、F4直接填列年末存货量40 C5=B4　D5=C4　E5=D4　B5、F5直接填列年初存货量 B6=B3+B4-B5　C6=C3+C4-C5　D6=D3+D4-D5　E6=E3+E4-E5　F6=F3+F4-F5						

图10-4　生产预算模型

（四）建立直接材料预算模型

建立如图10-5所示的直接材料预算模型，其中单元格公式设置如图10-6所示。

	A	B	C	D	E	F	G
1	2024年直接材料预算						
2	项目	一季度	二季度	三季度	四季度	全年	数据填列说明
3	预计生产量（件）	146	160	161	193	660	链接“生产预算”工作表
4	单产材料用量（千克/件）	10	10	10	10	10	根据引例资料填列
5	生产需用量（千克）	1460	1600	1610	1930	6600	=预计生产量×消耗定额
6	预计期末存量（千克）	320	322	386	400	400	本季末存量为下季度生产需用量的20%，预计2024年末存货量为400千克
7	预计期初存量（千克）	300	320	322	386	300	2024年初存货量为300千克 本季初存量=上季末存量
8	预计材料采购量（千克）	1480	1602	1674	1944	6700	=生产需用量+预计期末存货量-预计期初存货量
9	单位采购成本（元/千克）	5	5	5	5	5	根据引例资料填列
10	预计采购金额（元）	7400	8010	8370	9720	33500	=采购量×单位采购成本
11	预计现金支出（元）						
12	期初应付账款	2350				2350	根据引例资料填列
13	一季度	3700	3700			7400	采购货款的50%在本季度付清，余款在下季度付清
14	二季度		4005	4005		8010	
15	三季度			4185	4185	8370	
16	四季度				4860	4860	
17	合计	6050	7705	8190	9045	30990	

图10-5　直接材料预算模型

	B	C	D	E	F
1	2024年直接材料预算				
2	一季度	二季度	三季度	四季度	全年
3	=生产预算!B6	=生产预算!C6	=生产预算!D6	=生产预算!E6	=生产预算!F6
4	10	10	10	10	10
5	=B3*B4	=C3*C4	=D3*D4	=E3*E4	=SUM(B5:E5)
6	=C5*0.2	=D5*0.2	=E5*0.2	400	400
7	300	=B6	=C6	=D6	300
8	=B5+B6-B7	=C5+C6-C7	=D5+D6-D7	=E5+E6-E7	=F5+F6-F7
9	5	5	5	5	5
10	=B8*B9	=C8*C9	=D8*D9	=E8*E9	=SUM(B10:E10)
11	预计现金支出（元）				
12	2350				=SUM(B12:E12)
13	=B10*0.5	=B10*0.5			=SUM(B13:E13)
14		=C10*0.5	=C10*0.5		=SUM(B14:E14)
15			=D10*0.5	=D10*0.5	=SUM(B15:E15)
16				=E10*0.5	=SUM(B16:E16)
17	=SUM(B12:B16)	=SUM(C12:C16)	=SUM(D12:D16)	=SUM(E12:E16)	=SUM(B17:E17)

图10-6　直接材料预算工作表里的单元格公式

（五）建立直接人工预算模型

建立如图10-7所示的直接人工预算模型。

	A	B	C	D	E	F	G
1	2024年直接人工预算						
2	项目	一季度	二季度	三季度	四季度	全年	数据填列说明
3	预计生产量（件）	146	160	161	193	660	链接“生产预算”工作表
4	工时定额（小时/件）	10	10	10	10	10	根据引例资料填列
5	人工总工时（小时）	1460	1600	1610	1930	6600	=生产量×工时定额
6	工时费率（元/小时）	2	2	2	2	2	根据引例资料填列
7	人工总成本（元）	2920	3200	3220	3860	13200	=总工时×工时费率
8	公式说明						
9	单元格	定义公式或录入数据			单元格		定义公式或录入数据
10	B3	=生产预算!B6			F5		=SUM(B5:E5)
11	C3、D3、E3、F3	拖动B3单元格填充柄至F3			B6:F6		=2
12	B4:F4	=10			B7		=B5*B6
13	B5	=B3*B4			C7、D7、E7		拖动B7单元格填充柄至E7
14	C5、D5、E5	拖动B5单元格填充柄至E5			F7		=SUM(B7:E7)

图10-7　直接人工预算模型

（六）建立制造费用预算模型

建立如图10-8所示的制造费用预算模型，其中单元格公式设置如图10-9所示。

	A	B	C	D	E	F	G	H
1	2024年制造费用预算							
2	项目		一季度	二季度	三季度	四季度	全年	数据填列说明
3	预计生产量		146	160	161	193	660	链接“生产预算”工作表
4	变动制造费用	人工费	146	160	161	193	660	=预计产量×标准
5		材料费	146	160	161	193	660	
6		修理费	292	320	322	386	1320	
7		水电费	146	160	161	193	660	
8		小计	730	800	805	965	3300	
9	固定制造费用		2475	2475	2475	2475	9900	根据引例资料填列
10	制造费用总计		3205	3275	3280	3440	13200	
11	折旧		1000	1000	1000	1000	4000	根据引例资料填列
12	现金支出的费用		2205	2275	2280	2440	9200	=制造费用总计-折旧
13	人工总工时						6600	链接“直接人工预算”工作表
14	变动费用分配率		0.5					=G8/G13
15	固定费用分配率		1.5					=G9/G13
16	变动制造费用各成本项目标准（元/件）							
17	人工费	1	材料费	1	修理费	2	水电费	1

图10-8　制造费用预算模型

	C	D	E	F	G
1	2024年制造费用预算				
2	一季度	二季度	三季度	四季度	全年
3	=生产预算!B6	=生产预算!C6	=生产预算!D6	=生产预算!E6	=生产预算!F6
4	=C3*$B$17	=D3*$B$17	=E3*$B$17	=F3*$B$17	=SUM(C4:F4)
5	=C3*$D$17	=D3*$D$17	=E3*$D$17	=F3*$D$17	=SUM(C5:F5)
6	=C3*$F$17	=D3*$F$17	=E3*$F$17	=F3*$F$17	=SUM(C6:F6)
7	=C3*$H$17	=D3*$H$17	=E3*$H$17	=F3*$H$17	=SUM(C7:F7)
8	=SUM(C4:C7)	=SUM(D4:D7)	=SUM(E4:E7)	=SUM(F4:F7)	=SUM(C8:F8)
9	2475	2475	2475	2475	=SUM(C9:F9)
10	=C8+C9	=D8+D9	=E8+E9	=F8+F9	=SUM(C10:F10)
11	1000	1000	1000	1000	=SUM(C11:F11)
12	=C10-C11	=D10-D11	=E10-E11	=F10-F11	=SUM(C12:F12)
13					=直接人工预算!F5
14	=G8/G13				
15	=G9/G13				
16	变动制造费用各成本项目标准（元/件）				
17	材料费	1	修理费	2	水电费

图10-9　制造费用预算工作表里的单元格公式

（七）建立产品成本预算模型

建立如图10-10所示的产品成本预算模型。

	A	B	C	D	E	F	G
1	2024年产品成本预算						
2	项目	单位产品成本			生产成本	期末存货成本	销售成本
3		单位产品的耗用量	单价或工时费用率	单位产品成本			
4	直接材料	10	5	50	33000	2000	31500
5	直接人工	10	2	20	13200	800	12600
6	变动制造费用	10	0.5	5	3300	200	3150
7	固定制造费用	10	1.5	15	9900	600	9450
8	合计			90	59400	3600	56700
9	公式说明						
10	单元格	录入公式或数据			单元格	录入公式	
11	B4	=直接材料预算!F4			E5	=D5*生产预算!$F$6	
12	B5	=直接人工预算!F4			E6	=D6*生产预算!$F$6	
13	B6	=10			E7	=D7*生产预算!$F$6	
14	B7	=10			E8	=SUM(E4:E7)	
15	C4	=直接材料预算!F9			F4	=D4*生产预算!$F$4	
16	C5	=直接人工预算!F6			F5	=D5*生产预算!$F$4	
17	C6	=制造费用预算!C14			F6	=D6*生产预算!$F$4	
18	C7	=制造费用预算!C15			F7	=D7*生产预算!$F$4	
19	D4	=B4*C4			F8	=SUM(F4:F7)	
20	D5	=B5*C5			G4	=D4*销售预算!$F$3	
21	D6	=B6*C6			G5	=D5*销售预算!$F$3	
22	D7	=B7*C7			G6	=D6*销售预算!$F$3	
23	D8	=SUM(D4:D7)			G7	=D7*销售预算!$F$3	
24	E4	=D4*生产预算!$F$6			G8	=SUM(G4:G7)	

图10-10 产品成本预算模型

（八）建立销售及管理费用预算模型

建立如图10-11所示的销售及管理费用预算模型。

	A	B	C	D
1	2024年销售及管理费用预算			
2	预测数据： 预计2024年度销售及管理费用共计20000元，每季度均匀支出，其中： 销售人员工资2500元 广告费7000元 包装运输费3000元 储存费2000元 管理人员工资3000元 差旅费500元 办公费2000元	项目		金额
3		销售费用	销售人员工资	2500
4			广告费	7000
5			包装运输费	3000
6			储存费	2000
7			小计	14500
8		管理费用	管理人员工资	3000
9			差旅费	500
10			办公费	2000
11			小计	5500
12		销售及管理费用合计		20000
13		每季度支付现金		5000
14	公式：D7=SUM(D3:D6)　D11=SUM(D8:D10)　D12=D7+D11　D13=D12/4			

图10-11 销售费用及管理费用预算模型

（九）建立现金预算模型

建立如图10-12所示的现金预算模型，其中各季度单元格公式设置如图10-13至图10-16所示。

	A	B	C	D	E	F	G	H
1	2024年现金预算							
2	项目		一季度	二季度	三季度	四季度	全年	数据填列说明
3	现金收入	期初现金余额	7000	13085	6985	6695	7000	期初余额根据引例资料 本季初余额=上季末余额
4		预计现金收入	25260	28080	28800	30240	112380	链接“销售预算”工作表
5		合计	32260	41165	35785	36935	119380	
6	现金支出	直接材料	6050	7705	8190	9045	30990	链接“直接材料预算”工作表
7		直接人工	2920	3200	3220	3860	13200	链接“直接人工预算”工作表
8		制造费用	2205	2275	2280	2440	9200	链接“制造费用预算”工作表
9		销售及管理费用	5000	5000	5000	5000	20000	链接“销售及管理费用预算”表
10		所得税费用	3000	3000	3000	3000	12000	根据引例资料填列
11		购买设备		16000			16000	根据引例资料填列
12		股利分配		5000		10000	15000	根据引例资料填列
13		合计	19175	42180	21690	33345	116390	
14	现金收支结余		13085	-1015	14095	3590	2990	=现金收入合计-现金支出合计
15	现金筹措	银行借款	0	8000	1000	5000	14000	保留现金余额6000元，不足数申请半年期银行借款，金额是1000的倍数，利率为10%。
16		归还银行借款	0	0	8000	1000	9000	
17		短期借款利息	0	0	400	50	450	
18		长期借款利息				900	900	根据引例资料填列
19	期末现金余额		13085	6985	6695	6640	6640	=现金收支结余+借款-还款-利息

图10-12　现金预算模型

	A	B	C
1	2024年现金预算		
2	项目		一季度
3	现金收入	期初现金余额	7000
4		预计现金收入	=销售预算!B12
5		合计	=C3+C4
6	现金支出	直接材料	=直接材料预算!B17
7		直接人工	=直接人工预算!B7
8		制造费用	=制造费用预算!C12
9		销售及管理费用	=$G$9/4
10		所得税费用	3000
11		购买设备	
12		股利分配	
13		合计	=SUM(C6:C12)
14	现金收支结余		=C5-C13
15	现金筹措	银行借款	=IF(C14-C16-C17-C18<6000,ROUNDUP(6000+C16+C17+C18-C14,-3),0)
16		归还银行借款	0
17		短期借款利息	0
18		长期借款利息	
19	期末现金余额		=C14+C15-C16-C17-C18

图10-13　现金预算工作表单元格公式（一季度）

	A	B	D
1	2024年现金预算		
2	项目		二季度
3	现金收入	期初现金余额	=C19
4		预计现金收入	=销售预算!C12
5		合计	=D3+D4
6	现金支出	直接材料	=直接材料预算!C17
7		直接人工	=直接人工预算!C7
8		制造费用	=制造费用预算!D12
9		销售及管理费用	=$G$9/4
10		所得税费用	3000
11		购买设备	16000
12		股利分配	5000
13		合计	=SUM(D6:D12)
14	现金收支结余		=D5-D13
15	现金筹措	银行借款	=IF(D14-D16-D17-D18<6000,ROUNDUP(6000+D16+D17+D18-D14,-3),0)
16		归还银行借款	=C15
17		短期借款利息	=IF(D16>0,D16*0.1/12*6,0)
18		长期借款利息	
19	期末现金余额		=D14+D15-D16-D17-D18

图10-14　现金预算工作表单元格公式（二季度）

	A	B	E
1	2024年现金预算		
2	项目		三季度
3	现金收入	期初现金余额	=D19
4		预计现金收入	=销售预算!D12
5		合计	=E3+E4
6	现金支出	直接材料	=直接材料预算!D17
7		直接人工	=直接人工预算!D7
8		制造费用	=制造费用预算!E12
9		销售及管理费用	=$G$9/4
10		所得税费用	3000
11		购买设备	
12		股利分配	
13		合计	=SUM(E6:E12)
14	现金收支结余		=E5-E13
15	现金筹措	银行借款	=IF(E14-E16-E17-E18<6000, ROUNDUP(6000+E16+E17+E18-E14, -3), 0)
16		归还银行借款	=D15
17		短期借款利息	=IF(E16>0, E16*0.1/12*6, 0)
18		长期借款利息	
19	期末现金余额		=E14+E15-E16-E17-E18

图10-15　现金预算工作表单元格公式（三季度）

	A	B	F	G
1	2024年现金预算			
2	项目		四季度	全年
3	现金收入	期初现金余额	=E19	7000
4		预计现金收入	=销售预算!E12	=销售预算!F12
5		合计	=F3+F4	=G3+G4
6	现金支出	直接材料	=直接材料预算!E17	=直接材料预算!F17
7		直接人工	=直接人工预算!E7	=直接人工预算!F7
8		制造费用	=制造费用预算!F12	=制造费用预算!G12
9		销售及管理费用	=$G$9/4	=销售及管理费用预算!D12
10		所得税费用	3000	=SUM(C10:F10)
11		购买设备		=SUM(C11:F11)
12		股利分配	10000	=SUM(C12:F12)
13		合计	=SUM(F6:F12)	=SUM(C13:F13)
14	现金收支结余		=F5-F13	=G5-G13
15	现金筹措	银行借款	=IF(F14-F16-F17-F18<6000, ROUNDUP(6000+F16+F17+F18-F14, -3), 0)	=SUM(C15:F15)
16		归还银行借款	=E15	=SUM(C16:F16)
17		短期借款利息	=IF(F16>0, F16*0.1/12*6, 0)	=SUM(C17:F17)
18		长期借款利息	900	=SUM(C18:F18)
19	期末现金余额		=F14+F15-F16-F17-F18	=G14+G15-G16-G17-G18

图10-16　现金预算工作表单元格公式（四季度和全年）

IF函数可以解决三个问题：第一，自动判断企业预算期各季末现金余额是否低于企业要求保留的余额。如果低于保留金额，则自动计算出应向银行借款的数额；否则不需借款。第二，自动判断企业在上季度是否存在借款。如果存在则按照上季度借款数归还；否则单元格数据为0，即不存在尚未归还的借款。第三，如果存在借款，则在归还当期按照还款（由借款而来）数额计算利息。

ROUNDUP函数的功能是向上舍入数字，其语法是：

ROUNDUP(number,num_digits)

参数number为需要向上舍入的任意实数，参数num_digits为四舍五入后的数字位数。如果num_digits大于0，则向上舍入到指定的小数位；如果num_digits等于0，则向上舍入到最接近的整数；如果num_digits小于0，则在小数点左侧向上进行舍入。

（十）建立利润表预算模型

建立如图10-17所示的利润表预算模型。

	A	B	C
1	2024年利润表预算		
2	项目	金额	数据填列说明
3	销售收入	113400	=销售预算!F5
4	销售成本	56700	=产品成本预算!G8
5	毛利润	56700	=B3-B4
6	销售及管理费用	20000	=销售及管理费用预算!D12
7	利息	1350	=现金预算!G17+现金预算!G18
8	利润总额	35350	=B5-B6-B7
9	所得税费用	12000	=现金预算!G10
10	净利润	23350	=B8-B9

图10-17　利润表预算模型

（十一）建立资产负债表预算模型

建立如图10-18所示的资产负债表预算模型。

	A	B	C	D
1	2024年资产负债表预算			
2	项目	年末余额	上年末余额	年末数填列说明
3	资产:			
4	现金	6640	7000	=现金预算!G19
5	应收账款	6120	5100	=销售预算!E5*(1-80%)
6	直接材料	2000	1500	=直接材料预算!F6*直接材料预算!F9
7	库存商品	3600	900	=产品成本预算!F8
8	固定资产原值	42000	26000	=现金预算!G11+C8
9	累计折旧	8000	4000	=制造费用预算!G11+C9
10	固定资产净值	34000	22000	=B8-B9
11	资产总计	52360	36500	=SUM(B4:B7)+B10
12	负债和所有者权益:			
13	应付账款	4860	2350	=直接材料预算!F16
14	短期借款	5000	0	=现金预算!G15-现金预算!G16
15	长期借款	9000	9000	期初结余下来
16	实收资本	12000	12000	期初结余下来
17	未分配利润	21500	13150	=C17+利润表预算!B10-现金预算!G12
18	负债和所有者权益总计	52360	36500	=SUM(B13:B17)

图10-18　资产负债表预算模型

同步练习 10-2

【练习题 10-2-1】（操作题）乙公司只生产B产品，2023年末资产负债表数据见表10-3。

同步练习 10-2

表10-3　　乙公司资产负债表资料

资产负债表

编制单位：乙公司　　2023年12月31日　　单位：元

资产	期末余额	负债和所有者权益	期末余额
现金	8 000	应付账款	2 350
应收账款	6 200	长期借款	9 000
直接材料	1 500	实收资本	20 000
库存商品	900	未分配利润	16 250
固定资产	35 000		
减：累计折旧	4 000		
固定资产净值	31 000		
资产总计	47 600	负债和所有者权益总计	47 600

预测的2024年资料如下：

1.预计B产品各季度的销售量分别为100件、150件、200件、180件，预计销售单价为200元。产品销售的现收比例为60%，其余货款在下季度收到。

2.B产品2023年年末的存货量为10件，每季末存货量为下季度预计销售量的10%，预计2024年年末的存货量为20件。

3.B产品的直接材料消耗定额为10千克/件，各季末材料存量为下季度生产需用量的20%，材料采购单价为5元/千克，采购货款的50%在本季度付清，余款在下季度付清。2023年年末直接材料的存货量为300千克，预计2024年年末直接材料的存货量为400千克。

4.B产品的直接人工消耗定额为10小时/件，每小时人工费2元，当期支付工资。

5.制造费用分为变动制造费用和固定制造费用。变动制造费用包括间接人工、间接材料、修理费和水电费四项，各项目的标准成本为1元/件、1元/件、2元/件和1元/件。每个季度发生的固定制造费用分别为2 375元、2 525元、2 310元、2 390元，总计9 600元。除折旧外，均为各季度均衡发生的付现成本。单位产品耗用的变动制造费用和固定制造费用折合工时均为10小时。每季度的折旧费为1 000元，制造费用的分配标准是直接人工总工时。

6.全年共计发生销售及管理费用20 000元，其中，销售人员工资2 500元，广告费7 000元，包装运输费3 000元，储存费2 000元，管理人员工资3 000元，差旅费500元，办公费2 000元。20 000元的费用在每季度均匀支出。

7.公司决定于2024年4月购置一台价值10 000元的生产设备，当月投入使用。

8.公司需要保留的现金余额为6 000元，不足此数时需向银行申请半年期借款，借款的金额要求是1 000元的倍数，年利率为10%。该公司长期借款余额为9 000元，年利率为12%，预计在第四季度支付1 080元的利息。

9.预计2024年每个季度需要预缴所得税4 000元。

10.分别在2024年第二季度和第四季度分配股利8 000元和8 000元。

要求：利用Excel建立乙公司2024年财务预算的动态计算模型。

【练习题10-2-2】**（简述题）**描述ROUNDUP函数的功能和语法。

学习总结10-2

本节学习内容是在Excel工作表中建立财务预算模型。

在Excel工作表中建立财务预算模型的目标是：当源数据发生变化时，能够实现结果数据的自动变化，满足编制过程中动态调整数据的需要。

建立财务预算模型的基本思路和方法是：根据财务预算编制原理和方法，在Excel工作表中建立源数据和结果数据的动态链接关系。

学习重点：预算编制的原理及Excel建模思路。

学习难点：财务预算编制时涉及的IF函数和ROUNDUP函数的应用。

学习评估10-2（见表10-4）

表10-4　“财务预算模型的设计”学习评估表

学习要点	学习效果	
财务预算模型设计思路	明确	
建立财务预算模型	掌握	

第十一章
Excel在短期经营决策分析中的应用

学习目标

1. 掌握产品决策的基本原理。
2. 学会利用Excel建立产品决策分析模型。
3. 学会利用Excel建立利润最大化产品组合方案分析模型。
4. 养成勤于思考的习惯，培养团结协作的精神和解决同类问题的方法、能力。

内容框架

- Excel在短期经营决策分析中的应用
  - Excel在产品决策分析中的应用
    - 产品决策分析的方法
    - 能否接受产品订单
    - 生产哪种产品更有利
    - 零部件是自制还是外购
    - 半成品是否应该继续加工
    - 联产品是否应该继续加工
    - 亏损产品是否转产
    - 最优生产批量的确定
    - 哪种生产工艺较经济
  - Excel在利润最大化产品组合方案分析中的应用
    - 产品最优化组合决策思路
    - 建立产品最优化组合决策模型
    - 规划求解工具应用

素养提升　经济越发展，会计越重要；技术越先进，会计越发展

我国“十四五”时期会计信息化工作主要任务（之一）：深入推动单位业财融合和会计职能拓展，加快推进单位会计工作数字化转型。通过会计信息的标准化和数字化建设，推动单位深入开展业财融合，充分运用各类信息技术，探索形成可扩展、可聚合、可比对的会计数据要素，提升数据治理水平。夯实单位应用管理会计的数据基础，助推单位开展个性化、有针对性的管理会计活动，加强绩效管理，增强价值创造力。

——中华人民共和国财政部《会计信息化发展规划（2021—2025年）》摘要

第一节　Excel在产品决策分析中的应用

一、学习引例

【学习引例11-1】能否接受产品订单。某企业专门生产A产品，年生产能力为100 000件，销售单价为108元，由于销售问题，该企业目前尚有30%的剩余生产能力未被利用。现有某客户希望该公司常年为其生产A产品25 000件，并在产品改进上有一些特殊要求。改进产品需要另外购买一台专用设备，全年另需负担固定成本40 000元，每件产品的客户给价为78元，详细资料见表11-1。根据这一情况，做出是否接受该订单的决策。

学习引例11-1
能否接受订单

表11-1　　能否接受产品订单决策分析资料

项目	金额
销售单价	78
直接材料	39
直接人工	16
固定制造费用	20
变动制造费用	5
专属固定成本	40 000
单位产品成本	80
订货数量	25 000

【学习引例11-2】生产哪种产品更有利。使用甲设备既可生产A产品，也可生产B产品，所生产的产品都能做到产销一致。考虑到市场竞争，要么生产A产品，要么生产B产品，否则缺乏竞争优势。经技术部门测算，该设备每月最大生产能力为680机器小时。A产品销售单价为29元，单位变动成本为17元，单位产品耗用机器工时为1.5小时；B产品销售单价为35元，单位变动成本为21元，单位产品耗用机器工时为2小时。在现有生产能力的条件下，生产哪种产品较为有利？

学习引例11-2
生产哪种产品更有利

【学习引例11-3】零部件是自制还是外购。某企业需要某种零部件2 500件，自制的单位成本为240元，其中，单位变动成本为180元，分摊的单位固定成本为60元。该零部件外购的单位成本为220元，在零部件外购后，原来用于制造该零部件的生产能力（设备）也没有其他用途。企业应选择自制零部

学习引例11-3
零部件是自制还是外购1

件，还是外购零部件？

【学习引例11-4】零部件是自制还是外购。某企业每年需配套用某种零件3 600件，过去一直依靠外购，购进成本为每件180元。现在该企业的一个生产车间有不能移作他用的剩余生产能力可以生产该零件，如果自制，每年还需要增加固定成本支出90 000元才能彻底满足要求，测算该零件单位变动成本为160元。据此做出是否外购的决策。

学习引例11-4 零部件是自制还是外购2

【学习引例11-5】零部件是自制还是外购。某企业零部件需用量为1 500件，单位变动成本为36元，外购单价为41元。外购时可以将设备出租，出租设备能够取得16 000元的净收入。该企业选择自制方案有利还是外购方案有利？

学习引例11-5 零部件是自制还是外购3

【学习引例11-6】半成品是否继续加工。某企业生产A半成品180 000件，销售单价为58元，单位变动成本为18元，固定成本总额为120 000元。如果把A半成品继续加工为完工产品B，则售价可提高到68元，但单位变动成本要追加8元，同时要增加固定成本50 000元。A半成品是否需要继续加工？

学习引例11-6 半成品是否继续加工

【学习引例11-7】联产品是否继续加工。某企业在同一生产中可加工出A、B两种联产品，并且这两种联产品在分离后既可以立即出售，也可以继续加工后再出售，具体资料见表11-2。据此分析和做出A、B两种联产品是否需要继续加工的决策。

学习引例11-7 联产品是否继续加工

表11-2　**联产品资料**

项目	A产品	B产品
产量（件）	25 000	6 000
分离后不加工而立即出售的单价	3	8
分离后继续加工的单价	8	13
继续加工前的联合成本	36 000	15 000
继续加工时追加的单位变动成本	2	4
继续加工时追加的固定成本	50 000	10 000

【学习引例11-8】亏损产品是否停产。某企业生产A、B、C、D四种产品，具体情况见表11-3。D产品存在亏损现象，但用于生产D产品的设备又不能用来生产其他产品，分析D产品是否需要停产。假定A、B、C三种产品分担D产品固定成本的比例分别为50%、25%、25%。

学习引例11-8 产品是否停产

表11-3　**A、B、C、D四种产品资料情况表**

项目	A产品	B产品	C产品	D产品
产销量（件）	150 000	90 000	80 000	40 000
销售单价（元）	68	76	97	119
单位变动成本（元）	50	60	85	106
固定成本（元）	1 600 000	800 000	800 000	600 000

【学习引例11-9】亏损产品是否转产。某企业上年度生产甲、乙、丙、丁四种产品，有关资料见表11-4。

表11-4　　甲、乙、丙、丁四种产品资料情况表

项目	甲产品	乙产品	丙产品	丁产品
产销量（件）	40 000	50 000	6 000	7 000
销售单价（元）	228	219	336	289
单位变动成本（元）	170	155	232	235
固定成本（元）	1 600 000	1 700 000	600 000	400 000

学习引例11-9
产品是否转产

丁产品为企业唯一亏损产品，测算的丁产品的盈亏平衡点销售量为7 407件，而市场销售量有限（7 000件），该产品目前要实现扭亏为盈是不现实的，这就要寻求停产或转产的出路。由于丁产品能够提供378 000元的边际贡献，所以停产方案予以否定，那么是否可以通过转产来增加企业的经济效益呢？

根据市场调查，甲产品的增销潜力较大，乙产品、丙产品和丁产品的增销潜力均不大。如果将生产丁产品的生产能力转到生产甲产品上，在产销平衡的前提下可以增加甲产品10 000件，生产甲产品时还需增加固定成本500 000元。转产是否有利？

【学习引例11-10】最优生产批量的确定。某企业全年需要生产A零件120 000个，专门生产设备每天能生产A零件500件，每天领用50件。每批零件生产的准备成本为18 000元，单位零件全年的平均储备成本为12元。据此做出最优生产批量的决策分析。

学习引例11-10
最优生产批量的确定

【学习引例11-11】哪种生产工艺较经济。某企业计划生产一种产品，现有两种生产工艺方案可供选择：甲生产工艺下的单位变动成本为35元，年固定成本为500 000元；乙生产工艺下的单位变动成本为40元，年固定成本为400 000元。如何对这两种生产工艺进行选择决策？

学习引例11-11
生产工艺决策

针对以上问题和要求，在Excel工作表中建立相应的分析模型。

二、引例分析

以上引例均属于产品决策分析问题。

首先，要熟悉产品决策的相关理论知识，产品决策涉及的方法主要有差量分析法、边际贡献分析法、本量利分析法、最优生产批量法、线性规划法等。

然后，根据产品决策分析理论和方法，在Excel工作表中建立分析模型，可以实现快速分析。

三、相关知识

（一）差量分析法

差量就是不同备选方案的差别，包括差量成本和差量收入。差量成本是两个备选方案预期成本的差异数；差量收入是两个备选方案预期收入的差异数。

差量分析法就是通过两个备选方案的差量收入与差量成本的比较，来确定哪个方案较优的方法。如果差量收入大于差量成本，则前一个方案较优；反之，后一个方案较优。

采用差量分析法，关键要考虑那些对备选方案预期总收入和预期总成本会发生影响的项目，至于那些不相关的因素，则一概予以剔除。对于两个以上的备选方案，可分别两方案进行比较分析，最终以能提供最大经济效益的方案为最优方案。

（二）边际贡献分析法

边际贡献是指销售收入减去变动成本以后的差额，其计算公式为：

边际贡献=销售收入−变动成本

单位边际贡献=销售单价−单位变动成本

边际贡献=单位边际贡献×销售量

边际贡献分析法就是通过对比备选方案所提供的“边际贡献总额”的大小确定最优方案的专门方法。

当企业不改变其生产能力时，固定成本是不变的，这时只需对产品提供的边际贡献进行分析，借此判断方案的优劣。

（三）本量利分析法

在产品的生产决策中的本量利分析法，就是根据各个备选方案的成本、业务量和利润三者之间的依存关系，来确定在什么情况下哪个方案较优的专门方法。在生产决策中应用本量利方法的关键在于确定“成本分界点”，即两个备选方案预期成本相等情况下的业务量。一旦找到了“成本分界点”，就可以确定在什么业务量范围内哪个方案较优。

（四）最优生产批量法

在产品生产总量一定的条件下，生产批量多了会增加每批产品投产前的准备成本；生产批量少了，又会增加产品的储存保管成本。通常，产品批量与准备成本成正比，而与储存保管成本无关；产品数量与储存保管成本成正比，而与准备成本无关。因此，如何确定最佳的生产批量，使得准备成本和储存保管成本之和最小，就是产品批量决策需要解决的问题。

最优生产批量法就是在决策分析过程中确定一个适当的生产批量，使其全年的调整准备成本与全年的储存成本之和最小。

产品批量决策又可以分为单一产品批量决策和多种产品批量决策两种。这里仅介绍说明单一产品批量计算的方法。

假定企业只生产一种产品，并且生产和销售连续进行。此时，总成本TC为：

$$TC(Q)=\frac{D}{Q}\cdot K+\frac{1}{2}(Q-\frac{Q}{p}\cdot d)\cdot K_C$$

在准备成本与储备变动成本相等时，TC（Q）有最小值。

$$\frac{D}{Q}\cdot K=\frac{Q}{2}(1-\frac{d}{p})\cdot K_C$$

因此，最佳批量决策公式为：

$$Q^*=\sqrt{\frac{2KD}{K_C}\cdot(\frac{P}{P-d})}$$

$$N^*=\frac{D}{Q^*}$$

$$TC(Q^{*})=\sqrt{2KDK_{C}\cdot(1-\frac{D}{p})}$$

上式中：Q^{*}为最佳产品批量；D为产品生产总量；K为每批产品投产前的调整准备成本；K_C为单位产品年储备成本；d为每天产品销售量或领用量；p为每天产品生产量；N^{*}为产品最佳生产批次；TC为产品最佳批量的年总成本。

（五）线性规划法

见本章第二节的相关内容介绍。

四、实际操作：建立产品决策分析模型

（一）【学习引例11-1】的分析与操作——能否接受产品订单

客户出价78元与产品的单位成本80元相比，每件产品亏损2元，这未计算接受该订单而增加的专属固定成本，从传统财务会计观点看，接受该项订单是不合算的。但从管理会计决策分析角度看，接受该订单是在剩余生产能力范围内，除了专属固定成本需要考虑外，原有的固定成本并非该项决策专项成本，在决策时不需要予以考虑。在没有更好选择的情况下，比如没有其他给价更高的订单，只要对方出价高于变动成本，并在补偿专属固定成本后还有剩余边际贡献，接受此订单还是有利的，因为剩余边际贡献能够分担部分固定成本。

本例采用边际贡献分析法来决策能否接受产品订单。

在Excel工作表中建立如图11-1所示的分析模型，录入数据，定义公式。

C13=C5+C6+C8

C14=C4-C5-C6-C8

C15=C14*C11

C16=C15-C9

C17=IF(C16>0,"可以接受订单","不能接受订单")

公式定义完毕，决策结论立即显示出来，如图11-1所示。

	A	B	C
1	能否接受产品订单的决策分析		
2	资料		
3	项目		金额
4	销售单价		78
5	直接材料		39
6	直接人工		16
7	制造费用	固定费用	20
8		变动费用	5
9	专属固定成本		40000
10	单位产品成本		80
11	订货数量		25000
12	分析		
13	单位变动成本		60
14	单位边际贡献		18
15	边际贡献总额		450000
16	剩余边际贡献		410000
17	决策分析结论		可以接受订单

图11-1　能否接受产品订单的Excel分析模型

(二)【学习引例11-2】的分析与操作——生产哪种产品更有利

不论生产哪种产品，现有生产能力下的固定成本是一致的，因此在决策分析中不需考虑固定成本，应用边际贡献分析法即可得出生产哪种产品更有利的决策结论。建立如图11-2所示的Excel分析模型，有关公式定义见表11-5。

	A	B	C
1	生产哪种产品更有利		
2	资料		
3	项目	A产品	B产品
4	单位产品耗用机器工时（小时）	1.5	2
5	销售单价（元）	29	35
6	单位变动成本（元）	17	21
7	每月设备最大生产能力（小时）	680	
8	分析		
9	项目	A产品	B产品
10	最大产量（件）	453	340
11	收入总额（元）	13147	11900
12	变动成本总额（元）	7707	7140
13	边际贡献总额（元）	5440	4760
14	决策结果	生产A产品	

图11-2　生产哪种产品更有利的Excel分析模型

表11-5　　产品生产决策分析计算公式

单元格	公式	单元格	公式
B10	=B7/B4	C11	=C10*C5
B11	=B10*B5	C12	=C10*C6
B12	=B10*B6	C13	=C11-C12
B13	=B11-B12	B14	=IF(B13>C13,"生产A产品","生产B产品")
C10	=B7/C4		

公式定义完毕，决策结果自动显示出来，见图11-2中的B14单元格。

(三)【学习引例11-3】的分析与操作——零部件是自制还是外购

从表面上看，外购零部件的单位成本220元小于自制零部件的成本240元，外购有利。但从自制成本的构成中分析可知，零部件自制所负担的固定成本即使是在外购时也会同样发生，因此这部分固定成本是两个方案的共同成本，决策时不予考虑，只需将自制方案的单位变动成本与外购成本进行比较，采用差量分析法即可确定决策结果，操作如图11-3所示。

	A	B	C	D	E
1	既不增加也不减少固定成本时的零部件自制或外购决策				
2	零部件需要量	自制方案的成本测算		外购方案的成本测算	
3	2500	自制时单位变动成本	180	外购时的单位成本	220
4		自制时单位固定成本	60		
5	方案选择			选择自制方案	
6	自制的节约额或浪费额（负数为节约）			-100,000.00	

图11-3　既不增加也不减少固定成本时的零部件自制或外购决策分析模型

其中的公式定义如下：

D5=IF(C3<E3,"选择自制方案","选择外购方案")

D6=(C3-E3)*A3

(四)【学习引例11-4】的分析与操作——零部件是自制还是外购

自制方案是在原有剩余生产能力的基础上增加固定成本的投入后进行的，与原有剩余生产能力相关的固定成本费用属于无关成本，决策时不予考虑。但为自制而新增的固定成本支出属于专属固定成本，在决策时必须予以考虑。

对于本例，运用差量分析和本量利分析法，均可决策零部件是自制还是外购。

设业务量为X，成本平衡点业务量为X_0，外购方案预期成本为Y_1，单价为P_1，自制方案预期成本为Y_2，单位变动成本为P_2，专属固定成本为F_2，则：

$Y_1=P_1*X$

$Y_2=F_2+P_2*X$

当$Y_1=Y_2$时，$X=X_0=F_2/(P_1-P_2)$

在Excel中建立如图11-4所示的分析模型，录入数据，定义好公式，即可自动得到结果，结果表明，零部件外购有利。

	A	B	C
1	需要增加固定成本条件下的零部件自制决策		
2	资料		公式
3	零件需要量	3600	
4	零部件外购时的单位成本	180	
5	零部件自制时的单位变动成本	160	
6	零部件自制时需要增加的固定成本总支出	90000	
7	差量成本分析法		
8	外购方案的比较总成本	648000	B8=B3*B4
9	自制方案的比较总成本	666000	B9=B3*B5+B6
10	差量成本（负数说明自制成本高）	-18000	B10=B8-B9
11	决策结果	外购有利	B11=IF(B10>0,"自制有利","外购有利")
12	成本平衡点分析法		
13	成本平衡点业务量（X_0）	4500	B13=B6/(B4-B5)
14	决策结果	外购有利	B14=IF(B13<B3,"自制有利","外购有利")

图11-4 需要增加固定成本条件下的零部件自制决策分析模型

(五)【学习引例11-5】的分析与操作——零部件是自制还是外购

在进行零部件是自制还是外购的决策时，也可以考虑将剩余生产能力（设备）出租，采用零部件外购的方式。在进行不同方案的对比测算时，将所获得的租金收入作为自制零部件的机会成本，或者直接冲减外购零部件成本。因此，对于本例，采用差量分析法，即可进行决策零部件是自制还是外购。

在Excel中建立如图11-5所示的分析模型，录入数据，定义好公式，即可自动得到结果，结果表明，零部件外购有利。

	A	B	C
1	剩余生产能力出租条件下零部件是自制还是外购的决策		
2	零部件的需要量	1500	公式
3	自制零部件的单位变动成本	36	
4	外购零部件的单位成本	41	
5	外购零部件时设备出租净收入	16000	
6	自制零部件时比较总成本	70000	B6=B2*B3+B5
7	外购零部件时比较总成本	61500	B7=B2*B4
8	成本差量	8500	B8=B6-B7
9	决策结果	外购有利	B9=IF(B8>0,"外购有利","自制有利")
10	说明：外购时设备出租的净收入在决策中被看作是零部件自制时的机会成本		

图11-5 剩余生产能力出租条件下零部件是自制还是外购的决策分析模型

（六）【学习引例11-6】的分析与操作——半成品是否继续加工

半成品A继续加工前所发生的成本，不论是变动成本还是固定成本，在决策分析中均为无关成本。若半成品A继续加工成完工成品B后所增加的收入大于继续加工过程中所追加的成本，则以继续加工方案为优；反之，则以出售半成品A为优。

因此，对于本例，采用差量分析法，即可进行产品是否应该继续加工的决策。

在Excel工作表中建立如图11-6所示的分析模型，录入数据，定义好公式，即可得到结果。结果表明，该企业应将A半成品继续加工为B完工产品。

	A	B	C
1	半成品是否继续加工的决策分析		
2	资料		
3	项目	半成品A	完工产品B
4	产量（件）	180000	180000
5	售价（元）	58	68
6	单位变动成本（元）	18	26
7	固定成本（元）	120000	170000
8	差量分析（继续加工半成品）		公式说明
9	差量收入（元）	1800000	B9=B4*(C5-B5)
10	差量成本（元）	1490000	B10=B4*(C6-B6)+(C7-B7)
11	差量收益（元）	310000	B11=B9-B10
12	决策结果	继续加工有利	B12=IF(B11>0,继续加工有利","出售半成品有利")

图11-6　半成品是否继续加工的决策分析模型

（七）【学习引例11-7】的分析与操作—— 联产品是否继续加工

联产品继续加工前所发生的成本，不论是变动成本还是固定成本，在决策分析中均为无关成本，不必进行考虑。如果联产品继续加工后所增加的收入大于继续加工过程中所追加的成本，则继续加工的方案为优；反之，则以出售联产品为优。

因此，对于本例，采用差量分析法，即可进行联产品是否应该继续加工的决策。

设计如图11-7所示的Excel分析模型，定义好公式，录入数据资料，即可自动得到计算结果。结果表明，联产品A在分离后继续加工再出售较为有利；而联产品B则应在分离后立即出售，继续加工后再出售反而会增加损失。

	A	B	C	D	E	F
1	联产品是否继续加工的决策分析					
2	资料　　金额单位：元					公式说明
3	项目			A产品	B产品	C12=D4*D6 D12=D4*D5 E12=C12-D12 C13=D4*D8+D9 E13=C13-D13 C14=E12-E13 C15=E4*E6 D15=E4*E5 E15=C15-D15 C16=E4*E8+E9 E16=C16-D16 C17=E15-E16 C18=IF(C14>0,"继续加工","立即出售") C19=IF(C17>0,"继续加工","立即出售")
4	产量（件）			25000	6000	
5	分离后不加工而立即出售的售价			3	8	
6	分离后继续加工的售价			8	13	
7	继续加工前的联合成本			36000	15000	
8	继续加工时追加的单位变动成本			2	4	
9	继续加工时追加的固定成本			50000	10000	
10	分析					
11	项目		继续加工	不加工	差量	
12	A产品	差量收入	200000	75000	125000	
13		差量成本	100000	0	100000	
14		差量收益	25000			
15	B产品	差量收入	78000	48000	30000	
16		差量成本	34000	0	34000	
17		差量收益	-4000			
18	决策结论	A产品	继续加工			
19		B产品	立即出售			

图11-7　联产品是否继续加工的决策分析模型

(八)【学习引例11-8】的分析与操作——亏损产品是否停产

亏损产品往往引起连锁反应，卖得越多，亏得越多；或仓库积压，卖不出去，使企业陷于困境。因此，对亏损产品停产或转产也在情理之中。

但从财务决策的角度看，却不能一概而论。只要亏损产品仍有销路，即使销售价格低于单位产品成本，但高于变动成本，即能提供一定的边际贡献，亏损产品则仍可继续生产。因为，亏损产品也负担了企业的固定成本。如果亏损产品停产，那么原来由亏损产品负担的这部分固定费用就要由盈利产品来负担，这就必然增加了盈利产品的成本，从而减少了企业的利润。对于本例，产品停产决策应该采用边际贡献分析法进行。

设计Excel分析模型，录入有关数据资料，并定义单元格公式，如图11-8所示。

	A	B	C	D	E
1	亏损产品是否停产的决策分析				
2	资料				
3	项目	A产品	B产品	C产品	D产品
4	产销量（件）	150000	90000	80000	40000
5	销售单价（元）	68	76	97	119
6	单位变动成本（元）	50	60	85	106
7	固定成本（元）	1600000	800000	800000	600000
8	方案一（不停产D产品）				
9	项目	A产品	B产品	C产品	D产品
10	边际贡献（元）	2700000	1440000	960000	520000
11	税前收益（元）	1100000	640000	160000	-80000
12	税前总收益（元）	1820000			
13	方案二（停产D产品）				
14	项目	A产品	B产品	C产品	
15	边际贡献（元）	2700000	1440000	960000	
16	对停产产品原负担固定成本的分担比例	50%	25%	25%	
17	税前收益（元）	800000	490000	10000	
18	税前总收益（元）	1300000			
19	方案一与方案二的差量收益（元）	520000			
20	决策分析结论	不停产D产品			

图11-8 亏损产品是否停产的决策分析模型

模型中的公式定义如下：

B10=B4*(B5-B6)

利用Excel的自动填充技术完成C10、D10、E10单元格公式的定义。

B11=B10-B7

利用Excel的自动填充技术完成C11、D11、E11单元格公式的定义。

B12=SUM(B11:E11)

B15=B4*(B5-B6)

利用Excel的自动填充技术完成C15、D15单元格公式的定义。

A、B、C三种产品分担D产品固定成本的比例分别为50%、25%、25%，分别录入到B16、C16、D16单元格中。

B17=B15-B7-$E$7*B16

利用Excel的自动填充技术完成C17、D17这两个单元格公式的定义。

B18=B17+C17+D17

B19=B12-B18

B20=IF(B19>0,"不停产D产品","停产D产品")

公式定义完毕，分析结果自动显示出来。

（九）【学习引例11-9】的分析与操作——亏损产品是否转产

设计如图11-9所示的Excel分析模型，录入有关数据资料，并首先对上年度经济运行情况进行分析。

	A	B	C	D	E
1	亏损产品是否转产的决策分析				
2	上年度资料				
3	项目	甲产品	乙产品	丙产品	丁产品
4	销售量（件）	40000	50000	6000	7000
5	销售单价（元）	228	219	336	289
6	单位变动成本（元）	170	155	232	235
7	固定成本（元）	1600000	1700000	600000	400000
8	上年度经济运行统计分析				
9	项目	甲产品	乙产品	丙产品	丁产品
10	边际贡献（元）	2320000	3200000	624000	378000
11	税前利润（元）	720000	1500000	24000	-22000
12	边际贡献总额（元）	6522000			
13	税前利润总额（元）	2222000			
14	盈亏平衡点销售量（件）	27586	26563	5769	7407
15	丁产品转产甲产品后的经济效益情况分析				
16	项目	甲产品	乙产品	丙产品	合计
17	增加固定成本（元）	500000			
18	产品销售量增加数（件）	10000			
19	边际贡献（元）	2900000	3200000	624000	6724000
20	税前利润（元）	800000	1500000	24000	2324000
21	转产甲产品比不转产时多增加边际贡献				202000
22	转产甲产品比不转产时多增加税前利润				102000
23	决策选择				转产有利

图11-9 亏损产品是否转产的决策分析模型

有关单元格公式定义如下：

B10=B4*(B5-B6)

利用Excel的自动填充技术定义C10、D10、E10单元格公式。

B11=B10-B7

利用Excel的自动填充技术定义C11、D11、E11单元格公式。

B12=SUM(B10:E10)

B13=SUM(B11:E11)

B14=B7/（B5-B6）

利用Excel的自动填充技术定义C14、D14、E14单元格公式。

从计算分析结果可知，丁产品为企业唯一亏损产品，测算的丁产品的盈亏平衡点销售量为7 407件，而市场销售量有限（7 000件），该产品目前要实现扭亏为盈是不现实的，这就要寻求停产或转产的出路。由于丁产品能够提供378 000元的边际贡献，所以停产方案予以否定，那么是否可以通过转产来增加企业的经济效益呢？

根据市场调查，甲产品的增销潜力较大，乙产品、丙产品和丁产品的增销潜力均不大。如果将生产丁产品的生产能力转到生产甲产品上，在产销平衡的前提下可以增加甲产品10 000件，生产甲产品时还需增加固定成本500 000元。

转产是否有利，需要通过分析才能得出结论。

在图11-9所示的工作表中，公式定义如下：

在B17单元格录入500 000，在B18单元格录入10 000。

B19=(B5-B6)*(B4+B18)

利用Excel的自动填充技术完成C19、D19单元格公式的定义。

E19=B19+C19+D19

B20=B19-B7-B17

利用Excel的自动填充技术完成C20、D20单元格公式的定义。

E20=B20+C20+D20

E21=E19-B12

E22=E20-B13

E23=IF(E22>0,"转产有利","转产不利")

数据录入和公式定义完成，计算分析结果自动显示出来，如图11-9所示。

（十）【学习引例11-10】的分析与操作——最优生产批量的确定

设计Excel分析模板，如图11-10所示。定义公式，录入资料，决策结果便自动显示出来。

	A	B	C
1	零件最优批量决策分析		
2	资料		备注
3	零件生产总量（件）	120000	
4	每批零件投产前的准备成本（元）	18000	
5	单位零件年储备成本（元）	12	
6	每天零件领用量（件）	50	
7	每天零件生产量（件）	500	
8	分析		公式说明
9	零件最优生产批量（件）	20000	B9=SQRT(2*B3*B4/(B5*(1-B6/B7)))
10	零件最优生产批次（次）	6	B10=B3/B9
11	最优批量的年总成本（元）	216000	B11=SQRT(2*B3*B4*B5*(1-B6/B7))

图11-10 最优生产批量决策的Excel分析模型

（十一）【学习引例11-11】的分析与操作——生产工艺决策

对于本例，采用本量利分析方法。首先，确定“成本分界点”，划分一次加工批量大小的标准。然后，计算各个备选方案的单位变动成本。最后，通过比较各个备选方案的单位变动成本来进行决策。

设计如图11-11所示的Excel分析模板，在C4、C5、D4、D5单元格中录入有关已知数据。然后在E7单元格中录入：=C7*C5+C4-(C7*D5+D4)

	A	B	C	D	E
1	产品生产工艺决策分析				
2	资料				
3	项目		甲生产工艺下的数据	乙生产工艺下的数据	
4	固定成本（元）		500000	400000	
5	单位变动成本（元）		35	40	
6	分析				
7	成本平衡点生产量（件）		20000		0
8	项目		甲生产工艺下的数据	乙生产工艺下的数据	
9	成本平衡点生产量下的总成本（元）		1200000	1200000	
10	成本平衡点生产量加1的数据（件）		20001	20001	
11	成本平衡点生产量加1后的总成本（元）		1200035	1200040	
12	成本平衡点生产量减1的数据（件）		19999	19999	
13	成本平衡点生产量减1后的总成本（元）		1199965	1199960	
14	分析结果	当产量大于成本平衡点生产量时	选择甲生产工艺		
15		当产量小于成本平衡点生产量时	选择乙生产工艺		

图11-11 产品生产工艺选择分析的Excel分析模型

执行“单变量求解”命令，在打开的“单变量求解”对话框中，将目标单元格定义为\$E\$7，目标值定义为0，可变单元格定义为\$C\$7，单击“确定”按钮，便可求得成本平衡点生产量数据。接着，在有关单元格中定义表11-6所示的公式。

表11-6　**生产工艺决策分析公式定义的说明**

单元格	公式	单元格	公式
C9	=\$C\$7*C5+C4	D9	=\$C\$7*D5+D4
C10	=\$C\$7+1	D10	=\$C\$7+1
C11	=C10*C5+C4	D11	=D10*D5+D4
C12	=\$C\$7-1	D12	=\$C\$7-1
C13	=C12*C5+C4	D13	=D12*D5+D4
C14	=IF(C11>D11,"选择乙生产工艺","选择甲生产工艺")		
C15	=IF(C13>D13,"选择乙生产工艺","选择甲生产工艺")		
D9:D13区域单元格公式的定义可以通过复制C9:C13区域的单元格公式			

公式定义完毕，决策结果立即自动显示出来。

结果表明，当产量大于20 000件时，选择甲生产工艺比较经济；当产量小于20 000件时，选择乙生产工艺比较经济。

同步练习11-1

【练习题11-1-1】（思考题）产品决策分析的方法通常有哪些？

同步练习11-1

【练习题11-1-2】（操作题）能否接受产品订单。F公司生产丙产品，公司现有生产能力为7 000件。现已订货4 500件，出厂价为42元，生产能力尚有剩余。现在，在该产品没有其他销路的情况下，甲公司提出出价33元订购丙产品2 000件。按现有订货量计算的丙产品的单位成本为35元，其中，直接材料13元，直接人工7元，变动制造费用5元，固定制造费用10元。针对甲公司出价33元订购丙产品2 000件的提议，做出F公司是否接受该订单的决策。

【练习题11-1-3】（操作题）生产哪种产品更有利。某企业现有生产能力20 000机器工时，尚有20%的生产能力剩余。为充分利用生产能力，该企业准备开发新产品，现有甲、乙、丙三种新产品可供选择，有关数据见表11-7。

表11-7　**新产品开发有关资料**

产品名称	甲	乙	丙
预计售价（元）	100	60	30
预计单位变动成本（元/件）	50	30	12
单件工时定额（小时）	40	20	10

根据上述资料，做出开发哪种新产品的决策。

学习总结11-1

本节主要培养读者学会利用Excel建立产品决策分析模型。

学习内容：能否接受产品订单的决策分析，生产哪种产品更有利的决策分析，零部件是自制还是外购的决策分析，半成品是否继续加工的决策分析，联产品是否继续加工的决策分析，亏损产品是否停产的决策分析，亏损产品是否转产的决策分析，最优生产批量的确定的决策分析，哪种生产工艺较经济的决策分析。

学习重点：差量分析法，边际贡献分析法，本量利分析法，最优生产批量法。

学习难点：建立决策分析模型的思路和方法。

学习评估11-1（见表11-8）

表11-8 “Excel在产品决策分析中的应用”学习评估表

学习要点	学习效果	
差量分析法	熟知	
边际贡献分析法	熟知	
本量利分析法	熟知	
最优生产批量法	熟知	
能否接受产品订单的决策分析	掌握	
生产哪种产品更有利的决策分析	掌握	
零部件是自制还是外购的决策分析	掌握	
半成品是否继续加工的决策分析	掌握	
联产品是否继续加工的决策分析	掌握	
亏损产品是否停产的决策分析	掌握	
亏损产品是否转产的决策分析	掌握	
最优生产批量确定的决策分析	掌握	
哪种生产工艺较经济的决策分析	掌握	

第二节 Excel在利润最大化产品组合方案分析中的应用

一、学习引例

学习引例11-12

利润最大化产品组合方案分析

【学习引例11-12】江山工厂生产甲、乙、丙三种产品，有关数据资料见表11-9。该企业在现有生产条件下，应如何合理安排甲、乙、丙产品的生产，才能使经济效益最大？

表11-9 江山工厂产品数据资料

项目	甲产品	乙产品	丙产品
销售单价（元）	20	36	60
单位变动成本（元）	14	23	39
单位边际贡献（元）	6	13	21
分摊固定成本总额（元）	4 500		
每件产品的A机器工时定额（小时）	2	4	7
每件产品的B机器工时定额（小时）	3	3	6
每件产品的C机器工时定额（小时）	2	2	5
A机器生产能力（小时）	5 000		
B机器生产能力（小时）	6 000		
C机器生产能力（小时）	4 000		
最大销售量（件）	1 000	500	200

二、引例分析

本节内容涉及利润最大化的产品组合决策问题。

利润最大化产品组合决策就是在现有的经济资源和技术条件下，寻求能使有限的生产资源得到充分利用，并且获得最佳经济效益的产品组合。

企业在进行多产品生产时，由于受到设备能力等方面的限制，不可能做到所有应该生产的产品都开足马力生产，一种产品生产量的增加会导致另一种产品产量的减少。由于各种产品的盈利水平及所耗用的资源不同，也就存在着如何合理地配置各种资源的问题。

在进行产品优化组合时，因不改变现有生产能力，可以将固定成本视为非相关成本，只需要比较边际贡献的大小即可，因为边际贡献大的产品组合，其利润也必然大，因此可以以边际贡献作为评价方案的标准。

三、相关知识

线性规划是专门用来对具有线性关系的极值问题进行求解的一种现代数学方法。线性规划研究的问题，就是寻求实际经济问题的某个整体指标的最优化。

属于线性规划的问题应具有以下三个特点：

❶在问题中必须有一个“目标函数”，它是通过函数形式表现的在一定条件下可能达到的最优结果，如“利润最大值”或“成本最小值”。

❷在问题中还必须包括若干个“约束条件”，即在追求目标函数最大值或最小值的过程中，必须遵守这些条件的约束。

❸上述目标函数与约束条件，必须具有直线性的关系，或至少具有与直线性相近的关系，并都能以一次方程代数式来表示。

线性规划是在一定的限制条件下使其规划问题的某个整体指标达到最优的方法。线性规划在财贸金融、工农业生产、交通运输等领域的管理决策分析中均可帮助管理人员解决具体的实际问题。比较典型的应用有：产品生产的组合安排问题、原料搭配及下料问题、物资运输问题、任务指派问题、机器分配问题、合理布局问题、投资效益问题等。

虽然线性规划问题种类繁多，但其所要解决的问题都可分成两类：一类是在现有人力、财力和物力资源条件下，如何合理配置资源，使得完成的任务最多或收益最大；另一类是为完成既定任务，如何统筹安排，使消耗资源最少或成本最小。

从数学角度看，将实际问题通过一组决策变量、一组用不等式或等式表示的约束条件及目标函数来表示，建立起相应的数学模型，就自然形成了一个线性规划问题。每个规划问题都有一组需要求解的未知数，称作决策变量，这组决策变量的一组确定值就代表一个具体的规划方案。决策变量往往都有一定的限制条件，称作约束条件，约束条件的数学模型就是决策变量的约束表达式，根据实际情况用等式或不等式来表示。每个规划问题都有一个明确的目标，如利润最大或成本最小，目标通常用与决策变量有关的函数表示。

对于线性规划问题，如果用手工求解，工作量是很大的，而且没有一定的数学基础很难理解其计算过程和方法。但是借助于Excel的“规划求解”工具，就能轻而易举地解决。

四、实际操作：建立利润最大化产品组合方案分析模型

设该工厂甲、乙、丙三种产品的生产数量分别为X_1、X_2、X_3，利润总额为S。

则目标函数为：

$S=6X_1+13X_2+21X_3-4\,500$

约束条件为：

$2X_1+4X_2+7X_3<=5\,000$

$3X_1+3X_2+6X_3<=6\,000$

$2X_1+2X_2+5X_3<=4\,000$

$X_1>=0$

$X_2>=0$

$X_3>=0$

在Excel工作表中创建相应模型，在B5、C5、D5、B14、B17、B18、B19、B20、B21、B22单元格中录入公式，如图11-12所示。

	A	B	C	D
1	产品最优化组合的决策			
2	项目	甲产品	乙产品	丙产品
3	销售单价（元）	20	36	60
4	单位变动成本（元）	14	23	39
5	单位边际贡献（元）	=B3-B4	=C3-C4	=D3-D4
6	分摊固定成本总额（元）	4500		
7	每件产品的A机器工时定额（小时）	2	4	7
8	每件产品的B机器工时定额（小时）	3	3	6
9	每件产品的C机器工时定额（小时）	2	2	5
10	A机器生产能力（小时）	5000		
11	B机器生产能力（小时）	6000		
12	C机器生产能力（小时）	4000		
13	最大销售量（件）	1000	500	200
14	可实现的最大经济效益（元）	=B5*B15+C5*C15+D5*D15-B6		
15	产品决策结果（产品数量）			
16	产品组合决策约束条件			
17	A机器生产能力约束	=B7*$B$15+C7*$C$15+D7*$D$15		
18	B机器生产能力约束	=B8*$B$15+C8*$C$15+D8*$D$15		
19	C机器生产能力约束	=B9*$B$15+C9*$C$15+D9*$D$15		
20	甲产品数量约束条件	=B15		
21	乙产品数量约束条件	=C15		
22	丙产品数量约束条件	=D15		

图11-12 产品最优化组合决策模型

执行“数据”选项卡下“分析”分组里的“规划求解”命令。

在“规划求解参数”对话框中连续执行以下操作：

在“设置目标”右边的录入框中输入：$B$14，并选中“最大值”选项。

可变单元格设置为$B$15:$D$15。

使用“添加”按钮添加约束条件，即B17<=B10，B18<=B11，B19<=B12，B20<=B13，B20>=0，B21<=C13，B21>=0，B22<=D13，B22>=0。

选择求解方法为：单纯线性规划，单击“求解”按钮，结果显示：甲、乙、丙三种产

品分别按800件、500件和200件生产可使效益达到最佳，如图11-13所示。

	A	B	C	D
1	产品最优化组合的决策			
2	项目	甲产品	乙产品	丙产品
3	销售单价（元）	20	36	60
4	单位变动成本（元）	14	23	39
5	单位边际贡献（元）	6	13	21
6	分摊固定成本总额（元）		4500	
7	每件产品的A机器工时定额（小时）	2	4	7
8	每件产品的B机器工时定额（小时）	3	3	6
9	每件产品的C机器工时定额（小时）	2	2	5
10	A机器生产能力（小时）		5000	
11	B机器生产能力（小时）		6000	
12	C机器生产能力（小时）		4000	
13	最大销售量（件）	1000	500	200
14	可实现的最大经济效益（元）		11000	
15	产品决策结果（产品数量）	800	500	200
16	产品组合决策约束条件			
17	A机器生产能力约束		5000	
18	B机器生产能力约束		5100	
19	C机器生产能力约束		3600	
20	甲产品数量约束条件		800	
21	乙产品数量约束条件		500	
22	丙产品数量约束条件		200	

图11-13　产品最优化组合决策结果

同步练习11-2

同步练习11-2

【练习题11-2-1】（思考题）简述利润最大化产品组合分析的基本思路。

学习总结11-2

本节培养学习者利用Excel建立利润最大化产品组合方案分析模型的能力。

学习内容： 利润最大化产品组合决策分析。

学习重点： 建立利润最大化产品组合方案分析模型。

学习难点： 建立利润最大化产品组合方案分析模型的思路。

学习评估11-2（见表11-10）

表11-10 “Excel在利润最大化产品组合方案分析中的应用”学习评估表

学习要点	学习效果	
利润最大化产品组合决策分析原理	熟知	
规划求解分析工具的调用和应用	掌握	
建立利润最大化产品组合方案分析模型	掌握	

主要参考文献

[1] 钟爱军. Excel在财务与会计中的应用 [M]. 北京：高等教育出版社，2019.

[2] 钟爱军. Excel在财务与会计中的高级应用 [M]. 武汉：武汉大学出版社，2012.

[3] 韩良智. Excel在财务管理中的应用 [M]. 北京：清华大学出版社，2009.